古代歷史文化研究輯刊

四 編

王明蓀 主編

第 3 冊

西周對外經略研究（上）

何樹環 著

國家圖書館出版品預行編目資料

西周對外經略研究(上)／何樹環 著 — 初版 — 台北縣永和市：
花木蘭文化出版社，2010〔民 99〕
目 2+230 面；19×26 公分
（古代歷史文化研究輯刊 四編：第 3 冊）
ISBN：978-986-254-223-1（精裝）
1. 西周史
621.52   99012819

ISBN - 978-986-254-223-1

9 789862 542231

古代歷史文化研究輯刊
四 編 第三冊   ISBN：978-986-254-223-1

西周對外經略研究（上）

作　者　何樹環
主　編　王明蓀
總 編 輯　杜潔祥
印　刷　普羅文化出版廣告事業
出　版　花木蘭文化出版社
發 行 所　花木蘭文化出版社
發 行 人　高小娟
聯絡地址　台北縣永和市中正路五九五號七樓之三
　　　　　電話：02-2923-1455／傳真：02-2923-1452
電子信箱　sut81518@ms59.hinet.net
初　版　2010 年 9 月
定　價　四編 35 冊（精裝）新台幣 55,000 元

西周對外經略研究（上）

何樹環　著

作者簡介

何樹環，1968 年生，國立政治大學中國文學系博士（2000 年），任國立中山大學中國文學系助理教授、副教授。曾教授中國文字學、古文字學、商周青銅器銘文、訓詁學等課程。著有《西周錫命銘文新研》（2007 年）及西周史、文字學、古文字考釋、銅器銘文釋讀之學術論文二十餘篇。

提　　要

　　西周承襲商代「四土」的疆域概念，但周人勢力實際擴及「四土」，並非周武王擊敗商紂王的牧野之戰就可達成。依典籍文獻和青銅器銘文的記載，武王時已經注意到對「四土」的經營，而周人勢力擴及「四土」並持續經營 則有賴於其後的諸王。本文即針對西周時期周人對「四土」的經營為主要範圍，透過文獻和銅器銘文的研究，廣泛地對相關的問題進行討論。主要的問題包括有武王時所奠定的經營方向如何？所完成者為何？其後西周對東土、西土、南土、北土的經略又如何，最後並就西周對待已臣服者的政策為何進行討論。另，武王在位的年數及周公是否稱王，二者皆與理解、掌握西周初年歷史關係密切，全文設有二附論，分別討論之。

目

次

凡　例

1. 釋文隸定方法：本文所引甲骨卜辭、青銅器銘文的釋文一般採用嚴式爲原則，並以（　）註記釋讀。對於有爭議的字的釋讀，於第一次出現時，可隸定者則予以隸定，並作必要的說明，其後再出現，即不再說明。對於不能隸定或一般釋爲某而據拓片或學者研究此釋讀可疑者，則摹寫原字，並作必要的說明。

2. 缺疑字的處理：缺字方面，卜辭釋文中，□表示缺一字；☑表示所缺字數不清楚，可能爲一字或一字以上；銘文釋讀中，因殘泐或其他原因致使文字無法辨認者，以□表一字。文中有隸定而存有疑問者以（？）表示。

3. 著錄的表示法：文中所舉甲骨、金文等古文字材料的拓片出處皆以簡稱，如以《合》、《集成》，表《甲骨文合集》、《殷周金文集成》，文末附有引書簡稱和全名的對照表，以便檢覈。甲骨文方面，以《甲骨文合集》爲主，凡又見於其他著錄者，爲便於互參比勘，加以注明。銅器銘文方面，以《殷周金文集成》爲主，凡《集成》出版年之前的傳世或出土器而《集成》未收者，輔以其他著錄；《集成》出版年之後所新公布者，注明出處。

4. 古音方面：本文中所說某字的古音爲某紐某部，皆據《漢字古今音表》（中華書局 1993 年 11 月 1 版），文中不再說明。

5. 文中圖次的表示：文中分別以一、二、三表示甲骨文、金文、其它古文字三種材料。如《合》20450（圖一、1）；〈保卣〉（圖二、1）；〈大保玉戈〉（圖三、1）。

6. 本文在引用學者論述時，仿梁啓超《清代學術概論》體例，對於前輩師友一律只書其名而不加生先或其他敬稱，文中除特別說明「以下簡稱『某文』」

者外，同章節中再次稱引時，則以「某氏」稱之。

7. 參考書目部分：典籍如《十三經注疏》、《國語》、《史記》、《漢書》等原典、注疏從略。學者論著文章凡不只一見者，皆盡可能詳列其出處，以方便查考。

8. 附圖部分：以《甲骨文合集》、《殷周金文集成》所收錄之拓片爲主。附圖大小，甲骨文拓片一般採《合集》原大，金文及其它古文字材料拓片一般予以縮小，以能辨識文字爲原則。

第一章 緒 論

前 言

　　王國維在廿世紀初葉提出了對現代古文字學和古史學界影響甚深的「二重證據法」，其說云：

> 吾輩生于今日，幸于紙上之材料外更得地下之新材料。由此種材料，我輩固得據以補正紙上之材料，亦得證明古書之某部分全爲實錄，即百家不雅馴之言亦不無表示一面之事實。此二重證據法惟在今日始得爲之，雖古書之未得證明者不能加以否定，而其已得證明者不能不加以肯定，可斷言也。〔註1〕

廿世紀的 50 年代，陳夢家總結以「二重證據法」爲治學理念的羅、王之學，並指出了具體內涵和積極目的，云：

> 所謂羅、王之學者，乃是：（1）熟習古代典籍；（2）並承受有清一代考據小學音韻等治學工具；（3）以此整理地下的新材料；（4）結合古地理的研究；（5）以二重證據治史學經學；（6）完成史料之整理與歷史記載之修正的任務。〔註2〕

80 年代，李學勤在《走出疑古時代》的〈導論〉中承襲了「二重證據法」的治學理念，復引馮友蘭「信古──疑古──釋古」的三階段說，認爲在出土

〔註1〕 王國維：《古史新證──王國維最後的講義》（北京：清華大學出版社，1994年 12 月 11 版），頁 2～3。
〔註2〕 陳夢家：《殷虛卜辭綜述》（北京：中華書局，1988 年 1 月 1 版），頁 51。

材料較二十世紀前半葉更為豐富多樣的今日，更應該將眼光「走出疑古時代」，將出土材料（包括有字的、無字的）和文獻配合起來，並充分運用這樣的方法，「將能開拓出古代歷史、文化研究的新局面，對整個中國古代文明作出重新估價。」〔註3〕

每個時代的學術都有每個時代學術的歷史性任務，總結前輩學者指出的道路，今時今日的古文字學和古史研究的歷史性意義，可以說就是在「二重證據法」的方法指導之下，完成史料整理（包括新舊史料）和修補歷史環節的時代任務。

本文的寫作，在此一體認的基礎上，嘗試著對西周相關史料進行廣泛的討論和分析，將紙上材料所呈現出來的歷史架構，和地下出土材料所透露的訊息相結合，並輔之以古地理的研究和小學聲韻等治學工具，希望除了在宏觀方面能呈現出西周對外經略的總體面貌之外，並經由對相關事件進行微觀的分析、討論，一方面在不同的記載和說法中篩選出可信的，另一方面，經由篩選出來的記載及前人研究的成果，用以修補西周歷史的相關環節。作為一個古文字學和古代史的學習者，願此文能為這個領域的學術作出微薄的貢獻。

第一節　研究目的和動機

西周銅器銘文和西周歷史的研究，向來是有密不可分的關係，特別是在西周時期文獻方面的記載相對集中於早、晚兩期的某些特定事件，且這些記載又普遍經由秦漢間之學者建構為「成說」的情況下，如何運用銅器銘文來補充文獻所未記載或記載過於疏略的部分，就成為研究西周銘文和西周史的學者所共同努力的方向。例如史稱「成康之治」為「天下安寧，刑錯四十餘年不用。」（《史記‧周本紀》）這一幕似乎安和祥寧的景象，為後代所稱頌，但由銘文所載可知，成、康之時仍不斷地對東方進行戰爭。而這些關乎周初時對東夷戰爭的銘文，又連帶地對周初成王時所謂「三監之亂」的情形的理解，產生了較已往僅由文獻記載所得到的了解更為深入。但是，誠如眾所周知的，西周銅器的王世斷代存在著相當的困難度，要將這些多半沒有記年的東征銅器與成王平亂的戰役相聯繫，並嘗試以此來填補歷史的環節，以此方法所建構出的歷史面貌是否可信，仍然存在著相當的討論空間。

〔註3〕李學勤：《走出疑古時代》（瀋陽：遼寧大學出版社，1994年），頁19。

　　另一方面，周初史事的記載本就存在許多差異，差異的原因大致可分爲兩種：一是記載本身就有差異；二是後來學者理解時所造成的差異。前者如周初管叔的封地有管，有東，又有鄘（依序見於《史記》、《逸周書‧作雒》、《漢書‧地理志下》）。後者如《尚書‧洛誥》「惟周公誕保文武受命，惟七年」，其中的「七年」究竟是成王紀年的七年還是五年，抑或是周公稱王的紀年。後一種差異性在銅器銘文的釋讀上表現得更爲明顯。所以，對於這些有差異的記載和說法，必需經過辯證的過程篩選出那些是可信的，那些是不可信的，並說明可信或不可信的原因在那裏，經由此途徑所建構出的歷史，應該才是較接近當時情況的歷史樣貌。

　　綜觀西周相關史料，學者多已指出周初時主要在於如何使周人的勢力延伸擴展至東方（相較於宗周而言），此一目的的達成，過去多由封建的角度來加以分析。但誠如杜正勝「封建殖民說」所指出的，封建與武力的發展有密切的關係。而如果僅以封建的角度來看待這段歷史，則顯得並不全面，且目前對成王初年平定動亂時的相關事件所投注的研究也不是很足夠，如何以新的角度來重新詮釋，補足過去所未注意的部分，且以此將這個階段的歷史串聯起來，是必要且有其積極意義的。

　　周昭王南征卒於漢水，是西周歷史的一件大事，隨著考古發掘、新材料的公布，可不難發現，不論是就古銅礦資源的開發情形、掌握古銅礦資源的族屬，或周初的歷史形勢，過去爲學界所普遍接受的「南進掠銅說」，其實存在了扞格難通之處，故而對西周王朝在南土的經營進行全面的整理和檢討，也是有其必要性。

　　西周的滅亡與西北民族有緊密的關聯，對西周與西北民族的關係進行通盤的整理，對了解西周的滅亡，應當會有更深的認識。另一方面，周人勢力逐步擴展的過程中，周人是如何來對待已臣服者？在這方面，學界對殷人的部分投注較多的心力，而對其他服屬於周的邦國部分，則相對地較少論及，這方面的研究，仍可再進一步加強。

　　綜上所述，西周史研究仍存在相當多值得進一步探討和研究的議題，本文將上述的問題統屬在「西周對外經略研究」此一議題之下，進行系統的整理與討論，並提出個人的看法，希望能對西周這方面的歷史，在宏觀的角度上，有較明晰可循的脈絡，在微觀的角度上，提供較明確可供聯接的環節。

第二節　研究範圍與研究方法

一、研究範圍

（一）研究對象與時空範圍

歷史的研究以時、地、人為三個要素，三要素的配合才產生歷史事件。在「時」方面，本文的研究範圍，界定在周武王甲子克商至周幽王為申侯、犬戎所攻殺。後者的時間較為明確，在 B.C.711 年，時為西周幽王十一年；關於前者的西元紀年則約在西元前十一世紀，時為西周武王十三年（參第二章附論）。在「地」方面，陳夢家已指出周人承襲商代疆域的「四土」概念，是以「四土」或「四國」來指稱其疆域，〔註 4〕此為學界所普遍接受。歷來學者對「四國」的具體範圍多半也作了描述，在「東國」、「東土」方面，伊藤道治認為主要指河南、山東的交界一帶，〔註 5〕而多數學者則認為「東國」主要指山東、江蘇一帶，可東至海。其實這是由於周人的「東土」有「大東」、「小東」的區別。在南土方面，徐少華曾有詳盡的描述：

> 包括南陽盆地和淮河上中游兩個地區，西起秦嶺南坡的漢水支流丹
> 江流域，東至淮河中游今安徽壽春一帶，南以漢水和桐柏、大別山
> 脈為限，北抵汝、潁、渦諸水上游的今河南汝陽、禹縣、太康、永
> 城一線，即文獻所載的周王朝南部境土。〔註 6〕

其實徐氏所說的「南土」，是「相對穩定」的南土範圍，周人在強盛的時候，南土的範圍是可越過漢水、桐柏山、大別山一線，達於湖北境內的長江邊（參第四章第一節）。至於「北土」、「西土」的邊界線在那裏，目前則還不太清楚。在「事」方面，則以上一節所述周人勢力擴張過程中相關的議題為主進行討論。

綜上所述，本文的研究是先對時間作明確界定，並在各章節中對空間的界定作必要性的討論，然後對與主題相關的議題進行研究。

（二）材料方面

本文使用的材料來自兩方面，一是地下出土的材料，二是紙上的文獻材料。

〔註 4〕 陳夢家：《殷虛卜辭綜述》（北京：中華書局，1988 年 1 月 1 版），頁 319～321。

〔註 5〕 伊藤道治：《中國古代國家の支配構造》（東京：中央公論社），頁 399。

〔註 6〕 徐少華：《周代南土歷史地理與文化》（武漢：武漢大學出版社，1994 年），頁 1。

第一類的材料又可分四個項目，一是甲骨文、銅器銘文、戰國文字等有字的出土材料，甲骨文以《甲骨文合集》爲主，並輔以《合集》所未收錄的《懷特氏等收藏甲骨文字集》，及在《合集》之後出版的《小屯南地甲骨》等；銅器銘文以《殷周金文集成》爲主，輔之以《集成》所未收而見於其他著錄，以及《集成》出版之後所公佈的新資料；戰國文字乃至其後的文字資料，則力求以拓片、照片等爲原始憑據，此是爲第一手材料。在第一手材料取得有困難的情形下（主要是秦漢以後的出土文字材料），輔之以相關的文字編、字表，此是爲第二手材料。第三類是文字考釋、銘文解釋及歷史研究等相關專書、論文。第四類是相關的考古學材料，包括考古報導，以及考古學者對無字的出土文物的研究等。本文寫作時盡可能充分利用地下與紙上的材料相互參證，並吸收已有的研究成果，以此作爲解讀第一手材料和建構歷史樣貌的根據。

二、研究方法

掌握材料是進行研究的不二法門，所掌握的材料越豐富、越精確，所得出的研究成果就越全面、越可信。本文所使用的材料，分別來自地下和紙上，而精確掌握這些材料的方法，就是承繼乾嘉學者以來考證、小學、音韻的治學工具，並輔之以「二重證據法」進行判斷。

（一）地下材料的運用

地下材料的運用必需經過釋讀的過程，釋讀的正確與否，關係到材料掌握的精確性。而對於古文字材料的釋讀，即是以字形爲根據，進而審其音、明其義。

1. 字形方面

于省吾對古文字研究必需以字形爲根據，曾有一段精闢的見解：

> 留存至今的某些古文字的音與義或一時不可確知，然其字形則爲確切不移的客觀存在。因而字形是我們實事求是地進行研究的唯一基礎。〔註7〕

在西周對外經略的研究中必定會引用銅器銘文，這些銘文中的某些字存在字形上的問題，如果這個有問題的字對全篇銘文的理解或建構歷史面貌的影響

〔註7〕于省吾：《甲骨文字釋林・序》（台北：台灣大通書局，1981年10月初版），頁3～4。

不大，本文將之置於注解中說明，如果是影響較大的問題字，則必須在討論與之相關的歷史問題之前，先對這個字的字形作必要的說明。例如〈禹鼎〉銘文「鞞自彌𡩀匋匿，弗克伐鄂」中的「𡩀」字，此字關係到當時周人與鄂侯所率領的南淮夷、東夷聯軍戰鬥的情況，過去釋爲「守」或釋爲「宄」，本文經由甲骨文的𡩀（深）和戰國中山國銘文中深字的字形，三者相互比較，認爲鼎銘中的𡩀字，亦應隸定爲罙（深），鼎銘中的「罙（深）……伐」，猶甲骨文之「深伐」（參第四章第四節）。而此字的釋出，可糾正過去對鼎銘的解釋，並對當時的戰爭情況有較明確的掌握與了解。

2. 字音方面

古文字和文獻材料中的通假情形是很常見的，王國維即云：

> 古代文字假借至多，自周至漢，音亦屢變，假借之字不能一一求具本字，故古器文義有不可強通者亦勢也。自來釋古器者，欲求無一字之不識，無一義之不通，而穿鑿附會之說以生，穿鑿附會者非也。
> 〔註8〕

裘錫圭亦具體指出通假時需嚴守的戒律：

> 有些人以爲兩個字只要聲母或韻母相同或接近，就可以通用。這種說法是不可信的。聲母相同而韻母明顯不同的字，或是韻母相同而聲母明顯不同的字，讀起來顯然有別，古人怎麼會把它們當作通用字來用呢？〔註9〕

故本文中論及某字可假借爲某字時，必標明兩字上古讀音的聲母和韻部，對可通假的原因作音理上的說明，並舉出相關例子以爲證明。例如前面所舉〈禹鼎〉的例子，銘文中的「彌」（明母脂部）可讀爲「靡」（明母歌部），二字聲母相同，韻部旁轉，脂、歌二部旁轉之例尙見於《睡虎地秦簡》、《馬王堆漢墓帛書》（參第四章第四節）。「靡」有否定的意思，如《詩經·小雅·節南山》：「不弔昊天，亂靡有定」，靡字否定的意思正與下文之「弗」相對，構成「負負得正」的文意。

3. 字義方面

文字是語言的記載，語言是交流思想的工具。「同一種語言，本來應該一

〔註8〕 王國維：《觀堂集林》（北京：中華書局，1994 年 1 版 6 刷），頁 293～294。
〔註9〕 裘錫圭：〈談談學習古文字的方法〉，《語文報導》，1985 年 10 期。復收於氏著：《古文字論集》（北京：中華書局，1992 年 8 月 1 版），頁 653。

聽就懂，現在需要解釋才能懂，這裏面就存在著複雜的問題。這些問題，不是歷史所造成的，就是地區所造成的。」〔註 10〕今天來研究、釋讀古文字材料和文獻，就存在歷史和地區的雙重障礙，裘錫圭即特別指出在釋讀這些材料時，除了古書訓詁之外，還應特別注意語法、辭例的問題：

> 有些研究古文字的人，爲了勉強把古文字資料文義講通，不惜杜撰在古書中從來沒有出現過的字義，或曲解古人的訓詁，還不顧古漢語中詞語搭配的通例和語法規律，對文句作穿鑿附會的解釋，使得用古文字記錄的古漢語變成了一種跟古書上的古漢語很不相同的特殊語言。〔註 11〕

本文在釋讀相關材料時，亦盡所能地遵循此一釋讀時的規律與原則，例如對《逸周書・世俘》「太公望命禦方來丁卯望至，告以馘俘」一句的解釋，依甲骨文單稱「方」是「某方」的省稱，「方來」表「來進犯的方國」，復據商周時對時間敘述的用法補一「來」字，認爲此句應讀爲「太公望命禦方來，來丁卯望至，告以馘俘」，爲太公望受命抵禦來進犯的方國，受命後的丁卯日至周王處報告戰果的意思。（參第二章第一節）

（二）紙上材料的運用

紙上材料的運用也存在字音、字義方面的問題，這兩點在前面已經有所提及，這裏主要是對文獻記載有差異時的處理情形加以說明。西周史事的文獻記載存在許多的差異，本文在研究過程中先羅列各種記載，然後予以辨析，篩選出那些是可信的，那些是不可信的，並說明可信或不可信的理由。例如武王年代的問題，要確實掌握武王的在位年數，必需同時對武王在位的起始年，武王承繼文王是否改元？武王克殷在那一年？克殷後幾年崩逝？等問題一一辨析，而這些問題的紀年，在文獻中就存在各種不同的記載。必需經過討論，篩選出可信的記載，並說明不可信的記載問題可能出在那裏，這樣才能得出較可信，可供作爲建構歷史樣貌的材料。

最後藉洪誠《訓詁學》中的一段話，以說明本文寫作的基本精神與理念：

> 訓詁是要講通文意。有時候只要解釋個別的詞，全句的意思就清楚了，有時候卻要加以申說，人們才看得懂。例如《左傳・僖公四年》

〔註 10〕洪誠：《訓詁學》（蘇州：江蘇古籍出版社，1984 年），頁 4。

〔註 11〕裘錫圭：〈談談學習古文字的方法〉《語文報導》，1985 年 10 期，復收於氏著：《古文字論集》（北京：中華書局，1992 年 8 月 1 版），頁 653。

「齊桓公伐楚」一篇，「齊侯以諸侯之師侵蔡」句，只要解釋「以、師、侵」幾個詞，全句的意思就可以清楚，但「昭王南征而不復」一句，就必須用較多的文字介紹周昭王沈船而死的故事，最後還要指出「這都是齊國進攻楚國的藉口」。這樣注，才能使讀者了解得深透。〔註12〕

從廣義來說，「解釋個別的詞」與上文所說字形、字音、字義的探求是一致的，「加之申說」，則包含了對文獻等相關材料進行綜合研究的意義。而透過「解釋個別的詞」並「加以申說」，與前言中所說，在「二重證據法」的指導下「走出疑古時代」，在精神上亦頗有相通之處。

第三節　篇章安排與各章提要

全文共分七章，除本章緒論和第七章結論外，另有五章。章節以「四土」疆域概念爲主體架構，各章中復以時間先後爲經，分別對西周時經營東土、北土、南土，及對西北一帶外族和西土諸侯等的情形進行研究，最後對已臣服者的情形進行討論。各章的安排和提要如下：

第一章　緒論

第二章　武王的經略

西周王朝的建立始自武王克商，本論文研究西周的對外經略，理應由此討論起。武王克商後很短的時間就崩逝，其間的作爲關乎成王初年動亂時的歷史形勢，因此本章中對武王克殷後的相關作爲、對四方方國的征討；對管、蔡等的封建，以及營建雒邑的規畫等問題進行討論。由於武王克商時的年數（武王紀年）和克商後幾年崩逝，學界有不同的意見，爲清楚界定本文研究範圍的時間起點，本章設一附論，針對此問題進行討論。

第三章　西周與東土、北土

周人勢力進入東土、北土的時間都是在成王之時，且北土的相關材料有限，故本文將東土與北土的情形合併爲一章。在東土方面，主要是接續第二章中所建構出的成王初年的歷史形勢，並對成王初年史事的排序加以檢討，以此爲根據，對東征的史事和相關問題進行研究。在北土方面，則由文獻和出土材料，初步勾勒北土的大致情況，最後對成康以後的東土情況，經由戰

〔註12〕洪誠：《訓詁學》（蘇州：江蘇古籍出版社，1984年），頁5～6。

爭銘文的討論進行初步的了解。本章設有一個附論，即是對周公是否稱王的問題進行考察，此問題的探討，亦關乎東征史事的性質和成王時動亂的原因。

第四章　西周與南土

周昭王南征卒於漢水是西周史的一件大事，本章的討論即是以此爲中心展開研究。首先對楚國在西周時的疆域進行探討，繼而對江南古銅礦的分布、開採情形和昭王時掌握古銅礦的族屬進行了解，然後對昭王南征之前的歷史形勢加以掌握，並以這些條件爲基礎，重新對昭王南征的目的和對象加以檢討。最後對昭王以後經營南土的情況，透過相關戰爭銘文的研究加以討論。

第五章　西周與玁狁、犬戎和「西土」諸侯

玁狁是西周晚期時來自西北方的大敵，申侯、犬戎攻殺幽王致使西周滅亡。本章先對文獻和銅器銘文中所見的玁狁進行討論，然後對西周時所見玁狁、犬戎、葷粥、鬼方是否爲同一部族進行疏理，並對西周與犬戎的關係進行了解。另外，周初時周人每自稱「西土之人」，周人又是如何對待「西土」境內的非姬姓諸侯呢？本章中針對與周人有密切關係的姜姓部族爲例，並兼論西周金文中所見的「某王」。

第六章　西周對待已臣服者的政策

西周是如何對待已臣服者，臣服者與西周王朝之間存在著怎麼樣的關係，是本章所討論的重點。由歷史的角度來考量，如何對待已臣服者（或被征服者），是使其關係由對外轉爲對內的一個關鍵。本章試由此一歷史延續性的角度，分別對西周時如何對待殷遺和外族進行了解。

第七章　結論

總結以上各章所探討的內容。

第二章　武王的經略

葉達雄在《西周政治史研究》中曾指出：「武王時代的文治與武功，最可稱述的還是在於建都鎬京，舉兵伐商，大行分封與營建洛邑四事。」〔註1〕（建都鎬京是克殷之前的事，不在本文的討論範圍之內。）

所謂「武王時代」，葉氏並沒有明確的時間界定。綜合文獻的記載，武王在位共十四年，舉兵伐商的牧野之戰，是西周得以代商而有天下的關鍵戰役，時間是在武王十三年二月甲子，克殷的第二年（十四年）十二月武王崩逝（關於武王在位的年數、克殷的時間及武王的崩逝，參附論——武王年代考）。成王即位就發生嚴重的動亂，接著是東征，討伐商奄等親商的方國，是長距離、長時間的遠征。那麼由武王克殷至成王，短短二年的時間裏，西周是否已具備了足夠的條件來面對後來發生的動亂呢？這個問題顯然必需由武王克殷後的種種措施中尋求解答。本章中，試由克殷後日程的排定為出發點，繼而討論武王的文治和武功，從而建構成王時大動亂之前的西周局勢。

第一節　克殷後的日程

關於武王克殷後的作為，（清）林春溥、顧頡剛、孫常敘、趙光賢、李學勤、楊寬、羅琨等都曾先後以《逸周書・世俘》的記載為主加以排表，〔註2〕

〔註1〕 葉達雄：《西周政治史研究》p11，明文書局 1982 年 12 月初版。

〔註2〕 （清）林春溥：《武王克殷日記》附於《逸周書集訓校釋》之後，世界書局 1980 年 11 月。

顧頡剛：〈《逸周書・世俘篇》校注、寫定與評論〉，《文史》第二輯 1963 年。

孫常敘：〈天亡簋問字疑年〉，原載《吉林師範大學學報》1963 年 1 期，後收於《孫常敘古文字學論集》東北師範大學出版社 1998 年 7 月。

今結合其它文獻和金文所見克殷後的記載，依干支順序排列作成下表，以方便討論（括弧中的數字表甲子克殷後的第幾日）

干　支	文獻、金文的記載	出　處
乙丑（2）	明日，除道，修社及商紂宮	《史記・周本紀》〔註3〕
丙寅（3）或丁卯（4）	A 及期，百夫荷罕旗以先驅，武王弟叔振鐸奉陳常車，周公旦把大鉞，畢公把小鉞，以夾武王。散宜生、太顛、閎夭，皆執劍以衛武王。既入，立于社南。大卒之左右畢從。毛叔鄭奉明水，衛康叔封布茲，召公奭贊采，師尚父牽牲。尹佚筴祝曰：「殷之末孫季紂，殄廢先王明德，侮蔑神祇不祀，昏暴商邑百姓，其章顯聞于天皇上帝。」於是武王再拜稽首，曰：「膺更大命，革殷，受天明命。」武王又再拜稽首，乃出。	《史記・周本紀》
	B a 封商紂子祿父殷之餘民。	《史記・周本紀》
	b 武王克殷，乃立王子祿父，俾守商祀。	《逸周書・作雒》
	C 武王為殷初定未集，乃使其弟管叔鮮、蔡叔度相祿父治殷。	《史記・周本紀》
	D a 命召公釋箕子之囚 　b 命畢公釋百姓之囚，表商容之閭 　c 命南宮括散鹿臺之財，發鉅橋之粟，以振貧弱萌隸 　d 命南宮括、史佚展九鼎保玉 　e 命閎夭封比干之墓 　f 命宗祝享祠于墓	《史記・周本紀》
	E 作〈商誓〉	《逸周書・商誓》

趙光賢：〈說《逸周書・世俘》篇並擬武王伐紂日程表〉，《歷史研究》1986年1期。

李學勤：〈世俘篇研究〉原載《史學月刊》1988年6期，復見於《李學勤集》，黑龍江教育出版社1989年5月；《古文獻叢論》，上海遠東出版社1996年11月。

羅琨：〈從〈世俘〉探索武王伐商日譜〉，1993年7月周秦文化學術討論會論文，收於該會之論文集《周秦文化研究》，陝西人民出版社1998年11月。

楊寬：《西周史》p93～94，臺灣商務印書館1999年4月初版。

〔註3〕《逸周書・克殷》於此有缺。王念孫：《讀書雜誌・逸周書第二》p16云：「此下當有明日修社及宮之事，而今本脫之。」臺灣商務印書館人人文庫，1978年12月臺一版。朱右曾：《逸周書集訓校釋》補作「翼日，除道，修社及商紂宮。」又《逸周書・克殷》多已採入《史記・周本紀》，以下採〈周本紀〉所載，其與〈克殷〉之文字差異不再一一注明。

戊辰（5）	A 王遂禦循追祀文王，時日，王立政 　a 太公望命禦方來（來丁卯望至，告以馘俘） 　b 呂他命伐越、戲方（壬申荒新至，告以馘俘） 　c 侯來命伐靡集于陳（辛巳至，告以馘俘）	《逸周書·世俘》
	B 商王紂于取天智玉琰五環身，厚以自焚…五日，武王乃俾千人求之。	《逸周書·世俘》
	C 乃罷兵西歸	《史記·周本紀》
	D 維武王克殷國，君諸侯，乃徵厥獻民、九牧之師見王于殷郊，王乃升汾之阜以望商邑〔註4〕	《逸周書·度邑》
辛未（8）	A 王在**闌自**	利簋《集成》4131
	B 惟十有三祀王在管，管叔自作殷之監，東隅之侯咸受賜于王，王乃旅之。	《逸周書·大匡》
	C 惟十有三祀王在管，管、蔡開宗循王	《逸周書·文政》
壬申（9）	荒新至，告以馘俘	《逸周書·世俘》
辛巳（18）	（侯來）至，告以馘俘	《逸周書·世俘》
甲申（21）	百弅以虎賁誓命伐衛，告以馘俘	《逸周書·世俘》
乙未（32）	四月乙未日（旦）〔註5〕武王成辟，四方通殷命有國	《逸周書·世俘》
庚子（37）	陳本命伐磿，百（伯）韋命伐宣方，〔註6〕新荒命伐蜀	《逸周書·世俘》
乙巳（42）	A 陳本、新荒〔註7〕、蜀、磿至，告禽（擒）：霍侯、艾侯，俘艾侯小臣四十有六，禽（擒）禦八百有三十兩（輛），告以馘俘。	《逸周書·世俘》
	B 百（伯）韋至，告以禽（擒）宣方，禽（擒）禦三十兩（輛），告以馘俘。	《逸周書·世俘》
	C 百（伯）韋命伐厲，告以馘俘。	《逸周書·世俘》

〔註4〕 此依朱右曾：《逸周書集訓校釋》之文，今本作「維武王剋殷國，君諸侯，乃厥獻民徵主九牧之師見王于殷郊。」《史記·周本紀》作「武王徵九牧之君，登豳之阜，以望商邑。」

〔註5〕 日為旦之誤，見郭沫若：《中國古代社會研究》附錄七〈古代用牲的最高紀錄〉。又，薛尚功：《歷代鐘鼎彝器法帖》133 所收錄翻刻的〈蔡簋〉拓片（《集成》4340），習見的「旦，王格廟」，旦字亦誤為日字，未詳與此處之誤是否有關。

〔註6〕 百讀伯，依李學勤：〈世俘篇研究〉，《史學月刊》1988 年 6 期，復見於《李學勤集》，黑龍江教育出版社 1989 年，《古文獻叢論》，上海遠東出版社 1996 年 11 月。

〔註7〕 今本「新荒」前有「命」字，依顧頡剛：〈《逸周書·世俘篇》校注、寫定與評論〉之說刪去。《文史》第二輯，1963 年。

庚戌（47）	A 時四月既旁生魄，越六日庚戌，武王朝至，燎于周，〔註8〕維予沖子綏文，武王降自車，乃俾史佚繇書于天號，…帥司徒司馬初厥于郊號。	《逸周書・世俘》
	B 武王乃夾于南門用俘，皆施佩衣，衣（辛），〔註9〕先馘入。武王在祀，太師負商王紂懸首白旂，妻二首赤旂，乃以先馘入，燎于周廟。	《逸周書・世俘》
辛亥（48）	A 薦俘殷王鼎，武王乃翼矢珪矢，憲告天宗上帝，王不（被）革服，格于廟，秉黃鉞，〔註10〕語治庶國，籥人九終。王烈祖自太王、太伯、王季、虞公、文王、邑考以列升，維告殷罪。籥人造，王秉黃鉞正國伯。	《逸周書・世俘》
	B 若翼日辛亥，祀于位，用籥于天位。〔註11〕	《逸周書・世俘》
壬子（49）	王服袞衣，矢琰，格廟，籥人造，王秉黃鉞正邦君	《逸周書・世俘》
癸丑（50）	薦殷俘，王士百人，武王乃廢（發）于紂矢（夫）惡（亞）臣百人，伐右（又伐）厥甲（六十），小子鼎，大師伐厥四十夫，家（冢）君鼎。〔註12〕籥人造，王矢琰，秉黃鉞，執戈。王入，〔註13〕奏庸大享一終。王拜稽首。王定，奏庸大享三終。	《逸周書・世俘》
甲寅（51）	謁戎殷于牧野，王佩赤白旂，籥人奏〈武〉。王入，進〈葛〉，獻〈明明〉三終	《逸周書・世俘》
乙卯（52）	A 籥人奏〈崇禹生開〉三終，王定	《逸周書・世俘》
	B 越五日乙卯，武王乃以庶國祀于周廟	《逸周書・世俘》
丁卯（64）	來丁卯望至，告以馘俘	《逸周書・世俘》
乙亥（72）	王同三方	天亡簋《集成》4261

〔註8〕 《漢書・律曆志》引《尚書・武成》：「惟四月既旁生霸，粵六日庚戌燎于周廟。」與此同。

〔註9〕 衣、辛二字的古文字字形相近，參裘錫圭：〈釋殷墟卜辭中的"辛"和"律"〉，《中原文物》1990 年 3 期。又，此句之文意參第四章第四節。

〔註10〕 今本作「秉語治庶國」，此從朱右曾：《逸周書集訓校釋》

〔註11〕 《漢書・律曆志》引《尚書・武成》亦有此文。

〔註12〕 「武王乃廢（發）于紂矢（夫）惡（亞）臣百人」至「家（冢）君鼎」之釋文參裘錫圭：〈釋「勿」「發」〉，原載《中國語文研究》2 期 1981 年，後收於《古文字論集》，中華書局 1992 年 8 月。裘文並指出「武王所『廢』的『紂矢惡臣百人』也就是伐紂時所執的『夫惡臣百人』，也就是癸丑那天所薦的『殷俘王士百人』」無疑這是十分正確的。故表中將原在庚戌日的「武王乃廢（發）于紂矢（夫）惡（亞）臣百人」至「家（冢）君鼎」移至癸丑日「薦殷俘王士百人」之後。

〔註13〕 今本無「入」字，依莊述祖：《尚書記》補，朱右曾：《集訓校釋》並同。

丁丑（74）	王卿（饗）大圓（宜），王降，亡助（賀？）毊（釐）退囊（？）〔註14〕	天亡簋《集成》4261
不詳	A 武王狩，禽（擒）虎二十有二	《逸周書・世俘》
	B 武王遂征四方，凡憝國九十有九國，馘磿億有十（七）萬七千七百七十有九，俘人三億萬有二百三十，凡服國六百五十有二。〔註15〕	《逸周書・世俘》
	C 行狩，記政事，作〈武成〉，封諸侯，班賜宗彝，作〈分殷之器物〉。乃襃封神農之後於焦，黃帝之後於祝，帝堯之後於薊，帝舜之後於陳，大禹之後於杞。於是封功臣謀士，而師尚父爲首封。封尚父於營丘，曰齊；封弟周公旦於曲阜，曰魯；封召公奭於燕。封弟叔鮮於管，弟叔度於蔡，餘各以次受封。	《史記・周本紀》

　　上表與諸家所排者略有不同，不同的情形可分爲兩類，一是非〈世俘〉篇所記載而見於其他文獻或金文可補充說明者，二是所排的順序。先說第一類：

　　A「及期，百夫荷罕旗以先驅……武王又再拜稽首，乃出」

　　「及期」二字古來多無注解，唯陳漢章《周書後案》云：「及期，期日丙午」。〔註16〕按，丙午（43）或當爲丙寅（3）之誤。《左傳・昭公二十三年》：「叔孫旦而立，期焉。」杜預注：「從旦至旦爲期。」此事接續在乙丑（2）之後，很可能是丙寅（3）日之事。又《國語・周語下》：「布令于商，昭顯文德，厎紂之多罪。」歷來都把「布令于商」認爲是上表中「命召公釋箕子之囚」等事，那麼「厎紂之多罪」很可能就是指上表中「尹佚筴祝曰」的一段文字了。就其性質而言，前半與「振旅」相似。「振旅」即「整旅」，〔註17〕在這裏則有進入「戰敗國」時表現出「勝利者」威儀的意味，〔註18〕所以「皆執劍以衛武王」。「尹佚筴祝曰」的一段話，其性質很明顯是「厎商紂之多罪」。〔註19〕在戰爭前後指出敵人的罪狀以彰顯自己是「正義」的一方，這種情況

〔註14〕依 1998 年 3 月裘錫圭於台灣清華大學授課時所釋。
〔註15〕「十」爲「七」之誤，參唐鈺明：〈億表十萬與萬萬的時代層次〉，《中國語言學報》第 8 期，1997 年。
〔註16〕收於《綴學堂叢稿初集》，此據黃懷信、張懋鎔、田旭東：《逸周書彙校集注》引。
〔註17〕《左傳・隱公五年》：「三年而治兵，入而振旅，歸而飲至，以數軍實。」杜預注：「入曰振旅，治兵禮畢，整眾而還。振，整也。旅，眾也。」
〔註18〕祝中熹指出「振旅儀式，用在戰前是爲了壯軍威；用在戰後是爲了顯軍功、慶勝利。」〈振旅新解〉，《人文雜志》1992 年 5 期。
〔註19〕厎可以有正面的意思，即「指出」之意，依 1998 年 3 月裘錫圭於台灣清華大

是很常見的，古文中的「檄文」就是這一類性質的文章，在先秦的例子如〈詛楚文〉「呂（以）厎楚王熊相之多罪」，就同樣是在戰爭前指出敵人的罪狀，戰後的例子如〈中山王𗂪方壺〉：「詆郾（燕）之訛（過），以憼（儆）嗣王」，燕之「過」即銘文之「郾（燕）𥃝（故）君子噲（噲），新君子之，不用豊（禮）宜（義），不顥（顧）逆忘（順）。」事實上，〈𗂪壺〉所說之事與《呂氏春秋・懷寵》「先發聲出號曰」以下的一段文字很有關係。〔註20〕這段文字，《呂氏春秋譯注》就直接認為是「檄文」。〔註21〕綜合起來看，不論是戰前或戰後，不斷地指出對方罪狀，就是在心理上不斷地宣揚自己是正義的一方。故，就時間而言，就性質而言，或許可以把它視為武王在甲子後整軍列隊進入商都城表現其「弔民伐罪」的情形。

B 封祿父、管、蔡

這段記載可與上表最後一項，及《禮記・樂記》、《呂氏春秋・慎大》作比較：

《禮記・樂記》：

> 武王克殷，反商。未及下車，封黃帝之後於薊，封帝堯之後於祝，〔註22〕封帝舜之後於陳。下車而封夏后氏之後於杞，投殷之後於宋。封王子比干之墓，釋箕子之囚，使之行商容而復其位。庶民弛政，庶士倍祿。

《呂氏春秋・慎大》：

> 武王勝殷，入殷，未下輦，命封黃帝之後於鑄，封帝堯之後於黎，封帝舜之後於陳。下輦，命封夏后氏之後於杞，立成湯之後於宋，以奉桑林……武王於是復盤庚之政，發巨橋之粟，賦鹿臺之錢，以示民無私。出拘救罪，分財棄責（債），以振窮困。封比干之墓，靖

學授課時所釋。

〔註20〕 參林宏明：《戰國中山國文字研究》p253～254，國立政治大學中國文學系碩士論文，1997年。

〔註21〕 殷國光等：《呂氏春秋譯注》，建宏出版社1996年1月初版。

〔註22〕 《禮記・樂記》中「封黃帝之後於薊，封帝堯之後於祝」的記載，與他書皆異，很可能是薊與祝錯置。《史記・周本紀》、《呂氏春秋・慎大》皆作「封黃帝之後於祝（或鑄），封帝堯之後於薊（或黎）」祝，古音在章紐覺部，鑄在章紐幽部，二者聲紐相同，韻部陰入對轉。薊古音在見紐月部，黎在來紐脂部，聲紐為KL複聲母的關係，韻部為月脂旁對轉。月脂旁對轉通假的例子可參看王輝：《古文字通假釋例》p731，藝文印書館1993年4月。

箕子之宮，表商容之閭，士過者趨，車過者下。三日之內，與謀之

士封爲諸侯。諸大夫賞以書社，庶士施政去賦。

《史記》是把「使其弟管叔鮮、蔡叔度相祿父治殷」以及封功臣謀士、先王
之後分作兩個階段，後者爲「罷兵西歸」以後之事。〈樂記〉、〈愼大〉則未提
及前者，且把後者認爲是武王尙在殷都時的作爲。

按，分封管、蔡使其監殷的時間，由《逸周書》的記載來看，至遲當不
晚於武王返周之後：

〈作雒〉：

武王克殷，乃立王子祿父俾守商祀，建管叔于東，建蔡叔、霍叔于

殷，俾監殷臣。王旣歸，乃歲十二月崩鎬。

〈文政〉：

惟十有三祀，王在管，管蔡開宗循王。

〈文政〉是武王自商返周途中，在管地對「致邑立宗」的管、蔡的訓戒（參
附論——武王年代考），那麼武王封管、蔡的時間即使是不在商都之時，也
不會晚至返周之後。但是爲何《史記》在武王返周之後的分封中仍將管、蔡
列在其中呢？《史記會注考證》引徐孚遠之說：「管蔡俱有分地，而作殷監，
蓋雖已受封，而未就國，以監殷民爲重任，猶周公封魯而身相周也。」徐氏
之說雖解釋了爲何管、蔡當時在周，卻沒有解釋爲何有兩次封管、蔡的記載。
事實上「監殷」爲重任，如何消弭殷人的反周勢力，更是武王克殷後念茲在
茲之事，此點前輩學者皆已指出，而武王委管、蔡此重任，管、蔡卻「未就
國」，則恐怕有違情理。或許此處是太史公「互著」、「省文」的筆法，〔註23〕
封管、蔡之語重在「弟」字，以啓「餘各以次受封」之語，所省之文，可能
就是〈管蔡世家〉：「封叔振鐸於曹，封叔武於成，封叔處於霍。」

至於封功臣謀士、先王之後的具體時間，依目前的材料來看，武王於戊
辰（5）罷兵西歸，與之相關的記載中，以《逸周書·克殷》的時代最早，然
其中除封管叔之外，並無封先王之後及功臣謀士的痕跡，故此二事似乎當視
爲武王返周之後爲宜。另外，〈樂記〉、〈愼大〉都提到了對殷貴族（很可能包
括低級貴族乃至一般人民）的懷柔攏絡，這是《史記》所未記載的，這件事
可能是《逸周書·大聚》「維武王勝殷，撫國綏民」中「綏民」的具體措施，

<hr>

〔註23〕「互著」、「省文」的提法，依孫德謙：《太史公書義法》，台灣中華書局1969
年1月台一版。

也就是《呂氏春秋・慎大》和《史記・殷本紀》中以「去奢行儉」爲主的「盤庚之政」。〔註24〕

C 作〈商誓〉

〈商誓〉的性質，李學勤曾更正前人的說法指出「實際誓不限于誓師，《禮記・曲禮》記諸侯之禮云：『約信爲誓。』可見凡確定約束之辭都可稱誓。」〔註25〕其所約束之辭主要就是「爾多子其人自敬，助天永休于我西土，爾百姓其亦有安處在彼。宜在天命，弗反側興亂」及「其斯一話敢俔僭，予則上帝之明命，予維（雖）及西土，我乃其來即刑。」〔註26〕值得注意的是，這裏將「多子」與「百姓」對舉，顯然是不同的兩類人，「多子」，商甲骨卜辭習見，學者已指出「多子」是與商王族有血源關係且已分族獨立的氏族族長，具有各自的領土、軍隊（族眾）、宗廟、家臣，可以說，這些「多子」（即卜辭中的子某）就是商王室的「友邦冢君」。「百姓」與卜辭中的「多生」同義，是與王族有血源關係而未分族出去的氏族，這兩類人都是商王的「朝臣」。〔註27〕其分佈的區域，「百姓」是在商都附近是可以肯定的。以「多子」爲占卜主體的「子組卜辭」，殷虛第十三次挖掘的 YH127 坑土出最多，〔註28〕另外第十五次所挖掘的 YH251、YH253、YH330 也出土一些同樣以「多子」爲占卜主體的所謂「婦女卜辭」，〔註29〕1991 年殷墟花園莊又

〔註24〕 參顧頡剛、劉起釪：〈〈盤庚〉三篇校釋譯論〉，《歷史學》1979 年 1、2 期，李民：〈《尚書・盤庚》所反映的商代貴族和平民間的階級鬥爭〉，《鄭州大學學報》哲社版 1978 年 2 期。裘錫圭：〈關於商代的宗族組織與貴族和平民兩個階級的初步研究〉，原載《文史》十七輯，1983 年，復收於《古代文史研究新探》，江蘇古籍出版社 1992 年 6 月。

〔註25〕 李學勤：〈《商誓》篇研究〉，《古文獻叢論》，上海遠東出版社 1996 年 11 月。

〔註26〕 這段文字有錯簡，依李學勤：〈《商誓》篇研究〉所釋，《古文獻叢論》，上海遠東出版社 1996 年 11 月。

〔註27〕 參李學勤：〈釋多君多子〉，《甲骨文與殷商史》第一輯，上海古籍出版社 1983 年。裘錫圭：〈關於商代的宗族組織與貴族和平民兩個階級的初步研究〉，原載《文史》十七輯，1983 年，復收於《古代文史研究新探》，江蘇古籍出版社 1992 年 6 月。蔡哲茂：《論卜辭中所見商代宗法》，東京大學東洋史學博士論文。黃天樹：〈婦女卜辭〉，吉林大學古文字研究室編《中國古文字研究》第一輯，吉林大學出版社 1999 年 6 月。

〔註28〕 參李學勤：〈帝乙時代的非王卜辭〉，《考古學報》1958 年 1 期，及〈花園莊東地卜辭的“子”〉，《河南博物院落成暨河南省博物館建館 70 周年紀念論文集》1998 年。

〔註29〕 參李學勤：〈帝乙時代的非王卜辭〉，《考古學報》1958 年 1 期，及黃天樹：〈婦

出土了另一批以「子」爲占卜主體的卜辭，〔註30〕這就說明有相當數量的「多子」，其居住區域，應該也是在商都附近。這樣看起來，牧野之戰，商的七十萬大軍（一說十七萬）應該就是以「多子」和「百姓」的族眾爲主幹組成的軍隊，而這些軍隊卻「陣前倒戈」（《史記·周本紀》）。〔註31〕既然「多子」與「百姓」是商王室的骨幹（也可以說是方國聯盟形態的商王朝的骨幹），〔註32〕牧野之戰時周人能獲得勝利，其中殷「多子」、「百姓」族眾的倒戈又佔有相當重要的因素，而克殷之後殷民「欲復盤庚之政」（《呂氏春秋·慎大》），武王也順從了這樣的要求「令修行盤庚之政」（《史記·殷本紀》），那麼，在可預見的未來，當初幫助武王的殷民（多子、百姓的族眾）勢必又回到原本氏族的管理運作體系之中（成王時的動亂，武庚的武力正是明證），在這樣的歷史情勢之下，再回過頭來看克殷之初武王對商「多子」、「百姓」「弗反側興亂」和不可「儳僭」的告戒，則不難發現其中實含有武王趁歷史形勢之便所作的威赫。這也從另一個側面顯示出武王在克殷之後，對殷遺貴族間，特別是與商王有血緣關係的「多子」、「百姓」所潛藏的「反動」勢力的擔憂。

　　另外，武王對這些「多子」、「百姓」是令其「安處在彼」，這與成王東征之後，遷殷遺貴族於雒邑和分散給新封諸侯的策略也是不同的，後者可能正是對武王策略的修正，關於這一點，將在後面的章節中進一步討論。

　　D、

　　接著來討論上表中排列的順序。首先就各家的差異來說（以下所舉顧頡剛、孫常敍、趙光賢、李學勤、楊寬、羅琨之說皆見於註2所舉，不再說明）。各家所排，除了詳略互見和對具體的曆日有差別之外（如二月甲子或以爲當在二月的五日，或二十七日、二十九日），在順序上，顧頡剛把辛亥至乙卯認

　　　　女卜辭〉，吉林大學古文字研究室編《中國古文字研究》第一輯，吉林大學出版社 1999 年 6 月。

〔註30〕中國社會科學院考古研究所安陽工作隊：〈1991 年安陽花園莊東地、南地發掘簡報〉，《考古》1993 年 6 期。

〔註31〕《史記·周本記》：「紂師雖眾，皆無戰心，心欲武王亟入。紂師皆倒兵以戰，以開武王」。

〔註32〕商王朝的「國家」形態極可能處於方國聯盟，商王是最高的軍事領袖，參林澐：〈甲骨文中的商代方國聯盟〉，中國古文字研究會第 3 屆年會論文（1980 年成都），文載《古文字研究》第六輯，中華書局 1982 年，後收於《林澐學術文集》，中國大百科全書出版社 1998 年 12 月。

爲是武王在殷都所進行的祭祀，又認爲〈世俘〉中有兩個辛亥，辛亥所記之事又不同，所以兩個辛亥中間應該還有 60 天，楊寬承襲了這樣的觀點，把辛亥至乙卯的祭祀說成是「武王在牧野築室」，並把上表中庚戌日的 B 和辛亥日的 B、乙卯日的 B 排入六月。

按，辛亥至乙卯中有三次提到「格廟」，學者咸以爲所格者必爲周廟，無疑這是正確的，故顧、楊的第一種說法實不可取。而兩個辛亥中間是否應該還有 60 天的問題，學者多以〈世俘〉很可能是由兩個史官所記的不同兩篇記載拼合而成的看法，來理解兩個辛亥日的不同記載。關於這點尚可補充說明。

顧氏云：

> 若把這兩個辛亥勉強說成一天，那麼這文既說「甲寅，謁戎殷于牧野」，又說「乙卯，武王乃以庶國馘祀于周廟」，甲寅和乙卯的干支是連接的，然而一在牧野，一在周廟，這該怎麼講？

接著顧氏在否定了劉歆置閏二月、孔廣森改正朔等曆日的改動之後說

> 武王以二月二十七日甲子誅紂，到四月十四日庚戌燎于周廟，凡四十七天，下一天就祀于天（衍字）位，在這四十八天裏不得（有）兩個辛亥。如說四月辛亥武王在周都祭祀，那麼上一個辛亥，武王在殷都「薦俘殷王鼎」就非排在甲子誅紂前十三天不可，這是無論如何講不過去的。

結果顧氏在認同〈世俘〉所記只到四月的前提下，留下一個自己造就的迷團。

說這是顧氏自己造就的，是因爲他在校注中把「謁戎殷于牧野」已正確地理解爲「蓋謂以克大國殷于牧野之情狀告於廟也」（謁／戎殷于牧野），但是他卻又依劉師培〈周書補注〉的說法，認爲「蓋武王出師，攜先人之木主以行，茲設奠於牧野之館室以告行主」，這就自相矛盾了。學者多已指出戊辰「王逐禩循追祀文王」就是「告文王木主」。顧氏把這句話說成「在牧野」（謁戎殷／于牧野），所以原本干支日期皆相連的庚戌至乙卯在周舉行的祭祀，便憑空多出一在牧野（甲寅），一在周廟（乙卯）的疑問。顧氏在寫定的部分，是把「薦俘殷王鼎」的辛亥而不是「祀于位」的辛亥列入武王在殷都的祭祀，但「薦俘殷王鼎」的記載中既有「格于廟」，又有「王烈祖，自太王、太伯、王季、虞公、文王、邑考以列升」，很明顯不可能是在商都城時所爲，這顯然是爲了屈就於兩個辛亥所造成的錯誤排比。總之，原本並沒有兩個辛亥日，兩個辛亥日的說法，是顧氏理解錯誤所造成的。

羅琨把乙未（32）認爲是己未（56）之誤，將「武王成辟，四方通殷命有國」置於乙卯的祭祀之後。他說：

> 乙未當爲己未誤，不僅在古文字中乙、己形近容易混淆，而且己未正在武王返周連續數日祭典結束後的第四日，即四月二十三日。這時武王已將滅商斬紂之事告于天、王稷以至列祖，而且正國伯、正邦君，行政事告一段落，正合頒克殷之命于列邦的時機。

按，乙、己固然有錯訛的可能，不過從〈天亡簋〉「囘亥王同三方」來看，東、北、南三方的諸侯來周覲見武王的時間是在乙亥（12），若把乙未視爲己未（56），則從「四方通殷命有國」至「王同三方」就只有 16 天，從路程及往返的時間來看，似乎顯得有些倉卒，故今暫依舊說。

最後提出一點與各家排定順序不同的地方：表中戊辰與丁卯日之

> 太公望命禦方來丁卯望至，告以馘俘

這段記載有的學者斷句作「太公望命禦方來，丁卯望至」，如陳夢家、郭沫若即是如此，並認爲禦方是方國之名，猶甲骨之某方，[註33] 顧頡剛的斷句雖同，但認爲方來即惡來，顧氏云：

> 殷、周牧野決戰之日，「維師尚父，時維鷹揚」見於《詩・大明》，師尚父即太公望，不可能先期往請馭方之師，而於克殷後三日乃由馭方至。故仍依孔說加標。（引按，孔晁注：「太公受命，追禦紂黨方來。」）顧氏又引陳逢衡《逸周書補注》：「方來，疑即惡來」。）

但這種說法也是不正確的。于省吾即指出惡來即亞來，亞是殷時之古官名 [註34]（或認爲「亞」是爵稱），[註35] 那麼「亞來」就不能稱爲「方」。且卜辭習見「某方」，即某方國，未見表方國之某人的「方某」（以「某方某」表某方國之某的形式則是有的）。

〔註33〕陳夢家說見：《殷虛卜辭綜述》p283，中華書局 1992 年 7 月 1 版 2 刷。郭沫若說見：《中國古代社會研究》p270。按，陳、郭之說皆本於王國維馭方爲獫狁一支的說法（《海寧王靜安先生遺書・不殷敦蓋銘考釋》）。按，簋銘之獫狁當爲「方」的同位語，古文字材料中亦有此用法，如《合》5825：「丙申卜貞：肇馬左右中人三百，六月。」沈培：《殷墟甲骨卜辭語序研究》p9 即指出，「左右中人三百」是「馬」的同位語。文津出版社 1992 年 11 月。

〔註34〕于省吾：《雙劍誃荀子新證・飛廉惡來知政條》十二葉，《雙劍誃諸子新證》p318，上海書店出版社 1999 年 4 月 1 版。又，「亞」爲古官名之說亦見於楊樹達：《卜辭求義》葉一，臺灣大通書局 1971 年 5 月初版。

〔註35〕李學勤：〈考古發現與古代姓氏制度〉，《考古》1987 年 3 期。

　　把上舉文中的「命」視爲「受命」，已是學界的共識，而甲骨、西周金文皆有「禦方」一詞，故今之學者多將此斷句作「太公望命禦方，來丁卯望至」，如趙光賢云：

　　　　方，北方部族名……御者，抵御方之侵擾……太公望奉武王之命出兵禦方也。……來丁卯指下次之丁卯。殷人以旬爲時間單位，殷卜辭言來指下旬，周人不用旬而只用六十干支，此其不同處。……來字之後當補三月二字。

對於「來丁卯」，夏含夷有同樣的看法，並認爲太公望受命在甲子日，又云：

　　　　御方是追禦邊方地區的人。……御爲一場戰爭已經結束之後進行的征伐……這種征伐似乎相當於今俗語所謂「掃蕩性」征伐。〔註36〕

羅琨承襲夏氏之說加以發揮：

　　　　從〈世俘〉行文看，若解作在戰鬥取得突破性勝利後，向縱深發展進攻，擴大戰果的軍事行動可能更貼切。

按，夏、羅二氏對「御方」的解釋恐有未當。甲骨文有以下諸辭：

　　（1）壬午卜自□乎禦方于商

　　　　壬午卜自貞：王令多冒禦方于□（合20450，後下42.9，圖一、1）

　　（2）壬戌卜狄貞：其又（有）來方，亞旋其𤰇，王受又（有）又（佑）

　　　　（合28011，甲3913，圖一、2）

　　（3）甲申卜，于大示告方來（屯南243，圖一、3）

　　（1）辭云「禦方于商」，卜辭尚有「禦某方」，如《合》31987：「丙子貞：令眾禦召方，執」（《屯南》38 與之同文），又有「禦年」、「衞年」、「垈禾」之語，衞、垈，郭沫若讀爲防，裘錫圭更指出防年、防禾當是與御年同類之事，〔註37〕所以「禦某方」的「禦」仍以「防禦」、「抵禦」之意爲佳。（2）《合》28011所記皆爲壬戌日貞卜之辭，且都與方國的入侵有關，其中有一辭云：「又（有）出方」，上舉之辭則作「又（有）來方」，可知「出方」、「來方」皆指方國的侵犯而言。「出方」、「來方」又或可寫作「方出」、「方來」，卜辭習見「方不出」、「方大出」、「方其出」，又有「方其來」、「方不來」，過去多以爲這些「方」是指名

〔註36〕夏含夷：〈釋御方〉，《古文字研究》第9輯，中華書局1984年。
〔註37〕郭沫若說見：《卜辭通纂》第475片考釋，台灣大通書局1976年5月。裘錫圭說見：〈讀安陽新出土的牛胛骨及其刻辭〉，原載《考古》1972年5期，後收於《古文字論集》，中華書局1992年。

爲「方」的方國，如姚孝遂於《屯南》243 辭即云：

> 「方」爲國名。……「方來」謂方國舉兵前來進犯。〔註38〕

但此一看法並不可信。對於卜辭中往往單稱「方」的情形，蔡哲茂、李旼姈都已指出商周之間單稱「方」可以是某方國的省稱，蔡文云：

> 至於「辛酉貞：方以牛其登于來甲申」與「癸亥貞：𢀛方以牛其登于來甲申」（合 33191）對比，知「方」即「𢀛方」之省，類似的例子亦有羌方省稱作方，如「戊惠義行用邐羌方又捷」、「弜用義行弗邐方」。〔註39〕

李文云：

> 卜辭中單用方的例子頗多……在方單稱的卜辭中，目前找不到某方共見的例子，皆單獨出現，此可能當時對單稱方已有共識，知道是何「方」，故省方國名，只刻「方」字。〔註40〕

故〈世俘〉中的「方」應該不是指「方」這個方國，且若依趙氏之說，「方」之侵犯也在甲子前夕，這時來寇商的「方」，武王似乎不會是以「禦」的方式來對待。

（2）辭中王字前的𩵋字，裘錫圭指出是从𢀛魚聲的字，𢀛是抵御、防御的御的初文，魚是加注的聲符，〔註41〕這是十分正確的。其辭云「又（有）來方，亞旅其禦」，與〈世俘〉的「禦方來」辭例很相近，所以「禦方來」應該是抵禦來進犯的方國的意思。〔註44〕

復就當時的歷史情勢來看，武王甲子克商，丙寅日（3）在商都的祭祀中，

〔註38〕姚孝遂、肖丁：《小屯南地甲骨考釋》p91，中華書局 1985 年 8 月。

〔註39〕蔡哲茂：《甲骨綴合集》88 組釋文考釋。樂學總經銷 1999 年。又，省稱方的例子尚見於同書 33 組、284 組、317 組。

〔註40〕李旼姈：《甲骨文例研究》p302，國立政治大學中國文學系碩士論文，1999 年 6 月。

〔註41〕裘錫圭説見：〈讀安陽新出土的牛胛骨及其刻辭〉，原載《考古》1972 年 5 期，後收於《古文字論集》，中華書局 1992 年。

〔註44〕裘錫圭云：「（《綜述》）283 頁把卜辭中屢見的動賓詞組『御方』（意爲『抵御方國』）錯誤地解釋爲方國名。《前》5.11.7 有『貞：冓于下御方』一辭。『冓』是人名。《合》4888 等也有命冓御方之辭。『下』當指抵御敵人時所處的方位，他辭或言『〔于〕上御方』（合 6801）可證。283 頁引《前》5.11.7 漏釋了『下』字，作『貞：冓于御方』，『御方』就像是方國名了。」說見〈評《殷虛卜辭綜述》〉，《文史》35 輯 1992 年，復收於《文史叢稿》，上海遠東出版社 1996 年。上文所述以「禦方來」爲「抵禦來進犯的方國」，可爲裘説的補充說明。

「師尙父牽牲」，表明當時太公望在武王左右，不可能如夏、羅二氏所言甲子（1）日受命進行「掃蕩性」的征伐，而於丁卯日（4）「告以馘俘」，夏氏爲解決此一矛盾，遂以〈周本紀〉與〈克殷〉之記載爲僞，實不可取。故太公望受命的時間應該是在丁卯日之後。依文例，這裏似乎當有一「來」字，趙、夏二氏已考慮到此點，但把「來」認爲是「下一旬」或「下一月」，則並無太多的根據，如：

  （4）乙巳卜㱿貞：來辛亥酌（合 369，圖一、4）

  （5）癸卯卜貞：于來甲寅屮于大甲（合 240，圖一、5）

  （6）乙未卜爭：來乙亥王入（合 5171，圖一、6）

（4）辭之辛亥（48）與乙巳（42）同旬；（5）辭之甲寅（51）與癸卯（40）中間隔了一旬，（6）辭中由乙未（32）至乙亥（12）則尙有 40 天。三者皆可用「來」字，說明此「來」字具「未來」或即將到來之意。

  是以疑《逸周書》此處可能與《尙書‧微子》序「微子作誥（＝）父師、少師」的情形相同，是在傳抄過程中漏掉了重文符號，〔註43〕原文當作「太公望命禦方來（＝）丁卯望至」，「來丁卯」即受命之後的丁卯日。前面已經說過，太公望受命應是在丁卯日之後，到下一個受命日的干支爲止，只有一個丁卯，「來」字的這種用法也合於商周間計時的習慣。〔註44〕當然，如果按照文本的字句，並將「來」字屬下讀，並不會影響「望至，告以馘俘」的時間，但是考慮到「告以馘俘」的時間是在五十多天以後的丁卯，似乎文句上以「禦方來」表示預設性的措施較爲合宜（此與甲骨文中「方其來」、「方其大出」的推測性語氣，以及上文中所舉《合》28011 也是一致的）。這樣看來，太公望受命的時間很可能是在戊辰日武王返周下令征伐四方方國的時候，而太公望所被賦予的使命，很可能是留在殷都抵禦那些親附於商紂的方國在牧野戰後對周人的反撲（這時有周人自己的武力駐守在殷都，無疑也是必要的）。

  基於上述的考量，故將「太公望命禦方來丁卯望至，告以馘俘」增補一「來」字，將受命之日排在戊辰日，「告以馘俘」排在甲子後第 64 日的丁卯。

  如果以上的推測沒有太大的錯誤，那麼武王返周後，在殷都的佈署，就

〔註43〕《尙書》之例見俞樾：《古書疑義舉例‧卷六‧字因兩句相連而誤脫例》p68，世界書局 1992 年 5 月 3 版。

〔註44〕參（美）丁驌：〈今來翌之疑〉，《殷都學刊》1994 年 2 期。姚孝遂：〈讀《小屯南地甲骨》簡記‧今來翌〉，《古文字研究》第 12 輯，中華書局 1985 年。

可以擬構出這樣的輪廓：文有以武庚安定殷民，以太史違監掌「多子」、「百姓」（見《逸周書・商誓》）；武則有太公望。而太公望很可能也是此時在商都的「最高指揮官」。

第二節　克殷後的武功

武王克殷後對四方方國的征討，主要見於《逸周書・世俘》，為方便討論，截取上一節克殷後日程表中關於征討方國的部分，配合西周青銅器銘文的記載，作表如下（括弧中的數字表甲子後的第幾日）：

干　支	文　獻　的　記　載	出　處
戊辰（5）	A 呂他命伐越、戲方（壬申荒新至，告以馘俘）	《逸周書・世俘》
	B 侯來命伐靡集于陳（辛巳至，告以馘俘）	《逸周書・世俘》
壬申（9）	荒新至，告以馘俘	《逸周書・世俘》
辛巳（18）	（侯來）至，告以馘俘	《逸周書・世俘》
甲申（21）	百弇以虎賁誓命伐衛，告以馘俘	《逸周書・世俘》
庚子（37）	陳本命伐磨，百（伯）韋命伐宣方，新荒命伐蜀	《逸周書・世俘》
乙巳（42）	A 陳本、新荒、蜀、磨至，告禽（擒）：霍侯、俘艾侯小臣四十有六，禽（擒）禦八百有三十兩，告以馘俘	《逸周書・世俘》
	B 百（伯）韋至，告以禽（擒）宣方禦三十兩，告以馘俘	《逸周書・世俘》
	C 百（伯）韋命伐厲，告以馘俘	《逸周書・世俘》
不詳	㲻（訊）圉武王，遹征四方，達（撻）殷畯（悛）民，永不（丕）巩（鞏），狄（逖）虘、髟，伐夷東	史牆盤《集成》10175

就表中所見，所伐的方國有越、虘（䖒）、髟、戲方、靡、衛、磨、宣方、蜀、霍侯、艾侯、厲，今就所知分別討論如下：

A　越

殷商卜辭中有□字，羅振玉在《殷虛書契考釋》中即指出此字與金文中的□皆是《說文》中訓為「斧也」的戉字，〔註 45〕此說可從（以下將□隸定作戉）。兩周金文中有戉、郕而無越，越是後起字。饒宗頤、屈萬里皆指出〈世

〔註 45〕羅振玉：《殷墟書契考釋》葉四十六，藝文印書館據 1915 年版影印本，1968 年。

俘〉中的越，即甲骨文中的戉，〔註46〕應是正確的，但把其地望說成在今山東荷澤縣，則顯得有些矛盾（詳下文）。

甲骨文中所見的戉，在一期武丁卜辭中，曾是征伐舌方、土方的將領，如：

（1）貞：戉弗其伐舌方（合 6376，南明 162，圖一、7）

（2）甲寅卜□貞：戉其隻（獲）圍土方（合 6452，戩 12.13，圖一、8）

商王也曾爲戉祈福，如：

（3）貞：蠱戉于祖乙（合 39492，英 594 正，圖一、9）

在武丁時，則有「伐望戉」之事：

（4）癸巳卜，殼貞：乎雀伐望戉（合 6983，續存 609，圖一、10）

二、四期卜辭未見戉的記載，在三期卜辭中，則有戉方：

（5）□巳卜，□戉方□，叀小宰（合 29648，續 2.21.11，圖一、11）

五期卜辭中，則有一個被征伐的「西戉」：

（6）甲戌王卜，貞：今□巫九□，屯盂方，率伐西戉，典西田（甸？），
曹盂方，妥余一人，余其□多田（甸？）甾（？）正□盂方□亡尤，
自上下于□□（明續 3161＋陳 92，合 36181＋合 36523，〔註47〕圖
一、12）

（7）乙丑王□伐西戉□余其比□示余受□（綜圖 21，圖一、13）

關於戉、戉方、西戉的關係，島邦男認爲：

西北的戉方有殷將戉的封地，也有不服於殷的西戉。

饒宗頤、陳夢家則認爲三者實爲同一方國。〔註48〕

〔註46〕饒宗頤說見：《殷代貞卜人物通考》p196～197，香港大學出版社 1959 年。屈
萬里說見《殷虛文字甲編考釋》2239 片·p281，中央研究院歷史語言研究所
1961 年 6 月初版；及〈讀周書世俘篇〉，原載《慶祝李濟先生七十歲論文集》，
清華學報社 1965 年，復收於《書傭論學集》，台灣開明書店 1980 年 1 月 2 版。

〔註47〕《明續》3161＋《陳》92 爲許進雄所綴合，見於許氏 The Menzies Collection Of
Shang Dynasty Oracle Bones Volume II p248，加拿大皇家安大略博物館出版，
1977 年。

〔註48〕島邦男：《殷墟卜辭研究》p416，溫天河、李壽林譯本，鼎文書局 1989 年 9
月。

陳夢家說見《殷虛卜辭綜述》p310，中華書局 1992 年 7 月 1 版 2 刷。

按，戈與戈方爲同一方國，應是可信的。鍾柏生曾舉上揭之（4），認爲：

戈在武丁時曾有短暫的不順服外，其他二、三、四期未見其作亂的

記載。〔註49〕

（4）辭中的殼字作𥛱，貞字作𠃛，字體屬黃天樹所稱的典賓類，彭裕商所稱的賓組一B類，時代爲武丁中期，下限可至武丁晚期或祖庚之時。〔註50〕戈自武丁以後就沒有在王室供職的記載，這樣看來，戈的反叛很可能是在武丁的晚期，上揭（4）辭很可能屬武丁晚期之物。〔註51〕

　　關於戈的所在地，彭裕商曾根據戈與舌方、羌的戰爭，推測戈亦在商之西方或西北，與羌最爲接近，〔註52〕其說可從。那麼前舉饒氏、陳氏、鍾氏把戈、戈方、西戈視爲同一方國的說法，應是可信的。其具體之地望或以爲在今山西安邑附近，〔註53〕或今山西翼城縣附近。〔註54〕要之，戈的居住區域，大致是在今山西省南部或西南部一帶。而上舉屈氏、鍾氏之文從地理環境和〈世俘〉所載的行程推斷，武王所伐的越應該不會距離商都太遠，很可能是春秋時衛國境內的越（今山東荷澤），這個意見是值得考慮的。這樣看來，武王所伐的越與甲骨文中的戈、西戈很可能不是指同一個方國（很可能五期卜辭將戈方稱西戈就是爲了有別於東邊的越）。那麼武王所伐的越，應是一個與商沒有關聯，地處河南山東之交的「中立國」。而武王克殷後立刻就下令征討這個「中立國」，很可能就是爲了其「戰略地位」的重要性（與商交好的幾個大方國，如薄姑、奄，皆在今山東）。另外，〈史牆盤〉銘文云：

　　𩁹（訊）圉武王，遹征四方，達（撻）殷畯（㑞）民，永不（丕）

　　　饒宗頤說見：《殷代貞卜人物通考》p196～197，香港大學出版社1959年。

〔註49〕鍾柏生：《殷商卜辭地理論叢》p181～182，藝文印書館1989年9月。

〔註50〕黃天樹：《殷墟王卜辭的分類與斷代》p47，1988年北京大學博士論文，文津出版社1991年11月。彭裕商：《殷墟甲骨斷代》p159～160，1988年四川大學博士論文，中國社會科學出版社1994年5月。彭裕商、李學勤：《殷墟甲骨分期研究》p125，上海古籍出版社1996年12月。

〔註51〕（4）辭中的「望戈」應是「望族之戈」，與「戈」不當等同起來，但這點並不影響（4）爲武丁晚期之物和戈即戈方的結論。

〔註52〕彭裕商：《殷墟甲骨斷代》p143～145，1988年四川大學博士論文，中國社會科學出版社1994年5月。彭裕商、李學勤：《殷墟甲骨分期研究》p351，上海古籍出版社1996年12月。

〔註53〕鍾柏生：《殷商卜辭地理論叢》p182，藝文印書館1989年9月。

〔註54〕鄭杰祥：《商代地理概論》p295，中州古籍出版社1994年6月。

　　　　巩（鞏），狄（逖）盧、髟，伐夷東

過去對夷東二字或連讀，或分讀，在理解上也呈現不同的意義。基於該篇銘
文用韻的情形，疑此處的「夷東」實爲「東夷」的倒文，類似的情形尚可見
於〈哀成叔鼎〉，鼎銘中爲用韻的關係，將習見的「父母」作「母父」。〔註55〕
對於此處的「夷」，各家多認爲是處於山東一帶的外族，又，甲骨文中已有「東
夷」的稱法，見於《明續》B1123，周初金文亦習見「東夷」，可見「東夷」
的稱法在當時應是一種習慣用語。那麼〈世俘〉中的「越」很可能就屬於盤
銘中所說的夷。

B　盧、髟

　　〈史牆盤〉銘文中的盧，裘錫圭認爲「大概就是甲骨卜辭的虘方」，〔註56〕
應是可信的。但他依楊樹達之說，將盧說成是《詩經·大雅·皇矣》「侵阮徂共」
的「徂」則尚可商榷，如林澐即認爲詩中的「徂」，「毛傳訓爲『往』，認爲是動
詞，鄭箋才把它解釋爲國名，所以楊說頗難令人信服。」〔註57〕按，甲骨文中
的虘方，在商末是與商敵對的方國，爲商所征伐的對象，如五期卜辭所見

　　（8）乙丑王卜貞：今田巫九𠂤余無障𢆶告侯田（甸）冊虘方、羌方、羞
　　　　方、總（？）方，余其比侯田（甸）屮伐四丰（邦）方（合 36528
　　　　反，續 3.13.1，圖一、14）

盤銘中的𢆶字，或釋爲微字的初文，或釋爲徵、讀爲懲，不確。林澐從陳世
輝之說，指出此爲髟字，甲骨文中南方風名爲飄風，並進一步考察髟方與商
的關係，認爲早期（賓組）髟方與商既有和平交往又有互相攻伐，〔註58〕這
都是十分正確的。由五期的黃組卜辭所見，商末時髟方與商應處於關係較好
的情況：

〔註55〕〈哀成叔鼎〉之情況參張政烺：〈哀成叔鼎釋文〉，《古文字研究》第 5 輯，中
　　　　華書局 1981 年。
〔註56〕裘錫圭：〈史牆盤銘解釋〉，原載《文物》1978 年 3 期，復收於《古文字論集》，
　　　　中華書局 1992 年；尹盛平主編：《西周微氏家族青銅器群研究》，文物出版社
　　　　1992 年。
〔註57〕林澐：〈釋史牆盤銘中的「逖盧髟」〉，原載《陝西歷史博物館館刊》第 1 輯，三
　　　　秦出版社 1994 年。復收於《林澐學術文集》，中國大百科全書出版社 1998 年。
〔註58〕陳世輝說見：〈牆盤銘文解說〉，《考古》1980 年 5 期。林澐說見：〈釋史牆盤
　　　　銘中的「逖盧髟」〉，《陝西歷史博物館館刊》第 1 輯，三秦出版社 1994 年，
　　　　及〈說飄風〉，原載於《于省吾教授百年誕辰紀念文集》，吉林大學出版社 1996
　　　　年。二文並收於《林澐學術文集》，中國大百科全書出版社 1998 年。

（9）己亥卜，在彰貞：王□亞其比飳伯伐□方，不□弌，在十月又□（合36346，前2.8.5，圖一、15）

據盤銘所載，武王對盧、彰這兩個方國是用「狄」的方式對待。「狄」，裘錫圭指出「這兩句（狄盧彰、伐夷東）是對文，狄與伐相對，應該跟〈曾伯霝簠〉『克狄淮夷』的狄字一樣，讀爲逖，是驅除的意思。」〔註59〕據此，值得注意的是，既然飳方在商末是與商敵對的方國，彰則是親附於商的方國，而武王卻都是用「驅趕」的方式來對待，這就充分說明武王克殷後所進行的征伐，絕不會是僅僅爲了消除擁商的反周勢力那麼單純。（關於盧、彰的地望將在下一節中與琉璃河1193號墓所出土的〈克罍〉、〈克盉〉一併討論）

C 戲方

前所見《逸周書》之戲方，朱右曾《逸周書集訓校釋》引惠棟之言云：「呂他、南宮氏、越戲方，一作反虎方，見南宮中鼎銘。」〔註60〕按，惠棟的說法顯然是錯誤的，今之學者不從此說。戲方不見於甲骨文。西周銅器有〈戲伯鬲〉（《集成》666～667），阮元《積古齋鐘鼎彝器款識》即云：

> 《路史》戲國有二，一爲炎帝後姜姓國，驪山之北水名，今新豐有戲亭，幽王死焉，……一爲商世侯伯，武王克商命呂佗伐戲方，戲，鄭地。按鄭之戲，即《左·成十七》傳之戲童，《水經注》所謂氾水出浮戲之山是也。〔註61〕

方濬益同意此說復補充云：

> 〈襄公·九年〉諸侯伐鄭，「十有二月己亥，同盟于戲。」杜注亦云：戲，鄭地，當即戲童之渻。〔註62〕

按，戲在今河南省登封、鞏縣附近的說法，從武王克殷之後的行程時間上來說，顯然較陝西驪山之說爲優，爲今之學者所信從。應注意的是，戲方既然不是一個親附於商的方國，爲何武王克殷之後積極地對戲方進行攻伐呢？個人懷疑可能與抵抗淮夷有關，淮夷自周初即不時入侵，終西周之世，就金文所見，更是東土、南土的一大禍患。戲方地處登封，登封境內有嵩山，臨潁

〔註59〕 裘錫圭：〈史牆盤銘解釋〉，《文物》1978年3期，復收於《古文字論集》，中華書局1992年；尹盛平主編：《西周微氏家族青銅器群研究》，文物出版社1992年。

〔註60〕 朱右曾：《逸周書集訓校釋》頁95，世界書局民國69年11月3版。

〔註61〕 阮元：《積古齋鐘鼎彝器款識》七·23。

〔註62〕 方濬益：《綴遺齋彝器考釋》二十七·13。

水，穎水注入淮河，此地正是淮夷進入中原的門戶地帶，也可以說，周人佔有此地，對登封略北的鄭州（周時之管），也起了保衛的作用。

D 靡

〈世俘〉云「伐靡集于陳」，文中「靡集」的「靡」應該與甲骨文中望乘、沚𤰕的「望」、「沚」相同，是方國名或族名。〔註63〕甲骨文中有作𤴡、𤴢之𤴢，又有作🝱之𤴢，𤴢多指所狩獵之物，𤴢則為人名，且僅見於一期卜辭。兩周金文有〈𤴢侯鎛〉（《集成》17），春秋時則有近於楚地之𤴢國和𤴢國（𤴢或作𤴢），𤴢、𤴢二國位置相近，俱為楚所滅，具體的地望或謂在今河南南陽，或謂在湖北當陽，或謂在陝西白河附近，其間是否有遷移的關係，未能確知。〔註64〕而甲骨文中的𤴢，其與《逸周書·世俘》中的靡是否有關，則尚缺乏若干環節加以聯繫。不過〈世俘〉言「伐靡集于陳」，陳地在今河南淮寧，〔註65〕則〈世俘〉中的靡即為甲骨文中的𤴢的可能性也不能完全排除。如果二者為同一方國的話，從甲骨文商末未有𤴢的記載來看，可能與上文所述的越相同，是與商沒有臣屬或聯盟關係的方國。

E 衛

成王東征後封康叔封於衛的衛，可能與武王時所伐的「衛」是同一個地方，其地望在今河南淇縣東北（即商之朝歌）。甲骨文中亦有衛作為人名、地名之例，如：

（10）戍衛不雉眾（佚5，合26888，圖一、16）

（11）壬寅卜永貞：衛以🝱率用（乙749，合555正，圖一、17）

也可能武王所伐的衛，是商時的韋。《廣韻·微韻》有「䢵，殷國名也。」䢵字右邊的「阝」應該是後加的意符。〔註66〕韋是一期卜辭的貞人名，卜辭中

〔註63〕沚𤰕、望乘之沚、望為國名或族名，參裘錫圭：〈論「歷組卜辭」的時代〉，原刊《古文字研究》第6輯，復收於《古文字論集》，中華書局1992年。林澐：〈甲骨文中的商代方國聯盟〉，原刊《古文字研究》第6輯，復收於《林澐學術文集》，中國大百科全書出版社1998年。

〔註64〕參陳槃：《不見于春秋大事表之春秋方國稿》葉105，中央研究院歷史語言研究所1982年11月再版、《春秋大事表列國爵姓及存滅表譔異》三訂本，葉365～368，中央研究院歷史語言研究所1997年6月影印四版。彭邦炯：〈從甲骨文𤴡、𤴢二字論及商周𤴢氏地望〉，《南方文物》1994年2期。

〔註65〕參陳槃：《春秋大事表列國爵姓及存滅表譔異》三訂本，頁254，中央研究院歷史語言研究所1997年6月影印四版。

〔註66〕裘錫圭：〈戰國璽印文字考釋三篇〉指出，「戰國人常常在用作地名、姓氏的

亦有「子韋」（後下 18.2）。把韋、衛視爲一字的說法並不可信，[註67]不過韋、衛音近（韋、衛古音同在匣紐，韻部微、月旁對轉，後來俗寫的衛即从韋聲），韋（郼）在古書中有假借爲殷之例，如

　　《呂氏春秋・慎大》：「親郼如夏。」

　　　高誘注：「郼讀如衣，今兗州人謂殷氏皆曰衣。」

「韋」屬「多子族」，那麼韋（郼）之地應該是在安陽附近，這點與有「显」作爲族徽的商代青銅器多出於安陽一帶也是相合的。[註68]這樣看來，韋、衛在商時應該是地理位置相近的兩個方國。[註69]總之，武王所征的衛，依目前的資料來看，尚難以斷定是商之衛或韋。

　　另外，值得注意的是，伐衛的軍隊是「百弇以虎賁誓」。虎賁，即金文所見之「虎臣」，是王的近衛軍，這支部隊的組成份子多是外族，文獻稱爲虎賁或虎賁之士，從西周金文來看，這支軍隊又分爲左右或正側二個單位，如

　　〈無叀鼎〉「王逪（正）側虎臣」（《集成》2814）

　　〈師克盨〉：「令汝更乃祖考𦎫（攝）司左右虎臣」[註70]（《集成》
　　　4467）

掌管這支軍隊的官長亦稱虎臣或虎賁，若非重要的戰役或戰況緊急，通常不會派遣虎賁出征。[註71]那麼此處以「虎賁誓」作爲出征的將領，與〈世俘〉

　　　文字上加注邑旁，造成專用字。」原載《古文字研究》第十輯，中華書局 1984
　　　年，復收於《古文字論集》，中華書局 1992 年。

[註67] 韋、衛一字說，見於羅振玉：《殷虛書契考釋》，徐中舒主編：《甲骨文字典》
　　　p632 仍以韋爲衛之初文，四川辭書出版社 1993 年 9 月 1 版 3 刷。按，學者多
　　　已指出韋爲圍之初文，韋、衛是不同的兩個字，參姚孝遂編撰：《甲骨文字詁
　　　林》，显字條唐健垣說；𗴶字條周永珍說。

[註68] 參周永珍：〈殷代韋字銘文銅器〉，《出土文獻研究》，文物出版社 1985 年 6
　　　月。

[註69] 陳夢家以爲韋（郼）、衛當爲一地，僅是從聲韻來考量的。說見：《殷虛卜辭
　　　綜述》p263，中華書局 1992 年 7 月。

[註70] 𦎫釋攝，參蔡哲茂、吳匡：〈釋𦎫〉，第二屆中國文字學國際學術研討會論文，
　　　1991 年，文載《故宮學術季刊》11 卷 3 期。

[註71] 關於虎臣的性質參：
　　　斯維至：〈兩周金文所見職官考〉，《中國文化研究彙刊》第七卷，1947 年。
　　　王祥：〈說虎臣與庸〉，《考古》1960 年 5 期。
　　　黃盛璋：〈關于詢簋的制作年代與虎臣的身分問題〉，《考古》1961 年 6 期，復
　　　　收於《歷史地理與考古論叢》，齊魯書社 1982 年。

中所派遣的其他將領和軍隊，在性質和意義上應該有所不同。〈師袁簋〉可與此比較，其銘文云：

> 今余肇令汝率齊師、曩、釐（萊）、棽，屑（殿）左右虎臣正（征）淮夷。〔註72〕

黃盛璋指出此處銘文所見的左右虎臣，不僅包括虎賁之士，也包括率領虎賁的官長在內，〔註73〕從戰爭動員的情況來看，黃氏所言應該是正確的。那麼，〈世俘〉中的百弇、虎賁誓顯然就是率領虎賁的官長，其所帶領出征的軍隊，應該就是擔任武王近衛軍的那些平時不輕易出征的虎賁之士。這樣看來，不論武王所伐的衛是商的衛或韋，這次的戰役很可能是在武王西歸途中，韋或衛有亂事，而武王身邊又沒有其他軍隊可派遣的情況下，命令百弇率領虎賁誓和部分的虎賁之士，回頭朝東方所作的攻伐（武王辛未日已在今之鄭州，安陽、朝歌在鄭州之東）。那麼對衛所進行的征伐，其意義顯然與上述的越、靡有所不同。

F 宣方

有一條二期卜辭云：

（12）弜宣方燎（後上 24.7，合 28003，圖一、18）

陳夢家、李學勤已先後指出卜辭之宣方即〈世俘〉中所伐的宣方。〔註74〕屈萬里對此條卜辭則持不同的看法，他說：

> 「弜宣屮燎？」宣屮如果說是宣方，是國名，則方國決不是燎的對象。可知宣屮不是國名。我以為宣字是宣室之宣，屮字在這裏當讀為旁。

故他認為〈世俘〉中的宣方當為卜辭中的亘方。〔註75〕島邦男雖同意卜辭中

張亞初、劉雨：《西周金文官制研究》p114～115，中華書局 1986 年 5 月。

劉雨：〈西周金文中的軍禮〉，紀念容庚先生百年誕辰暨中國古文字學學術研討會論文 1994 年，文載《容庚先生百年誕辰紀念文集》，廣東人民出版社 1998 年 4 月。

〔註72〕屑釋為殿，參劉釗：〈談史密簋銘文中的屑字〉，《考古》1995 年 5 期。

〔註73〕黃盛璋：〈關于詢簋的制作年代與虎臣的身分問題〉，《考古》1961 年 6 期，復收於《歷史地理與考古論叢》，齊魯書社 1982 年。

〔註74〕陳夢家說見：《殷虛卜辭綜述》p276，中華書局 1992 年 7 月 1 版 2 刷。李學勤說見：〈世俘篇研究〉，原載《史學月刊》1988 年 6 期，復見於《李學勤集》，黑龍江教育出版社 1989 年 5 月，及《古文獻叢論》上海遠東出版社 1996 年 11 月。

〔註75〕屈萬里：〈讀周書世俘篇〉，原載《慶祝李濟先生七十歲論文集》，清華學報社

有宣方，但他把上辭理解爲「乃是舉行燎祀於宣方之事，可知其是殷之所屬。」
〔註76〕

按，燎在甲骨文中是祭名，也是用牲之法，兩種用法往往可以其是否加「于」字來加以區別。加「于」作「燎于」者，其後多爲先祖等祭祀的對象或地名（也有少部分不加于），〔註77〕而明確爲用牲之法者，除《合》15605、15606 二例作「燎于小宰」之外，其餘一百多個例子皆不加「于」（參《殷墟甲骨刻辭類纂》燎字條），而用人以「燎」的方式作爲祭祀犧牲的例子可舉：

（13）▨卜㱿貞：燎昌一羌▨（合410正，圖一、19）

（14）甲子卜弜方燎□□叙燮（屯南4543，圖一、20）

（14）辭的「方燎」顯然是指「燎」所擒獲的某方國之人，這樣看來，（12）辭應該是指是否要用（所擒獲的）宣方之人以「燎」的方式進行祭祀。那麼屈氏把〈世俘〉中的宣方認爲是亘方的看法，除聲韻的關係外，就沒有太多的依據了。而島邦男的看法顯然也是不正確的，宣方應該是與商敵對的方國。宣方卜辭僅一見，故其地望難以考究。或以爲即春秋時鄭國的宛，在今河南許昌西北。〔註78〕

G　蜀、磨、霍侯、艾侯

今本《逸周書》在乙巳日的記載作「陳本命新荒、蜀、磨至，告禽霍侯，俘艾侯俘小臣四十有六。」「新荒」前的「命」爲衍字，在上一節中已經說過了。比較有問題的是霍侯以下的一段文字。盧文弨校定本和朱右曾的校釋本都作

告禽：霍侯、艾侯，俘侯侯小臣四十有六。〔註79〕

今據劉師培、章太炎之說，文句當作

告禽：霍侯、俘艾侯小臣四十有六。〔註80〕

〔註76〕 1965年。復收於《書傭論學集》，台灣開明書店 1980 年 1 月 2 版。

島邦男：《殷墟卜辭研究》p417，溫天河、李壽林譯本，鼎文書局 1989 年 9 月。

〔註77〕 少數不加「于」的情形，應是「在古漢語裏，動詞和跟在它後面表示動作地點的名詞之間，並不一定要『于』等介詞。」參裘錫圭：〈說卜辭的焚巫尫與作土龍〉，《甲骨文與殷商史》第 1 輯，上海古籍出版社 1983 年，復收於《古文字論集》，中華書局 1992 年。

〔註78〕 楊寬：《西周史》p481，台灣商務印書館 1999 年 4 月。

〔註79〕 分見盧文弨校定《逸周書》，乾隆五十一年抱經堂單刻本。朱右曾：《逸周書集訓校釋》，世界書局 1980 年 11 月三版。

〔註80〕 劉師培《周書補注》云：「《路史·國名紀三》引作『俘艾侯小臣四十六』，似

李學勤則依今本的文句，將艾訓爲「久」，佚通「逸」，將「俘艾佚侯小臣」斷句作「俘艾佚侯，小臣」，認爲是久已逃亡的商朝諸侯、臣屬，「他們都聚集在霍侯周圍，從篇文看，還有較強的軍力。」〔註81〕李氏的這個說法仍有待商榷。

五期卜辭屢見商王在霍地進行貞卜（參《類纂》霍字條），顯然霍與商是關係良好的方國，〈世俘〉中的霍即商之霍，學者並無異議，其地則或以爲在晉南，或以爲在河南臨汝〔註82〕（成周附近）。且不論其具體地望在何處，霍在商末既與商交好，商王又在霍地進行貞卜，那麼「久逸」的諸侯小臣應該是不會如李氏所說聚集在霍地，幫助霍侯對周進行抵抗。

蜀，周原甲骨有蜀字作𤔔（H11:68；H11:97）與〈班簋〉之蜀作𤔔同，周原甲骨之蜀，學者已指出可能與牧誓八國之蜀有關。〔註83〕又，學者多指出卜辭中的𤰔與〈世俘〉中的蜀是同一個方國，這是可信的，不過由於過去多把𤰔（旬）誤釋爲蜀〔註84〕（李學勤已指出〈世俘〉中的蜀應爲𤰔（旬）字之誤），所以把武王所伐的旬國（山西）說成是山東的蜀或河南的濁澤（𤰔以下隸定作𤰔）。由一期至五期，𤰔與商的關係大約是武丁伐𤰔之後，𤰔就成爲商地位較高的方國，終商之世，皆與商王朝關係良好。〔註85〕不過，由〈世俘〉

艾侯二字當在『俘』字下。」章太炎：〈逸周書世俘篇校正〉云：「佚與侯形近誤賸。」，《制言》半月刊第三十二期。

〔註81〕 李學勤：〈世俘篇研究〉，原載《史學月刊》1988年6期，復見於《李學勤集》，黑龍江教育出版社1989年5月，及《古文獻叢論》，上海遠東出版社1996年11月。

〔註82〕 霍在山西之說，皆本於《史記·管蔡世家》正義引《括地志》之說，此是以武王所封霍叔之霍爲〈世俘〉中的霍。楊寬：《西周史》p481～482則云：「霍侯所在霍國，《世》說：『霍國，眞姓後』張澍《世本集粹補注》說：『霍，侯爵，武王禽之，乞汝梁縣有故霍國，非晉霍也。』張說可從。《左傳·哀公四年》記載楚人『襲梁及霍』，杜注『梁南有霍陽山。』《後漢書·郡國志》同。霍陽山見於《水經·汝水注》，在今河南臨汝東南。」台灣商務印書館1999年4月。

〔註83〕 徐錫臺：《周原甲骨文綜述》p52，三秦出版社1989年。

〔註84〕 過去多把商代甲骨文中的𤰔字釋爲蜀是錯誤的，𤰔即旬字，參林巳奈夫：〈帝舜考〉，《甲骨學》第十六號，日本甲骨學會。陳夢家：《殷虛卜辭綜述》p295，中華書局1992年7月1版2刷。饒宗頤「《殷代貞卜人物通考》p189，香港大學出版社1959年。裘錫圭：〈殷墟甲骨文字考釋（七篇）〉，《湖北大學學報》1990年1期。蔡哲茂：〈甲骨文考釋兩則〉，第三屆中國文字學國際學術研討會論文1992年。李學勤：〈世俘篇研究〉。

〔註85〕 陳全方、尚志儒：〈陝西商代方國考〉（二），《中原文物》1990年3期。按，

的行文來看，罞在新荒的征討下，似乎很快就投入了周的陣營。

〈世俘〉之磿，過去多依《史記‧高祖功臣侯者年表》與《漢書‧高惠高后文功臣表》的對勘，認爲磿是歷之誤，歷即歷。〔註 86〕甲骨文中有歷字作𣥏，過去認爲是歷組卜辭的貞人名，雖然學者多指出有相當數量的貞人（或職官）其實是各方國的首領，只是在商王朝供貞人（或職官）之職，〔註 87〕但是歷組卜辭的「歷」是否爲貞人名，則尚有待進一步研究。〔註 88〕所以〈世俘〉中的磿在商代的情況，目前是很不清楚的，故對於〈世俘〉中磿的一些推測，在此就不細說了。〔註 89〕

艾，饒宗頤云：

> 乂與艾通，〈周頌〉：「奄觀銍艾」。艾者，「乂」之假借。……《逸周書‧世俘解》：「霍侯，艾侯。」《春秋‧隱公六年》：「公會齊侯盟于艾」。杜注：「泰山牟縣東南有艾山」今山東臨沂縣西。〔註 90〕

按，臨沂尚在曲阜之東，武王時，周的勢力尚且不及曲阜，更遑論曲阜之東的臨沂，所以饒氏之說顯然不可信。必需加以說明的是，饒氏之誤應是本於將甲骨文中作地名用的 乂 字，誤釋爲乂。王國維曾指出金文中「保辥周邦」（〈克鼎〉）的「辥」即《尚書‧康誥》：「用保乂民」的「乂」，〔註 91〕這是十分正確的。不過他把「乂」說成是「辥」的假借，則不若裘錫圭「𠂹」是「乂」的初文的說法來得貼切。〔註 92〕由甲骨以迄兩周金文，乂字從未見作 乂 形體者，特別是西周〈宛尊〉的辥字作𦣞，其右旁仍明顯保留了似鐮刀狀的刈草

該文所言罞與商的關係是可信的，但將罞釋爲蜀，並謂罞在陝西，則不可信據。

〔註 86〕《史記‧高祖功臣侯者年表》（三家注本）中有國名作磿，有的本子作磨（《史記會注考證》），《漢書‧高惠高后文功臣表》則作歷。

〔註 87〕參晁福林：〈試論殷代的王權與神權〉，《社會科學戰線》1984 年 4 期。張亞初：〈商代職官研究〉，《古文字研究》第 13 輯，中華書局 1986 年。

〔註 88〕裘錫圭指出歷組卜辭前辭中的歷也有可能不是貞人名，而是說明「貞」的性質，〈論「歷組卜辭」的時代〉，原刊《古文字研究》第六輯，後收於《古文字論集》，中華書局 1992 年。

〔註 89〕〈世俘〉中的磿，李學勤：〈世俘篇研究〉認爲是山西的厤山，楊寬：《西周史》則認爲是春秋時鄭國的歷（或作櫟），在今河南禹縣。

〔註 90〕饒宗頤：《殷代貞卜人物通考》p364，香港大學出版社 1959 年。

〔註 91〕王國維：《觀堂集林‧卷六釋辥》。

〔註 92〕裘錫圭：〈釋蚩、秭〉，原載《古文字研究》第 4 輯，爲〈甲骨文考釋（八篇）〉之一，後收於《古文字論集》，中華書局 1992 年。

工具的形象，與甲骨文的形體一脈相承。所以裘錫圭指出將甲骨文中的 X、
8、𠂤釋為父的說法不可信，〔註93〕應該是正確的。這樣看來，武王時所伐
的艾侯，其與商之關係則是一片空白，其地望亦不可知。

上表中庚子與己巳日中陳本、新荒告以馘俘的情形，還有一點必需加以
說明。其所擒獲的車輛多達八百三十，遠遠較武王克殷時的「周車三百五十
乘」（《逸周書·克殷》）為多，這其中應該有相當大的部分是原本分屬蜀（𢀛）、
麿等方國的，不應該把它理解為僅是對霍侯、艾侯的攻伐時所俘獲。

H 厲

李學勤根據〈太保玉戈〉認為厲在湖北省隨縣，〔註94〕不過〈太保玉戈〉
中一般被釋為厲的字，據放大後的照片，其形體作𤎫，〔註95〕此字釋為厲是
可疑的。楊寬認為〈世俘〉中的厲是在河南苦縣厲鄉（老子的出生地），可備
一說。〔註96〕厲依聲類求之，其與甲骨文中商王的田獵地萬、漢的關係，或
許也應該稍加考慮。

總之，古代歷史地理的問題，往往受到材料的限制，如果沒有同一時期
足夠的材料加以比對，很難得出具體可靠的結論，而殷商與西周時期的歷史
地理問題，所欠缺的往往就是這個環節。上文中所討論的各個方國，除了越
（戉）、戲方和𢀛（荀）有比較明確的甲骨文、金文可與典籍相配合外，其
餘方國地望的考定，也只能在各家從春秋以後的事蹟尋找一個與之相同或音
近的地名加以推測的方法中，擇要予以陳述。儘管如此，以商代甲骨文和西
周金文的第一手記載為主，逐一檢驗〈世俘〉中所記載的方國，結果可以發
現：

第一、武王所征討的這些方國，其實並不僅僅是單純地屬於親附於商的一
類。例如宣方、虘，就是明確與商敵對的方國。又如越（戉），若按照過去的說

〔註93〕裘錫圭：〈釋蚰、秭〉，原載《古文字研究》第4輯，為〈甲骨文考釋（八篇）〉
之一，後收於《古文字論集》，中華書局1992年。
〔註94〕李學勤：〈世俘篇研究〉，原載《史學月刊》1988年6期，復見於《李學勤集》，
黑龍江教育出版社1989年5月，《古文獻叢論》，上海遠東出版社1996年11
月。及〈太保玉戈與江漢的開發〉，《楚文化研究論集》第二集，湖北人民出
版社1991年3月。
〔註95〕參徐錫台、李自智：〈太保玉戈銘補釋〉，《考古與文物》1993年3期，蔡運章
〈論太保玉戈銘文及其相關問題〉，《甲骨金文與古史新探》，中國社會科學出
版社1996年10月。圖三、1
〔註96〕楊寬：《西周史》p482，台灣商務印書館1999年4月。

法，戉在商末也是與商敵對的方國。而筆者認爲，武王下令征討越的目的，很可能有取得其「戰略地位」的意義在內，這一點，在征討戲方這個「中立國」上，表現得更爲鮮明。另外，艾、磨、屬，則是甲骨文中所未見的方國。所以，〈世俘〉中征討四方方國的記載，其性質並不僅僅是消弭反周勢力，恐怕有相當的程度是爲了爭取「第三勢力」以及爲進一步打擊擁商的殘存勢力作佈署。另外，對於商周皆採敵對態度的方國，如虘，武王則是用武力予以驅趕，不排除〈世俘〉中所載「憝國」之中，有部分的方國即屬於這種情形。

第二、由金文中所見虎臣出征的情形來看〈世俘〉中虎賁誓伐衛的記載，可以想見在〈世俘〉中屢屢「告以馘俘」的光輝記載下，其實是周武王對初克殷後的艱苦經營，而這次派遣虎賁出征的記載，正可爲上一節中所說商的反撲力量提供佐證。

第三、〈世俘〉所載憝國、服國及俘獲的數量固然可能存有誇大的成份，但以「小邦周」在武王克殷後很短的時間內能夠進行如此廣泛的征伐，由庚子、乙巳日中陳本、新荒的記載可以推想得知，其實並不是每一個方國都是由周人的軍隊親自征伐，而是運用已臣服的方國去征討未臣服的方國，如此就起了多頭並進的連鎖效應，這樣周人就可以在不消耗國力的情況下，迅速地擴張，這一點在克殷二年後的周初大亂裏，無疑也爲周人提供了較好的基礎來面對東方的動亂。

第三節 克殷後的文治（之一）──「三監」與邶、鄘、衛

武王克殷之後，在文治方面，主要有兩項作爲，一是分封，一是對成周雒邑的經營。今分別討論如下。

葉達雄在《西周政治史研究》中曾對武王時分封的情形加以整理，考得見諸文獻者共 34 國，其地不出今河南、山西、陝西境內，少數有東至山東（曹、祝），北至河北（薊），南至安徽（宿）。〔註97〕彭邦本復有所補充，並認爲周初的兩次分封，成康之時是以「封建母弟」的同姓諸侯爲主，武王之時則多異姓、前朝舊族。〔註98〕關於武王之世分封的詳細情形，到底分封了多少個

〔註97〕葉達雄：《西周政治史研究》p16～22，明文書局 1982 年 12 月初版。

〔註98〕彭邦本：〈武王之世分封的初步探討〉，第二次西周史學術討論會論文 1992 年，

諸侯國，這些諸侯所在的位置又在那裏，如果能確切地予以掌握，確實是可以建構出成王動亂之前的周初形勢，但由於史料的不足，及古史地理的諸多異說，這個途徑存在了一定的局限。故本文退而求其次，針對與西周東進有密切關聯的「三監」（含邶、鄘、衛）以及齊、魯、燕的分封作為討論的焦點。關於「三監」，歷來說法頗為混淆，顧頡剛整理各種異說之後認為，周初的「三監」為武庚、管叔、蔡叔，霍叔並不在其中，〔註99〕其說法為多數學者所接受，但這種說法未能充分展現古史的面貌，仍有討論的空間。而齊、魯、燕的分封，自傅斯年以來，多認為武王之世，三國在今河南，成王東征之後，始北遷、東遷至河北、山東，近來則有學者主張齊、魯、燕並非武王時已分封，仍是隨著成王東征的進程，逐次分封。另外，在武王對成周雒邑經營的討論上，目前則出現是否與〈天亡簋〉有關的不同意見，在本節中，先針對「三監」與邶、鄘、衛的問題進行討論。

一、分　封

A　三　監

歷來對「三監」的討論，主要集中於如何落實「三監」為那三人，儘管顧頡剛在上舉文中據王引之《經義述聞・卷三・三監》所言，指出先秦至西漢的典籍中，言武庚、管叔、蔡叔作亂者多，言霍叔參予其事者少，但並沒有對《逸周書・作雒》：「建管叔于東，建蔡叔、霍叔于殷，俾監殷臣。」及《商君書・賞刑》：「昔者周公旦殺管叔，流霍叔，曰犯禁者也。」這兩條史料提出合理的解釋。孫詒讓《周書斠補》有鑑於此，故提出霍叔為「副監」之說，但這種說法，也不為學者所接受。今試從不同的角度，對「三監」重新檢討。

首先對「三監」這個辭彙進行考察。《逸周書・大匡》中的一段文字，經過孫詒讓的校勘，被認為是先秦已有「三監」之說的根據。今本〈大匡〉：

> 惟十有三祀，王在管，管叔自作殷之監、東隅之侯咸受賜于王。

其中「管叔自作殷之監」一句，文意難以理解，孫詒讓《周書斠補》曾就此提出解釋，云：

> 案，管叔作監，武王所命，此云自作，於義難通。《史略》作「管叔、

收於陝西歷史博物館編《西周史論文集》，陝西人民教育出版社 1993 年 6 月。
〔註99〕顧頡剛（遺著）：〈"三監"人物及其疆地〉，《文史》二十二輯，1984 年。

> 蔡叔，臬商之監」，文較完備。臬當爲「臮」，形近而誤，臮、暨古今字，(《説文・乑部》云：「臮，眾詞與也。」引《虞書》曰：「臮咎繇」，今〈舜典〉臮作「暨」。）殷監即武庚也。〈序〉云：「武王既克商，建三監以救其民」監上「之」字以敘證之，疑當爲三，言管、蔡暨武庚合爲三監，武庚封於鄁，霍叔相之，詳後〈作雒〉。故書直云「管叔、蔡叔臮殷三監」不數霍叔也。

按，孫詒讓校改「自作」爲「臮」（暨）之誤，當可信從，但以「之」爲「三」之誤，則不可信。從文理上說，「管叔、（蔡叔）暨殷之監、東隅之侯咸受賜于王」，若以「之」爲「三」之誤，則管叔、（蔡叔）在文意上來說就不在「殷三監」的範圍之內，而孫氏又據此以管、蔡、武庚合爲三監，就顯得自相矛盾。復就字形來說，漢以後的之字才出現現在所見的形體，〔註 100〕西周以迄戰國，之字皆作㞢、㞢、㞢或㞢、㞢的形體，〔註 101〕不會與「三」字相混。所以「之監」不會是「三監」之誤，以此作爲先秦史料已有「三監」一辭，未可遽信。

另兩處可能可做爲先秦已有「三監」之詞的文獻分別是《禮記・王制》云：

> 天子使其大夫爲三監，監於方伯之國，國三人。
>
> 天子之大夫爲三監，監於諸侯之國者，其祿視諸侯之卿，其爵視次國之君，其祿取之於方伯之地。

另外，《尚書・大誥序》有云：

> 武王崩，三監及淮夷叛。

前者是先秦諸子和十三經正文中唯一出現「三監」之處。其時代向來被認爲是西漢文帝時的作品，〔註 102〕其性質，孫希旦《禮記集解》有清楚的說明，其文云：

> 漢人採輯古制，蓋將自爲一代之典，其所採以周制爲主，而亦或雜有前代之法，又有其所自爲損益，不純用古法者。

〔註 100〕參《秦漢魏晉篆隸字形表》，四川辭書出版社 1985 年。

〔註 101〕參容庚：四版《金文編》，中華書局 1985 年，滕壬生：《楚系簡帛文字編》，湖北教育出版社 1995 年。之字作㞢、㞢見於《睡虎地秦簡・爲吏之道》及〈效律〉，參張守中撰集：《睡虎地秦簡文字編》，文物出版社 1994 年。「之」作㞢又見於始皇廿六年詔書（度、量、衡器多見）。

〔註 102〕參孔穎達《禮記正義》。

文中的「三監」，孫氏即認為是

> 方伯之國設三監，經傳皆無其事，而惟見於此篇，豈其聞周初有三
> 監監殷之事，故欲放而設之與。

初觀其言，孫氏似對周初曾有三監持肯定態度，但細味其意，「方伯之國設三監，經傳皆無其事」，是周初三監之說，究竟只屬傳聞。

至於〈書序〉的寫作時代目前還不太清楚，由《史記‧周本紀》中屢言「作某某」（《尚書》篇名）的文句與今所見〈書序〉雷同來看，太史公作《史記》時，《尚書》各篇可能已經有「序」，但其時代的上限是否可以早至秦以前，由目前所見出土的戰國、秦漢簡帛文字來看，多不標篇目、篇次，更沒有類似「題解」的序，則〈書序〉之言是否即先秦時原本就存在，亦不無可疑。〔註103〕

所以，依目前所見的材料，尚不能肯定先秦時已有「三監」的稱法，「三監」最早應該約是秦漢之際始出現的說法。

「三監」的具體所指，秦漢文獻的說法是很不一致的。〈書序〉所指的「三監」，偽孔傳說是武庚、管叔、蔡叔。上舉顧氏之文即是根據《左傳‧定公四年》、《國語‧楚語》、《呂氏春秋‧察微》、〈開春〉等先秦典籍中所言周初管、蔡為亂的記載，來落實約當秦漢之際始出現的「三監」。

進入東漢之後，對「三監」的具體所指，一方面出現了分歧的看法，另一方面又增添了新的內涵。《漢書‧地理志下》：

> 河內本殷之舊都，周既滅殷，分其畿內為三國，詩風邶、庸、衛國是也。邶，以封紂子武庚；庸，管叔尹之；衛，蔡叔尹之；以監殷民，謂之三監。

《詩譜‧邶鄘衛譜》：

> 邶、鄘、衛者，商紂畿內方千里之地。其封域在禹貢冀州大行之東，北踰衡漳，東及兗州桑土之野。周武王伐紂以其京師封紂子武庚為殷後，庶殷頑民被紂化日久，未可以建諸侯，乃三分其地，置三監，使管叔、蔡叔、霍叔尹而教之。自紂城而北謂之邶，南謂之鄘，東

〔註103〕漢代有百篇《書序》之說，或以為孔壁所出，為秦或秦以前即有，參屈萬里：
《尚書集釋》p9～13，聯經出版社1986年初版二刷。劉起釪則認為孔壁出書
有百篇《尚書》，而無《書序》，《書序》為成帝時張霸截取《史記》、《左傳》
之文字所偽，後為偽孔傳所採入，《尚書學史》（訂補本）p108～111，中華書
局1989年。

謂之衛。

鄭玄《詩譜》於「三監」中不列武庚的說法，長期以來仍爲不少學者所採信。

按，既然先秦的典籍從不言「三監」，《史記》中不論是述及分封或管、蔡爲亂之事亦從不言「三監」，這就顯示出「三監」的說法應是秦漢之際部分學者對古史認識上的一個「方便說」，猶如「成康之治」的提法一般，並不能展現出歷史的眞實面貌。另一方面，這也說明用約當秦漢之際始出現的「三監」作爲框架，將西周武王時分封的情形和成王時的動亂，都以「三監」的概念來理解，在方法上恐怕也是不合適的。（成王時動亂的部分參第三章第二節）

以下具體由武王時爲「監殷民」採行分封的情形，對此問題進行討論。先條引相關文獻如下。《史記・周本紀》：

> （武王）封商紂子祿父殷之餘民。武王爲殷初定未集，乃使其弟管叔鮮、蔡叔度相祿父治殷。

〈管蔡世家〉：

> 武王已克殷紂平天下，封功臣昆弟，於是封鮮於管，封叔度於蔡。二人相紂子武庚祿父，治殷遺民……封叔處於霍。

〈衛康叔世家〉：

> 武王已克殷紂，復以殷餘民封紂子武庚祿父，比諸侯，以奉其先祀勿絕。爲武庚未集，恐其有賊心，武王乃令其弟管叔、蔡叔傅相武庚祿父，以和其民。

〈衛康叔世家〉所言之「武庚未集」，司馬貞《索隱》訓「集」爲「和」，歷來無異說。但從上下文意來看，「武庚未集」並不是說武庚當時就已存有叛周之心（未集其心於周），這由前引〈周本紀〉「殷初定未集」，即可知「未集」者是殷民而不是武庚。且若是武庚當時即有叛周之心，武王又何必選擇武庚，而不是選擇微子啓來繼續管理殷民？所以此處「武庚未集」的文句應有所省略。由下文「令其弟管叔、蔡叔傅相武庚祿父，以和其民」來看，此處所省之文約是「其民」（探下文省），或上舉〈周本紀〉中封給祿父的「殷之餘民」，那麼「恐其有賊心」的「其」就不是指武庚，而是被省略掉的殷遺民。另外將上文所舉《史記》和《逸周書・作雒》的記載配合起來看，都說是「相祿父治殷」、「傅相武庚祿父，以和其民」、「相紂子武庚祿父，治殷遺民」、「俾監殷臣」，管、蔡叔、霍叔的角色，很明顯地都是輔助武庚治理殷民，所「監」的對象是「殷臣」、「殷遺民」，而不是「武庚」，所以武王令武庚「比諸侯」，

是要令武庚與殷遺貴族「相親比」、「以和其民」。過去囿於「三監」必定爲三人的想法，並且把「監」視爲「監視」之意（容易使人聯想到武庚就是被監視的對象），故將武庚排除在「監殷民」的諸侯之外。經由對周初爲「監殷民」所採行的分封措施的重新解讀，這種說法顯然是不合理的。

其次，筆者也不同意把武庚、管叔、蔡叔稱爲「三監」，並以此來理解武王爲「監殷民」所採的分封措施。現今主張武庚、管叔、蔡叔爲「三監」的說法中，都以「監」爲「諸侯」之意。如顧頡剛在上舉文中即以〈應監甗〉（《集成》883）爲例，云：

> （應）核以今地，在河南省的襄城、寶豐二縣之間。那裏已經不在「三監」範圍之內，但也可稱爲「監」，「應監」似乎即等于稱「應公」或「應侯」。因此使我們知道，在周初，凡是統治地方人民的，無論是監本邦之民，或是監勝國遺民，同樣地得用「監」名。

按，顧氏以「應監」爲「應侯」之說實本於徐中舒，[註104] 但這種說法並不可信。耿鐵華據〈幾篹〉銘文「諸侯、諸監」並舉（《集成》3954），即已指出「監」並非諸侯。[註105] 西周金文中尚有「𡀉（榮？）監」（〈叔趙父耳〉《集成》11719），李學勤即據此指出「艾監與應監同例，可證『應監』確是應地之監」，[註106] 這都是正確的。不過，過去把西周〈善鼎〉銘文中「令女（汝）ナ（佐）疋（胥）𢏱侯，監𤔲師戍」（《集成》2820）的「監」，認爲與上舉器銘中的「監」是同一回事，並據此認爲「監」有帶兵之權，故周初的「三監」得以與武庚共謀叛國，[註107] 這種說法恐怕並不正確。〈善鼎〉的「監」應該是〈頌鼎〉「監𤔲新䢔（造）」（《集成》2827～2829）中「監𤔲」的省語，當訓爲「主」。[註108]

學者多已指出商代即有「監」，西周所設的「監」，學者皆認爲是由王所

[註104] 徐中舒：〈西周史論述〉上，《四川大學學報》1979 年 3 期。

[註105] 耿鐵華：〈應監甗考釋〉，《東北師大學報》1981 年 6 期，〈關于西周監國制度的幾件銅器〉，《考古與文物》1985 年 4 期。

[註106] 李學勤：〈應監甗新說〉，原載《江西歷史文物》1987 年 1 期，後收於《李學勤集》，黑龍江教育出版社 1989 年 5 月。李文釋𡀉爲艾，本羅西章：〈扶風溝原發現叔趙父耳〉，《考古與文物》1982 年 4 期。

[註107] 孫作雲：〈說幽在西周時代爲北方軍事重鎮〉，《河南師大學報》1983 年 3 期；陳昌遠：〈西周監官制度淺說〉，《河南師大學報》1985 年 4 期。

[註108] 另，《集成》2367 所首次著錄的〈𤔲監父己鼎〉銘文作「𤔲監𢼊乍父己寶䵼彝」，其中的「𤔲監」應該與「應監」的性質相同，此爲探討西周監官制度的一條新材料。

派遣，這點應該不成問題。但是王所派遣的「監」究竟是屬於常駐性質，抑或是臨時性的派任，〔註109〕則有待進一步研究。而學者們往往把這種「監官」與周初「監殷民」的管、蔡聯繫起來，〔註110〕則恐怕是不恰當的（詳下文）。春秋時的「監」，《左傳‧僖公十二年》管仲說「有天子之二守：國、高在」，學者多認爲其中的國、高二氏亦與「監」有關。但春秋以後周王室力量衰微，是否有能力在各諸侯國設「監」不無可疑，頗疑齊的國、高爲西周「諸監」的遺存。而《禮記‧王制》云「天子之大夫爲三監，監於諸侯之國者，其祿視諸侯之卿，其爵視次國之君，其祿取之於方伯之地」，其所反映者當爲春秋以後各諸侯國內的「監」的史影，恐怕並非全然是向壁虛構。這樣看來，「監」這種職官由商至西周、春秋都是存在的（目前對這段時期「監」的職掌，仍然並不很清楚），後來秦實行郡縣制度，在各郡置「監」可能即本於此（秦設「監」，參《史記‧秦始皇本紀》）。

　　以上是就作爲職官名的「監」來說的，復就前舉與「監殷民」有關的《逸周書‧作雒》：「俾監殷臣」，和《逸周書‧大匡》：「管叔自作殷之監」的「監」字來說，此二處的監可訓爲「君」，亦可訓爲「主」（君、主意義相關，皆有主管、掌管之義），但其意顯然與「諸侯」有別。「監」訓爲「君」之例，如《周禮‧天官‧大宰》：

> 乃施典于邦國，而建其牧，立其監。

鄭注：

> 監，謂公、侯、伯、子、男各監一國。

孫詒讓《周禮正義》：

> 〈大司馬〉（《周禮‧夏官》）注云：「監，監一國，謂君也。」《說文》臥部云：「監，臨下也。」五等諸侯雖爵有尊卑，皆君臨一國，故同謂之監。

孫氏所言「五等諸侯雖爵有尊卑，皆君臨一國，故同謂之監」，更可做爲《逸周書‧作雒》、《逸周書‧大匡》言管叔、蔡叔、「殷之監」之事時，所以用「監」字之註腳。

　　「監」訓爲「主」之例，如《國語‧周語中》：

〔註109〕伍仕謙：〈論西周初年的監國制度〉認爲「監」是由朝廷臨時派遣，《人文雜志叢刊》第2輯，1984年，李學勤：〈應監甗新說〉亦同此說。
〔註110〕註105、106、107、109的耿文、李文及伍文、孫文、陳文皆如此認爲。

火師監燎，水師監濯。

前面已經說過，武王是命管、蔡、霍三叔輔助武庚共同來管理殷遺臣民，也就是說，受命「監殷民」（為殷民之君或管理殷民）的諸侯並不是僅限於「三」。事實上，武王分封在山西南部，河南境內的其他諸侯，其治下的人民也不可能全都是周人，只是相較之下管、蔡、霍所處的是殷的重心地帶，是與商王有血緣關係的「多子」、「百生」所聚集之地，以及山西南部、河南南部，屬殷卜辭中所說的「西土」、「南土」（詳下文），所以其「監殷民」的責任更形重要而已。

綜上所述，顧頡剛將「三監」的「監」理解為「諸侯」固然不可信，其為落實「三監」為那三人的努力，則是受到秦漢以後「三監」一辭的局限，對〈作雒〉和上舉《商君書・賞刑》的記載就不得不進行改動，或採彌縫之說，以符合「三」之數。〔註111〕而過去討論〈應監甗〉等西周「監官」的學者，則是走向另一個不正確的方向，把「殷監民」的「監」與作為職官的「監」混同起來，忽略了「監官」是到所「監」的諸侯國之內，但管、蔡等並沒有充分的材料顯示其在武庚「國」內擔任「監」的跡象。相反地，史料顯示出來的情形是：武王將殷商的區域加以「分區」（很可能是延續商代「四土」的概念來「分區」），由管、蔡等封建諸侯與武庚分別管理（詳下文）。所以，把武庚排除在「監殷民」的諸侯之外，固然是不正確；把「監官」的「監」與「監殷民」的「監」作聯繫，則是混淆了兩種「監」的不同性質。「監殷民」的「監」應理解為「君」、「主」，但若以「三監」來統攝「監殷民」的情況，則又顯得不夠完整，而這也就影響了對武王時為「監殷民」所採取的措施的掌握。

B 管、蔡、霍、武庚與邶、鄘、衛的關係

接著討論管、蔡等與邶、鄘、衛的關係。邶、鄘、衛被認為是武王克殷之後，將殷的中心區域區（商都城附近）分為三個部分，分別由管、蔡、武庚治理，其對應的關係除了上文所舉的《漢書・地理志》及《詩譜》之外，《史記正義》引《帝王世紀》有云：「自殷都以東為衛，管叔監之；殷都以西為鄘，蔡叔監之；殷都以北為邶，霍叔監之，是為三監。」今將文獻中的各種異說作表如下：

〔註111〕如王引之：《經義述聞卷三・三監》條以《逸周書・作雒》「建蔡叔、霍叔于殷」之蔡叔二字為後人所加，「三叔及殷東徐夷及熊盈以略（叛）」的「三」為「二」之誤。從而認為凡言蔡叔者必不言霍叔，言霍叔者必不言蔡叔，蓋「傳聞不同」。

受封者	封　　地	出　　處	受封者	封　　地	出　　處
管　叔	管（始封）	《史記》	蔡　叔	蔡（始封）	《史記》
	東	《逸周書・作雒》		殷	《逸周書・作雒》
	鄘（紂城之南）	《漢書・地理志》《詩譜》		衛（紂城之東）	《漢書・地理》《詩譜》
	衛（殷都以東）	《帝王世紀》		鄘（殷都以西）	《帝王世紀》
霍　叔	霍（始封）	《史記》	武　庚	殷（？）	《史記》
	殷	《逸周書・作雒》		殷（？）	《逸周書・作雒》
				邶（紂城之北）	《漢書・地理志》《詩譜》
	邶（紂城以北）	《帝王世紀》			

　　表中將管、蔡、霍分別作爲管叔、蔡叔、霍叔的始封地，是基於《史記》中對三叔稱謂不同而定的。〈周本紀〉中記分封管、蔡、霍之初的稱謂是「封弟叔鮮於管、弟叔度於蔡」（〈管蔡世家〉無「弟」字），「封叔處於霍」，到了成王時則將之稱爲管叔、蔡叔，這種情形與武王之弟封初封於康稱康叔（見〈管蔡世家〉、〈衛康叔世家〉，西周銅器有〈康侯丰鼎〉（《集成》2153）），後徙於衛，稱衛康叔，都同樣是以地爲氏的情形。管、蔡、霍分別爲管叔、蔡叔、霍叔的始封地，這點歷來皆無異說。武庚的封地，在《史記》和《逸周書》中沒有明確的交代，但二書都說令武庚「俾守商祀」、「以奉其先祀勿絕」，很可能是讓武庚繼續留在商都，即今河南安陽，至《漢書》始言封於邶。《帝王世紀》、《詩譜》將武庚排除在「監殷民」的諸侯之外，由上文所述可知，都是不可信的。〔註112〕以下即分別對文獻中管叔、蔡叔、霍叔和武庚封地的各種異說加以討論。

　　管字不見於甲骨、金文，西周〈利簋〉銘文的「𤔲」，自于省吾讀爲管，即管叔所封之地，〔註113〕在今鄭州附近，學者多信從此說。那麼爲何武王時管叔的封地還有東、鄘呢？東，在周初有兩種含義，一指區域的泛稱，即《詩

〔註112〕 《帝王世紀》將《漢書》中管──鄘、蔡──衛的關係說成管──衛、蔡──鄘，與《禮記・樂記》中將武王時黃帝之後與帝堯之後封地錯置的情形相同。而把霍叔說成邶之「監」，可能是先把武庚排除在「三監」之外所作的配置。這很可能是把當時的「三監」之說與《詩經》中的邶、鄘、衛相比附，故存在著一定程度的任意性的緣故。（詳後文）

〔註113〕 于省吾：〈利簋銘文考釋〉，《文物》1977 年 8 期。

經・魯頌・閟宮》「乃命魯公，俾侯于東」的「小東」〔註114〕（此成王時之事），
而《逸周書・作雒》：「建管叔于東」的東，由同篇中言成王平亂之後「俾康
叔宇于殷，俾中旄父宇于東」，可知此處的「東」確實爲地名。「東」在武王
時爲管叔封地，成王時殺管叔，將其封給中旄父。據此可知，成王既命魯公
「俾侯于東」，又「俾中旄父宇于東」，二者所說的「東」不會是同一回事。
學者多謂「小東」當即秦漢「東郡」的區域，當可信從。但把「建管叔于東」
（即「中旄父宇于東」）的東也說成是在河北、河南、山東之交的區域（東
郡），並據此以爲《帝王世紀》記管叔所「監」者在殷都之東，這種說法則不可信。
顧頡剛在上舉文中也意識到文獻上「俾中旄父宇于東」的「東」不會與「俾
侯于東」的「東」是同一回事，但爲了維護管叔所「監」者在殷都之東的說
法，於是把「俾中旄父宇于東」的「東」說是成王平亂後將衛地一分爲二，
一部分封給康叔，另一部分稱爲「東」封給中旄父，則毫無根據。

　　鄘，陳夢家以爲鄘即是宋，他說：

> 左傳昭廿一「六月庚午，宋城舊鄘及桑林之門而守之。」杜注云：「舊
> 鄘，故城也；桑林，城門名。」舊鄘之鄘應是鄘國。

並用此來與〈作雒〉之「俾康叔宇于殷，俾中旄父宇于東」相比對。〔註115〕
陳氏之說並不正確，杜注訓「舊鄘」爲「故城」，是把鄘字視爲「城」之意，
並非如陳氏所說是國名，從古文字中的「臺」字，可知杜注是正確的。孫詒
讓《名原》指出，〈瑚生簋〉（舊稱〈召伯虎敦〉）銘文中的「僕臺土田」就是
《詩經・魯頌・閟宮》的「土田附庸」。〔註116〕臺字《說文・五下臺部》：「度
也，民所度居也，从回，象城臺之重，兩亭相對也。」故陳氏所舉《左傳・
昭公廿一年》中的「鄘」，其實就是臺，與《漢書・地理志》「庸，管叔尹之」、
《詩譜》：「南謂之鄘」的庸、鄘並無關聯。〔註117〕

〔註114〕參傅斯年：〈大東小東說〉，《中央研究院歷史語言研究所集刊》二本一分。
〔註115〕陳夢家：〈西周銅器斷代〉（一），《考古學報》第9冊，1955年。又，唐蘭：
　　　　〈論昭王時代的青銅器銘刻〉中亦以宋之地理位置在殷都之東南，謂「俾中
　　　　旄父宇于東」的東爲宋，又以中旄父爲微子啓之弟微仲衍。其文原載《古文
　　　　字研究》第2輯，中華書局1981年，復收於《唐蘭先生金文論集》，紫禁城
　　　　出版社1995年。按，以中旄父爲微仲衍僅有排行「仲」的關係，且此時成王
　　　　已將微子啓封於宋，故東、宋很顯然不會是指同一地。
〔註116〕據《金文詁林》引。又，「土田附庸」與「土田陪敦」是同一回事，但與「僕
　　　　臺土田」則應有所區別，詳第六章第二節。
〔註117〕關於鄘，或以爲是奄，即魯所居，見王國維：《觀堂集林・北伯鼎跋》，顧頡

筆者認爲，管叔所封的管、柬、鄘，其實應是同一個地方，柬是管字之訛；鄘、柬聲近，復以鄘比附爲柬（管），試說如下。〈利簋〉中的「𣂏」字，于省吾在上舉文中已指出該字從柬聲，柬、管二字音近（柬、管古音同爲見紐元部字）。柬、東二字的古文字字形相近，如〈翏生盨〉、〈獄簋〉中剌（烈）祖的剌，其所從的柬作 𣏟，漢銀雀山 863 號竹簡有闌字，其所從的柬作 𣏟 〔註118〕，這是偏旁形混的情形，獨體的情形如魏晉時〈吾作明鏡〉銘文中「幽柬（湅）三商」的柬字作 𣏟，〔註119〕 都與同時期東字的形體極爲相近，後二形體幾乎與東字無別。東上古音爲定紐東部字，鄘從庸聲，庸上古音爲喻紐東部字，中古爲喻紐四等，依「喻母四等古歸定母」之通則，鄘字在上古與東字的讀音亦極爲相近。〔註120〕喻定二紐相通假的例子頗多，如《易經·乾卦》：「用九，見群龍無首，吉」，馬王堆出土的帛書《六十四卦·鍵（乾）卦》「用」字作「迵」。迵從同聲，「同」古音爲定紐東部字，「用」爲喻紐東部字。〔註121〕

復就歷史情勢來說，若要將管、柬、鄘視爲三地，於情理實爲難通。既然武王封管叔於管是牧野戰後立即採取的措施（參本章第一節），其責任是「以和其民」，那麼在短短的兩年時間裏，把初封在管的管叔又派駐到柬、或是鄘（如果把柬、鄘與管視爲不同地的話），這種可能性似乎不大。而管叔此時所駐守之地，據《逸周書》、《史記》所言，並非與武庚同在一地，則是完全可以肯定的。所以，《逸周書·作雒》中兩次說到「柬」這個地名，很可能就是柬（管）、東二字形體相近所造成的訛誤，漢代人可能據鄘、東音近，故將《詩經·鄘風》的鄘比附爲管叔所封之地。

關於漢人對此應有所比附，由《詩經》流傳的情況和東漢人對《詩經》中邶、鄘、衛三風的理解尚可略作說明。漢代的《詩經》，據 1977 年安徽阜陽雙古堆出土的竹簡本《詩經》（其時代爲西漢初年），邶、鄘、衛三風已各自標目，在形式上與今本並沒有差異，〔註122〕由於三風所詠之詩多爲衛之事，

剛上引文已辨其非，茲不贅述。

〔註118〕參銀雀山漢墓整理小組：《銀雀山漢墓竹簡》，文物山版社 1985 年。

〔註119〕參《秦漢魏晉篆隸字形表》，四川辭書出版社 1985 年。

〔註120〕劉起釪：〈周初的 "三監" 與邶、鄘、衛三國及衛康叔封地問題〉一文中已由聲韻的觀點承襲了劉師培《周書補注》中「鄘即東」的說法。原載《歷史地理》第二輯，1982 年，復收於《古史續辨》，中國社會科學出版社 1991 年 8 月。但他認爲之所以稱東與邶在殷都以北稱爲「北」的情形相同，則不可信。

〔註121〕參王輝：《古文字通假釋例》，藝文印書館 1993 年。

〔註122〕參胡平生、韓自強編著：《阜陽漢簡詩經研究》，上海古籍出版社 1988 年。

春秋晚期以來，即將三風視爲一組，《左傳・襄公廿九年》季札觀樂

> 爲之歌邶、鄘、衛，曰：「美哉淵乎！憂而不困者也。吾聞衛康叔、
> 武公之德如是，是其衛風乎！」

《漢書・地理志》對此現象認爲是

> 周公誅之（管、蔡），盡以其地封弟康叔，號曰孟侯，以夾輔周室；
> 遷邶、鄘之民于雒邑，故邶、庸、衛三國之詩相與同風。

鄭玄《詩譜》則認爲

> 康叔正封于衛，其末子孫并兼彼二國，混其地而名之。

按，〈地理志〉「盡以其（管、蔡）地封弟康叔」之說，由《逸周書・作雒》「俾康叔宇于殷，俾中旄父宇于東」可知是錯誤的。鄭玄之說亦無據，很可能即是以《左傳》季札觀樂之記載爲基礎，向上推溯，認爲既然三風皆歸於康叔所封之衛，那麼武王時的「三監」，其地亦必然即是邶、鄘、衛。乍看之下，鄭玄之說似乎有道理，但事實上，他把武王時的「三監」說成是管、蔡、霍已經是錯誤的，且先秦文獻中亦從來沒有管叔封鄘的記載。這就說明了，東漢以來將《詩經》邶、鄘、衛與武王爲「監殷民」所封的諸侯相聯繫，其實應是帶有濃厚的比附色彩。如此也就可以理解爲何同爲東漢時的《漢書》、《詩譜》對「三監」及其與邶、鄘、衛的對應關係已經出現不同，以及《帝王世紀》的記載會和《漢書》、《詩譜》有這麼大的差距。

　　經由上述的討論，再來看蔡叔、霍叔、武庚的種種不同記載，就比較容易掌握了。先說蔡叔和霍叔。蔡叔之初封地，據《漢書・地理志》，其地在今河南上蔡縣，屬河南南部。這裏是殷王經常田獵的區域，[註123] 屬卜辭中所說的南土。[註124] 霍叔之初封地，歷來都說是在山西霍州（今山西平陽），其地東北有霍山。霍山即甲骨文中的「岳」，是商人心目中的神山。[註125] 山西南部區域，商王也曾在此田獵，[註126] 屬卜辭中所說的西土。[註127] 既然蔡叔、霍叔各有其封地，那麼是否〈作雒〉中「建蔡叔、霍叔于殷」的記載有

〔註123〕參鍾柏生：《殷商卜辭地理論叢》p115～133 藝文印書館 1989 年 9 月初版。

〔註124〕參鄭杰祥：《商代地理概論》第三章第二節〈商代的南土和南部方國〉，中州古籍出版社 1994 年 6 月。

〔註125〕參屈萬里：〈岳義稽古〉，原載《清華學報》新二卷一期，1960 年，後收於《書傭論學集》p285～305，台灣開明書店 1980 年二版。

〔註126〕參鍾柏生：《殷商卜辭地理論叢》p134～152，藝文印書館 1989 年 9 月初版。

〔註127〕參鄭杰祥：《商代地理概論》第三章第三節〈商代的西土和西部方國〉，中州古籍出版社 1994 年 6 月。

問題呢？此處的「殷」當不是確指一地，而是泛稱殷人之地。殷字的這種用法，猶如《詩經・魯頌・閟宮》「俾侯于東」的「東」是指「小東」這塊區域。就歷史形勢來說，武王在牧野之戰，只是打敗了商王的軍隊，那些散居在商西土、南土的方國，其根基並未動搖，如何使這些方國認同新的「聯盟主」，無疑是武王必需面對和解決的課題，武王把蔡叔、霍叔分別分封到商南土和西土的區域，使其「俾監殷臣」，很可能就是解決這個問題的具體措施。

武庚，前面已經說過，武庚的封地在先秦史料中並沒有明確的說法，到了東漢以後說武庚封於邶。依武王令武庚「俾守商祀」（《逸周書・作雒》）、「以奉其先祀勿絕」（《史記・衛康叔世家》）、及「以續殷祀」（《史記・殷本紀》）的記載推測，應該是令武庚留在商都城（今河南安陽）。另外，從上文所舉《詩譜》「周武王伐紂，以其京師封紂子武庚爲殷後」來看，這段武王將武庚封在「京師」的記載，不論其後文所說邶、鄘、衛與「紂城」的相對位置如何，「京師」即「紂城」，邶、鄘、衛與「紂城」有所區別則是可以肯定的，這就反而成爲武庚封地在殷都的佐證。這尙可以從歷史形勢加以說明。在本章的第一節中已經說過，與商王有血緣關係的「多子」、「百生」其生活的區域是在安陽附近，而武王克殷之後，是令其「安處在彼」（《逸周書・商誓》），那麼在西周史料多集中在周初這段時間的情況下，竟然沒有任何的跡象顯示這些武王最爲擔憂，令其「安處在彼」的「多子」、「百生」是由誰來管理（如果邶是武庚的封地的話），這顯然是很不合理的（太公望留滯在商都的時間肯定不會太久。《尚書・金縢》周公爲武王穆卜之事已見太公在鎬。）把武庚的封地理解爲安陽，正可以塡補這塊空白。而〈衛康叔世家〉中「爲武庚未集，恐其有賊心」（前已言此係「多子」、「百生」未集），與《逸周書・商誓》中武王對商的「多子」、「百生」不可「僭僭」的告誡二者互爲表裏的情形，也說明了武庚所管理的應該就是這些「未集」且被告誡的「多子」、「百生」。

以上是就文獻和歷史情勢來說的，從古文字材料中雖然無法顯示武庚的封地是否在安陽，但絕不會如漢以後經師所說是在商畿內的邶，或者是近來學者所說商都城以北的邶（國）。

王國維曾據光緒年間出土於河北淶水縣的北伯器數種，認爲「則邶之故地自不得不更於其（殷畿）北求之」，〔註128〕小屯南地甲骨則有北土與北方同見一版，其中有「王其正北方」之辭（《屯南》1066），證實了《續存》下755

〔註128〕王國維：《觀堂集林・北伯鼎跋》。

「辛亥卜：北方其出」即是指「北」這個方國，北之地在河北，屬商北土的區域。〔註129〕邶笛綜合了甲骨與金文的材料，指出

> 邶器得之淶水，與卜辭之有北方是可互相印證的，說明周之邶國是
> 商邶方的延續。〔註130〕

其說可信。但是王國維將商周之時的北，依歷來的說法與《詩經》的邶作聯繫，就產生了問題，於是他把季札觀樂中「爲之歌邶、鄘、衛」，而季札僅言「衛」的記載，說是邶、鄘本有目無詩，後人以衛詩編入邶、鄘之中。1977年漢代竹簡本《詩經》出土，可推翻此一臆測。而邶笛由商與北的關係已意識到商周的北，不會是歷代經師所說武庚所封的邶，是完全正確的，但他把此北國說成是周人利用殷的敵國來「監」殷，則應是受到傳統以「三監」之「監」爲監視、監看義的影響。

商周之際的北，不會與經師所說武庚所封的邶是同一回事，這是可以肯定的。雖然甲骨文中確實也有以「北」爲地名的，如「▨在北稱冊▨」（京津1384；合7423）、「□卯卜：北受年」（粹906；合9746）、「貞：北受年」（人784；合9734），但上舉諸辭中的北與北方是否爲同一回事，又北是否在畿內，皆尚難以斷定，而先秦文獻中出現邶作爲地名或方國名的例子除了上舉《左傳‧襄廿九年》的邶、鄘、衛之外，僅有《左傳‧襄公廿八年》齊國的邶殿。〔註131〕那麼在漢以後經師未見甲骨文，先秦文獻從未提及封武庚於邶，且先秦文獻所見的邶又僅有與《詩經》相關的邶、鄘、衛的情況下，就說明了即使邶是商畿內的地名，仍然無法證明武庚的封地在邶。而依《漢書》武庚封於商畿內之邶的說法，在歷史情境上也無法解釋那些爲武王所特別擔憂，被告誡以不可「倈僭」，令其「安處在彼」的「多子」、「百生」，爲何除了可能類似於「監官」的太史違以外（見《逸周書‧商誓》），竟然沒有地位較高的諸侯來管理。

綜上所述，武王克殷之後，面對新得的廣大區域，利用分封諸侯的辦法進行管理，這些分封的諸侯，其治下的人民肯定不會全然是周人，所以在一定的程度上也可以稱作「監殷民」。「監殷民」的「監」是「君」、「主」之意，在這種含義上來看漢以後所討論的「三監」，不論其所指爲武庚、管叔、蔡叔，抑或

〔註129〕參孟世凱：〈商代"北土"方國與氏族初探〉，《河北學刊》1991年6期。
〔註130〕邶笛：〈卜辭考釋數則〉，《古文字研究》第6輯，中華書局1982年。
〔註131〕《左傳‧襄公廿八年》：「與晏子邶殿其鄙六十。」杜注：「邶殿，齊別都。」楊伯峻《注》：「邶殿，今山東昌邑縣西北郊。」

是管叔、蔡叔、霍叔，把「監殷民」的諸侯限定在「三」之數，都是不符合當時實際狀況的說法。出土的青銅器材料上雖然也有「監」，但這是屬於職官的監，並不是以分封的諸侯為「監官」，且管、蔡等也很明確地並沒有到武庚的封地之內擔任「監官」，所以這與周初「監殷民」的「監」是不可以相混淆的。史料中之所以特別提及武庚、管叔、蔡叔、霍叔「監殷民」的責任，從其初封之地來看，霍叔處在商之西土；蔡叔度在商之南土；管叔鮮在商中心區域；武庚，經由上文的討論，應是在安陽。商的東土與北土是當時周人勢力未及之區域（由上文所舉《逸周書・大匡》配合本章第二節中所述對「戉」（越）的征伐，周的勢力在此時很可能已擴及商都東土偏西的部分區域）。也就是說，武王時把商的中心區域分為二個部分，分別由管叔和武庚為中心來治理，在當時周人勢力所及的商的西土和南土，分別以霍叔、蔡叔為中心進行管理，其工作的重心都是要「以和其民」。後來成王平亂，管叔絕封，把管地改封給中旄父。把武庚所領之地分為二：偏北的封給康叔，是為衛；偏南的封給微子啟，是為宋。

至於管、蔡等與邶、鄘、衛的關係，儘管自漢以來言之鑿鑿，但論其根據，竟然無法在先秦文獻中找到相關的記載，且不論同為東漢時的《漢書》和《詩譜》在「三監」和其所「監」之地上所出現的歧異，是否為今古文經的不同「師說家法」，但其將管、蔡等與《詩經》之邶、鄘、衛相聯繫，於古無徵則是相同的。對於這種情形可以說：把《詩經》中的邶、鄘、衛與武王為「監殷民」所封的諸侯進行聯繫，其實是相比附的結果，是「層累造成」的過程的產物。前賢百密一疏，紛紛為漢以後所說邶、鄘、衛的異說進行諸多考證、論辯，忽略了「三監」這種稱法，在先秦其實是找不到蹤跡的。不過，就如同顧頡剛所說，「層累造成」的歷史，其中亦含有些許的真實，〔註132〕自東漢以來所比附造就的異說之中，《詩譜》：「周武王伐紂，以其京師封紂子武庚為殷後」的這句話，應該就是其中較真實可信的，只是歷來都把注意力集中在討論邶、鄘、衛與管、蔡、武庚的關係上，對這句話竟全然忽略了。

第四節　克殷後的文治（之二）——齊魯燕的分封及雒邑的經營

接續上一節對武王克殷後文治方面的討論，在本節中主要討論齊、魯、

〔註132〕參《古史辨》第一冊〈自序〉。

燕的分封，以及對雒邑的經營。

C 齊、魯、燕的分封

齊、魯、燕分封的情形，見諸文獻記載者，主要有：

《史記・周本紀》：

　　（武王）於是封功臣謀士，而師尚父爲首封。封尚父於營丘，曰齊。
　　封弟叔旦於曲阜，曰魯。封召公奭於燕。

〈齊太公世家〉：

　　於是武王已平商而王天下，封師尚父於齊營丘。東就國，道宿行遲，
　　逆旅之人曰：「吾聞時難得而易失。客寢甚安，殆非就國者。」太公
　　聞之，夜衣而行，黎明至國。萊侯來伐，與之爭營丘。營丘邊萊。
　　萊人，夷也，會紂之亂而周初定，未能集遠方，是以與太公爭國。
　　太公至國，脩政，因其俗，簡其禮，通商之業，便魚鹽之利，而人
　　民多歸齊，齊爲大國。及周成王少時，管蔡作亂，淮夷畔周，乃使
　　召康公命太公曰：「東至海，西至河，南至穆陵，北至無棣，五侯九
　　伯，實得征之。」

〈魯周公世家〉：

　　（武王）徧封功臣同姓戚者，封周公旦於少昊之虛曲阜，是爲魯公。
　　周公不就封，留佐武王。

〈燕召公世家〉：

　　周武王之滅紂，封召公於北燕。

《漢書・地理志》：

　　燕地，屬、箕分野也。武王定殷，封召公於燕。

《漢書・地理志》：

　　齊地，虛、危分野也。……至周成王時，薄姑氏與四國共作亂，成
　　王滅之，以封師尚父，是爲太公。

《漢書・地理志》：

　　魯地，奎、婁之分野也。……周興，以少昊之虛曲阜封周公子伯禽
　　爲魯侯，以爲周公主。

《漢書・諸侯王表》：

　　太公於齊，亦五伯九侯之地。

據上引文獻所見，此三國之分封，有時間與封地兩方面的問題。依《史記》，三

國之始封皆在武王之世，而《漢書》未詳封魯之時；於燕仍主武王；於齊，則若似成王所封，這是分封時間上的差異。其封地於成王之後則在今山東、河北境內，爲西周時「東土」的東部（大東）及「北土」的北部。由於這兩個區域是武王時周人勢力所未能擴及之處，所以對上述的記載就呈現出兩種思考方向，一是由時間的確立來推考封地，主張三國之始封皆在武王之世，其封地則由齊、魯、燕來考慮；一是由營丘（齊）、曲阜（魯），以及琉璃河墓地（燕）等封地的確立來推考始封的時間，主張三國並非武王時所封，乃是隨著東征的進程逐次分封。前者可以傅斯年〈大東小東說〉爲代表，[註133] 後者則是河北琉璃河西周燕國墓地的考古發掘後，學者對史料重新檢討後的看法，主此說者如孫華〈匽侯克器銘文淺見——兼談召公建燕及相關問題〉[註134]、晁福林〈淺論西周分封制的若干問題〉[註135]、陳恩林〈魯、齊、燕的始封及燕與㠱的關係〉[註136] 等。後一說雖新，但仍存在諸多疑點，今分別試說如下。

a 齊

晁福林在上舉文中首先肯定了武王時周人勢力未及於後來的齊（即今山東臨淄），並以此爲主要理由，認爲既然成王東征之前齊地爲薄姑所有，武王就不可能把太公封在山東臨淄，又引《左傳・僖公四年》的記載爲旁證，云：

> 《左傳》僖公四年載管仲語謂：「昔召康公命我先君大公曰：『五侯九伯，女實征之，以夾輔周室。賜我先君履，東至于海，西至于河，南至于穆陵，北至于無棣。』」《史記・齊世家》列召康公命太公之事在管蔡之亂以後，這是正確的，因爲此前不可能讓齊國勢力「東至于海，西至于河」。對照《左傳》定公四年所載分封魯、衛等國的命辭，可知管仲之語實爲分封齊國時的部分命辭。召康公即召公奭，《史記・燕世家》謂「其在成王時，召公爲三公。」他發布對太公望的命辭應在其爲三公的成王之時。總而言之，齊國的分封必在周公東征以後，而不可能在武王時期。

陳恩林在上舉文中復有所補充，他首先論述了伐淮夷、踐奄、滅薄姑是「三監」之亂時，周公平叛過程的延續，然後說：

〔註133〕傅斯年文見：《中研院史語所集刊》二本一分。
〔註134〕孫華文見：《文物春秋》1992 年 3 期。
〔註135〕晁福林文爲 1992 年第二次西周史學術討論會論文，文載陝西歷史博物館編《西周史論文集》，陝西人民教育出版社 1993 年。
〔註136〕陳恩林文見：《歷史研究》1996 年 4 期。

《漢書·地理志》已洞見封太公在成王時，說「周成王時，薄姑氏與四國共作亂，成王滅之，以封師尚父，是爲太公。」但說在滅四國之後，似不妥。因爲從誥命命辭上看，太公參加了平叛戰爭，封齊應在四國叛亂時。黃盛璋先生曾對召康公所說的「五侯九伯」進行詳細考察，指出五侯是薄姑、徐、奄、熊、盈五國，九伯指淮夷諸國。這也充分證明了封齊在三監叛亂時，是周公平叛的一項戰略措施。〔註137〕

至於〈齊太公世家〉中萊夷與太公爭國的記載，晁氏認同崔述應有所保留的看法：「此文絕類戰國策士之言，蓋其所假托」，〔註138〕陳氏則以爲此記載可信，認爲《史記》此處是把成王時之事誤置於武王之時，又引《左傳·昭公二十年》：「昔爽鳩氏始居此地，季萴因之，有逢伯陵因之，薄姑氏因之，而後太公因之」的記載，認爲萊夷與太公爭國之事，正是太公爲平叛而受封於此的證據。

按，前面已經說過，新說是以確立封地爲考量的基點，來推論分封的時間。但其推論的過程是否合理，則有待商榷。晁氏的思路是以管仲之語爲封齊的命辭，發布此命辭的是成王時任「三公」的召公奭，所以齊的分封必在成王之時。然而這個過程的聯結其實並不穩固。首先晁氏以管仲之語與分封魯、衛等國的命辭相比較，認爲《左傳》中「五侯九伯，女實征之」等語，即始封齊時的命辭。且不論魯是始封或徙封，衛是徙封則是很明確的，那麼即使管仲之語如晁氏所說是封齊之命辭，引封衛之事爲證，也只能證明是齊徙封時的命辭，而不能證明是始封時的命辭。至於其欲以召公居「三公」之位布命來說明必爲始封，則恐未必然。《逸周書·克殷》有「周公把大鉞，召公把小鉞」之語，知召公在武王時地位已與周公相若，復就金文所見「冊命之典」來看，發布王命的未必也不必是地位很高的「王公大臣」，所以召公發布封齊之命的記載，並不能用以證明此時即爲齊始封之時。

〔註137〕陳文中所引黃盛璋之文爲：〈保卣銘的時代與史實〉，《考古學報》1957 年 3
　　　期，後稍修改，以〈保卣銘的年代、地理與歷史問題〉爲名，收於《歷史地
　　　理與考古論叢》，齊魯書社 1982 年。又，黃氏於〈西周征伐東夷、東國的銅
　　　器年代、地理及其相關問題綜考〉一文復申此說，文載《河洛文明論文集》，
　　　洛陽市第二文物工作隊編，中州古籍出版社 1993 年。
〔註138〕《崔東壁遺書》p341：「太公至成王時猶在王室，是太公未嘗親就國也，安有
　　　夜衣而行之事乎。此文絕類戰國策士之言，蓋其所假托。」上海古籍出版社
　　　1983 年。

其次，《左傳》中的「五侯九伯」是否與成王東征時〈保卣〉銘文所云的「五侯」有關，仍存有疑問。〈保卣〉云：

> 乙卯，王令保及殷東國五侯，征（誕？）兄（貺）六品。蔑曆于保，易賓。用乍（作）文父癸宗寶障彝，遘于四方，迨（會）王大祀，袚（祐？）于周。在二月既望。〔註139〕（《集成》5415，圖二、1，有同銘之尊，見《集成》6003）

此器爲陳夢家〈西周銅器斷代〉所首次著錄，〔註140〕銘文中的「王令保及殷東國五侯」一句，一般認爲銘文中的「保」爲召公奭，「及」爲「逮」，有「追捕」之意，「殷東國五侯」指殷都東土的五個諸侯國。〔註141〕至於這「五侯」的具體所指爲何，黃盛璋認爲是薄姑、徐、奄、熊、盈五國（即註137的前二文），但是這個說法他自己後來已有所修正，認爲「熊、盈表族名，非指一國」（見於註137的後一文，以下簡稱〈征東夷〉），這個修正顯然是較爲審愼的。但他在〈征東夷〉一文中說「《史記・漢興以來諸侯年表》：『太公封於齊，兼五侯地』，應即本銘（保卣）之五侯，司馬遷還是有所根據而說，似非偶合」，則不可信。考諸《史記》所載，其全文作：

> 周封五等：公、侯、伯、子、男。然封伯禽、康叔於魯、衛，地各四百里，親親之義，褒有德也，太公於齊，兼五侯地，尊勤勞也。武王、成、康所封數百，而同姓五十五，地上不過百里，下三十里，以輔衛王室。

由上下文意來看，「兼五侯地」，似乎是指領有相當於五個侯的封地，而不是指領有某五個侯的封地。從奄的地望來看，即可知「五侯」並非如黃氏所說的薄姑、徐、奄等諸侯國。奄在今山東曲阜縣東二里之奄城，〔註142〕地屬魯

〔註139〕「征」字學者多釋爲虛詞「誕」，夏含夷認爲銘文中的「征」是受「六品」之賜的器主名。〈簡論「保卣」的作者問題〉，《上海博物館集刊》第五輯，1990年，復收於《溫故知新錄》，稻禾出版社1997年。

〔註140〕陳夢家：〈西周銅器斷代〉（一），《考古學報》第9冊，1955年。

〔註141〕參孫稚雛：〈保卣銘文匯釋〉，《古文字研究》第5輯，中華書局1981年。唯孫氏從白川靜、平心之說，以「五侯」爲作器之人，屬下讀，則受王命有所行事者爲召公奭，受賜作器者則爲「五侯」，故此說不可信。又，李學勤2001年於台灣清華大學授課時，將此篇銘文與〈二祀邲其卣〉比較，認爲「王令保及殷東國五侯」中，「及」是參與之意，「殷」乃「殷見」，此句言大保奭參與東國五侯殷見之事。

〔註142〕參陳槃：《春秋大事表列國爵姓及存滅表譔異》（三訂本）p644，中央研究院歷史語言研究所1997年6月影印四版。

之封地，並不在齊的範圍之內，所以，不論〈保卣〉銘文中的五侯是否即黃氏所指的那些諸侯國，由奄的地望即可以知道，《漢書・地理志》中成王封給太公的「薄姑與四國」，「四國」不論是實指或虛數，奄都必定不在其中，且奄也應該不在《史記》「兼五侯地」的「五侯」之中。雖然〈保卣〉銘文的「五侯」尚未能確指其具體含意，但可以肯定，銘文中的「五侯」與《漢書・地理志》中所說封給太公的「薄姑與四國」（其數亦爲五）絕不會如黃氏所說是同一回事。銘文的「五侯」與《史記》「兼五侯地」的「五侯」目前仍無法找出有直接的關係。

再者，《左傳・僖公四年》中的「五侯九伯」，歷來注解都是以虛指來看待，〔註143〕由上下文意和〈齊太公世家〉所引皆可證明。其下文所言的「四至」並非齊之疆域，仍是表示所授予齊國的權力，關於這點，《史記索隱》即言「蓋言其征伐所至之域也。」瀧川氏《史記會注考證》對此非指齊之疆域，亦辨之甚詳，楊伯峻《春秋左傳注》亦言「凡此諸句，其意若曰，我先君大公實受命得專征伐，有權至楚國之境。」而〈齊太公世家〉中引《左傳》的這段話時，將「五侯九伯，女實征之」與「賜我先君履，東至海…」前後互置，將「五侯九伯」含括在「四至」的範圍之內，更說明「五侯九伯」絕非指齊國境內的諸侯。至於《漢書・諸侯王表》云：「太公於齊，亦五侯九伯之地」，其全文作：

> 昔周殷乎二代，三聖制法，立爵五等，封國八百，同姓五十有餘。
> 周公、康叔建於魯、衛，各數百里；太公於齊，亦五侯九伯之地。
> 詩載其制曰：「介人惟藩，大師惟垣。大邦惟屏，大宗惟翰。懷德惟
> 寧，宗子惟城，毋俾城壞，毋獨斯畏。」所以親親賢賢，褒表功德。

只要與上引《史記・漢興以來諸侯年表》的記載相對照，不難看出《漢書》這段文字，實際上是承《史記》之文加以鋪陳，此處齊居「五侯九伯之地」乃承「兼五侯地」而來，其又增「九伯」，《史記會注考證》引姚鼐之說，正可作爲說明：

> 太史公此語，必有所本，侯百里，兼五侯者，方二百五十里耳，小
> 於魯、衛也。此語非本《左傳》，班固時已不得太史公書所原出，誤
> 謂本《左傳》「五侯九伯，汝實征之」之說，遂改云太公於齊亦兼五

〔註143〕楊伯峻：《春秋左傳注》於此云：「較爲可信者有三……三說雖略有不同，其恉則一，皆謂五侯九伯統言天下諸侯。」

侯九伯之地。

至於萊夷與太公爭國之事，且不論是否如崔述所言「蓋其所假托」，傅斯年在上舉文中引《禮記・檀弓》：「太公封于營丘，比及五世，皆返葬于周。」指出，「其初建國之飄搖可知也」，將此視爲一種「史影」，則是較爲持平的看法。

經由上述的討論可知，即使如晁氏所說《左傳》這段文字是封太公於齊時的命辭，也只能證明封齊於營丘（薄姑故地）不是在武王之時，而不能證明武王時無封齊之事。如果以召公發布命令並以封魯、衛之事相比附，則前者並不能證明其爲始封時所命，而後者中的衛，更是康叔所徙封之地，那麼晁氏以此爲齊始封之論據，反而自相矛盾了。《左傳》中的「五侯」是虛指，其意義與〈保卣〉銘文中的「五侯」應是有所不同的，且〈保卣〉中的「五侯」與《漢書・地理志》中限定在山東，齊所居的「五侯」之地的「五侯」，應該也不會是同一回事。那麼其所憑藉「五侯」一辭作爲內在聯繫所建立起來的，齊之分封是成王平叛的佈署的說法，就僅存《左傳・昭公二十年》「薄姑氏因之，而後太公因之」，以及萊夷爭國二項薄弱的證據而已。但前者又只能說明太公所居之營丘爲薄姑氏之故地，後者是否可信又不無可疑。總之，就目前所見，並不能證明齊之始封在成王之時，封齊是成王平叛的佈署的說法，也難以成立。

晁氏以確立封地來推測始封時間的思考方向，與傅斯年確立時間來尋找始封地，二者思考立足點的不同，造成晁氏的方法只能確定封於該地是在何時，而不能確定封於該地之時是否即爲始封之時，故其以此方法來討論齊、魯始封的情形，皆不可信。

b 魯

陳恩林在上舉文中認爲魯的分封始自周公之子伯禽（有許多學者據《詩・魯頌・閟宮》亦作如是觀），時間是成王初年，東方叛亂在即之時。復以〈禽簋〉爲證，認爲伯禽曾參與平叛的戰事，以此來說封伯禽于魯是爲平叛所做的佈署，其文曰：

> 《詩・魯頌・閟宮》載成王命伯禽的誥辭說：「王曰：叔父，建爾元子，俾侯于魯，大啓爾宇，爲周室輔。乃命魯公，俾侯于東，錫之山川，土田附庸。」誥辭要伯禽至魯後，「大啓爾宇」，也透露出了當時東方奄、淮夷、徐戎叛亂在即的緊張形勢。

按，將〈閟宮〉與上文所舉《史記》之文互相參照，若按照〈閟宮〉詩句字

面的解釋，封周公之子伯禽於魯是在成王之時，發命者為成王，並非如《史記》所說武王封周公而「周公不就封」。這個看似矛盾的現象，當如何解釋呢？傅斯年在上舉文中說

> 此則初命伯禽侯于魯，繼命魯侯侯于東，文義顯然。如無遷移之事，何勞重複其辭？

傅氏所言必有遷移是對的，但仍不能明確地解釋上述時間上的矛盾。這裏的詩句如將「叔父」連「建爾元子」作一句讀，並配合西周冊命金文的形式，或許可以解釋這個矛盾。試說如下。

詩句可重新標點作：

> 王曰：「叔父建爾元子，俾侯于魯，大啓爾宇，為周室輔……。」

就詩中的文意來說，在此段之前是歷數周人先祖之德，此之後為歷數周公之孫以至僖公之事，其述史的意味極濃。此段述初封魯之事，若依習用的斷句，則只能把初封魯之事視為成王命周公封建元子伯禽於魯，而這樣的情形與一般所認知的封建情況——由周王直接任命諸侯，顯然是不同的。經改動後的文句，「叔父建爾元子」至「為周室輔」就不是命令句而是述敘句，這樣來理解初封魯之事，就不存在初封魯乃出自成王之命的問題。分封之事必出於王命，由「叔父建爾元子，俾侯于魯」更可以知道，受王命初封於魯的必定是周公，不會是由伯禽受周公之命，那麼發佈初封周公於魯之令的王，也就只能是武王了。另外，重新斷句後的文句，形式與西周冊命金文的形式非常相近，這也有助於對詩句的理解。前面已經說過，《詩經》中這段記載的後半段（乃命魯公，俾侯于東……）是命伯禽由魯遷至「東」（小東），那麼試與下舉官職升遷的金文相比較，〈三年師兌簋〉：

> 王乎（呼）內史尹冊令師兌：「余旣令女（汝）疋（胥）師龢父嗣ナ（左）右走（趨）馬，今余佳龖（申）豪乃令，令女（汝）𤔲（攝）嗣走（趨）馬，易（錫）女（汝）……」（《集成》4318，圖二、2）

銘文中的師兌，起初是師龢父的助手，經過「龖（申）豪乃令」，成為趨馬一職的主管者，「龖（申）豪乃令」，李學勤指出：「細看這類文例，受冊命者都曾經先王或時王冊命過，所以申就乃命，即重成乃命，意謂繼續過去已加的冊命。」〔註144〕銘文的形式可列成如下的簡表：

〔註144〕李學勤：〈師兌簋與初吉〉，《中國古文字研究》第 1 輯，吉林大學出版社 1999

初命（或舊命）──今余隹䰐（申）亯乃命──新命──賞賜

詩經的文句也可以列成類似的簡表：

叔父建爾元子，俾侯于魯……──乃命魯公，俾侯于東──錫之山川，土
田附庸

武王封周公於魯，周公以元子就封──成王命伯禽侯於東

初命　　　　　　　　　　──新命　　　　　　　──賞賜

其中「叔父建爾元子……」的文句，以及成王命伯禽侯於東之事，「䰐（申）
亯乃令」的意味，顯然是很濃厚的。

所以，若是依據過去對〈閟宮〉詩句的讀法，把初封魯的時間定在成王，
受命初封魯之人說成伯禽，顯然是不合理的。而陳氏在上舉文中僅憑「大啟
爾宇」就與東征的形勢相聯繫，恐怕也是難以成立的。

至於〈禽簋〉是否可作為伯禽曾參予平叛戰事的證據，也是有待商榷的。
〈禽簋〉銘文云：

王伐𣏌侯，周公某（謀），（？）禽🔲，禽又（有）𤔲🔲，王易（錫）
金百寽，禽用乍寶彝。（《集成》4041，圖二、3）

銘文中的「𣏌」字，尚無確釋，[註145] 禽的下一字是否為祝字，仍有疑慮，
[註146] 此處的禽，唐蘭認為並非周公之子伯禽，而與〈大祝禽鼎〉（《集成》
1937）中任大祝一職的禽可能是同一人，[註147] 此說法也是應該加以考慮的。
且「周公某禽🔲」的斷句亦仍無較一致的看法。[註148] 總之，這篇銘文尚無

年。按「䰐（申）亯乃令」非李氏「重成乃命，意謂繼續過去已加的冊命」，
而是「增益舊命」之意。參何樹環：《西周錫命銘文新研》，文津出版社 2007
年 9 月。

[註145] 𣏌字亦見於剛劫尊，自陳夢家釋蓋，謂即《韓非子‧說林上》、《墨子‧耕柱》
所述周公征伐之商蓋，即奄，為多數學者所採信。不過蓋、奄二字固然可以
通假，但𣏌字依字形是否可釋為蓋則仍有待考慮。陳夢家說見：〈西周銅器斷
代〉（二），《考古學報》第 10 冊，1955 年。

[註146] 🔲字，林澐在〈新版《金文編》正文部分釋字商榷〉一文中曾指出此字釋祝
根據不足，其說可信。又甲骨文祝字作🔲之形，又有🔲字，學者多將二字皆
釋為祝，然就辭例而言，此二字的用法當有所區別，李宗焜：《殷墟甲骨文字
表》p39 將此二字分列，視為二個字，是可信的。林文為中國古文字研究會
第八屆年會論文，1990 年。李文為北京大學博士論文，未刊。

[註147] 唐蘭：《西周青銅器銘文分代史徵》p38～40，中華書局 1986 年。

[註148] 此五字的斷句，或以「周公某」為一句，或以五字連讀，主張前說的如陳夢

法明確的釋讀，以此爲根據來說伯禽曾參予平叛的戰事，是很難令人信服的。

綜上所述，經由對《詩經・魯頌・閟宮》「王曰：叔父建爾元子，俾侯于魯」的檢討，其與《史記》衝突矛盾的現象就得以化解，那麼魯國初封的情形就很清楚了：周公是受命者，武王是發命者，至魯地就封的是周公之子伯禽。伯禽在武王時就魯，是承其父周公之命，至成王時，伯禽徙封至山東曲阜，則是受成王之命。

另外，值得注意的是，武王封魯，是要其「大啓爾宇」，其職能與管、蔡等「以和其民」是不同的，這就顯示出武王時分封的性質除了考慮如何「接收」殷的勢力之外，還有積極擴展周人勢力範圍的用意。

c 燕

燕國的始封，依文獻記載是武王之時，會有成王始封燕的說法是由於琉璃河西周燕國墓地的發掘，出土了新的材料。尤其是 1986 年挖掘的 1193 號墓所出土的〈克罍〉、〈克盉〉〔註149〕（銘文相同），使西周燕國始封的問題，得以有更進一步的認識。其銘文云：

王曰：大保隹乃明乃心，亯（享）于乃辟，余大對乃亯（享），令克侯于匽（燕），㫃（使）羌、狸、虘于駿（御）髟，〔註150〕克蜜（宅？）匽（燕），〔註151〕入（納）土眾（暨）有嗣，用乍寶障彝。（《考古》1990 年 1 期，圖二、4）

銘文中的「克」，或以爲是助動詞，訓爲「可也」，〔註152〕這個意見爲諸多學

家、唐蘭，主張後說的如郭沫若、馬承源。陳文同註 145，唐文同註 147，郭說見：《兩周金文辭大系》p11，台灣大通書局 1971 年，馬說見：《商周青銅器銘文選》Ⅲ p18，文物出版社 1988 年。

〔註149〕 參〈北京琉璃河 1193 號大墓發掘簡報〉，《考古》1990 年 1 期（以下簡稱〈簡報〉）。

〔註150〕 「㫃（使）羌、狸、虘于御髟」，從林澐斷句，說見：〈釋史牆盤銘中的「逜盧髟」〉，《陝西歷史博物館館刊》1 輯，三秦出版社 1994 年 6 月，復收於《林澐學術文集》，中國大百科全書出版社 1998 年。

〔註151〕 蜜釋宅，爲方述鑫所說，見：〈太保罍、盉銘文考釋〉，《考古與文物》1992年 6 期，李學勤：〈克罍克盉的幾個問題〉亦同此說，《第二屆國際中國古文字學研討會論文集》，香港中文大學 1993 年，李文復收於《走出疑古時代》，遼寧大學出版社 1994 年。

〔註152〕 殷瑋璋主此說，分見於：〈北京琉璃河出土西周有銘銅器座談紀要〉，《考古》1989 年 10 期（以下簡稱〈紀要〉）、〈新出土的太保銅器及其相關問題〉，《考古》1990 年 10 期、〈周初太保器綜合研究〉（與曹淑琴合著），《考古學報》

者所反對，認爲克就是召公奭的元子，就封於燕，是爲第一代的燕侯。此器（墓）的年代，由書體和同墓所出〈成周戈〉等器物，其上限不得早于成王時（成王建新邑成周之時），下限也不會晚于康王。〔註153〕至於銘文中的王，各家咸認爲是成王。〔註154〕那麼，如銘文所示，既然封召公奭之子「克」侯於燕（今北京）是在成王，是否《史記》、《漢書》所記武王封召公奭於燕的記載是錯誤的呢？並不盡然，武王封召公於燕是可信的，而銘文所載成王封克於燕的記載猶如上述的《詩經・魯頌・閟宮》，是燕國徙封的實證，試說如下。

銘文首句「王曰大保隹乃明乃心」（心字從李學勤釋），〔註155〕舊皆讀作：「王曰：大保，隹……」，殷瑋璋指出「作爲一篇銘文來說，受褒獎的是一個（太保），受封的是另一個人（克），這在金文尚未見到過。另外，在文獻中從未見到太保之子中有名克者就封燕侯之事。」〔註156〕殷氏據此，故將「克」釋爲助動詞「可」，關於後者，固然是不可信（趙光賢已辯之極詳），〔註157〕但殷氏由金文通例的角度指出「這在金文尚未見到過」，則是頗具啓發性的。既然銘文的作器者是「克」，「王曰」以下的話就應該都是對「克」說的，首句「大保」應該與「隹乃明乃心」連讀，這與〈閟宮〉中「叔父」與「建爾元子」應連讀的情形是相同的，猶如對人稱說「某人如何如何」的用法相同，整段話並不是對兩個人說的。隹字在此是表示因果關係的連詞，相當於「由

1991 年 1 期。

〔註153〕書體之說見〈紀要〉李學勤語，《考古》1989 年 10 期。「成周戈」之說見張亞初：〈燕國青銅器銘文研究〉，中國社科院考古所編《中國考古學論叢》，科學出版社 1995 年。其他器物之說見〈簡報〉，《考古》1990 年 1 期。

〔註154〕沈長雲在魯、燕之分封不得早至武王的基礎上，以器物的形制和紋飾爲主要根據，認爲銘文中的王是康王，封燕是康王時之事。按，魯、燕分封不得在武王的說法，並不可信。魯的情形已如上述，燕的情況詳下文。沈說見：〈說燕國的分封康王之世——兼說銘有「匽侯」的周初銅器〉，《中國歷史博物館館刊》1999 年 2 期。

〔註155〕參〈紀要〉李學勤語，《考古》1989 年 10 期，及〈克罍、克盉的幾個問題〉，《第二屆國際中國古文字學研討會論文集》，香港中文大學 1993 年，復收於《走出疑古時代》，遼寧大學出版社 1994 年。又，銘文中的心字作𢖻，據〈師䰜鼎〉、〈沈子它簋〉、〈盂爵〉，此字釋心，可信，參何樹環：〈金文釋讀（二則）〉第五屆訓詁學研討會論文，2000 年 12 月台中。

〔註156〕殷瑋璋：〈新出土的太保銅器及其相關問題〉，《考古》1990 年 1 期。

〔註157〕趙光賢：〈關于琉璃河 1193 號周墓的幾個問題〉，《歷史研究》1994 年 2 期。（以下簡稱〈關于幾個問題〉）

於」、「因為」，西周金文中亦有此用法，如：〈禹鼎〉：「亦唯噩侯馭方率南淮夷、東夷，廣伐南國、東國，至于歷內，王迺命西六自（師）、殷八自（師）曰：歎伐噩侯馭方，勿遺壽幼。」〔註158〕〈克罍〉、〈克盉〉銘文前三句的意思是說，由於大保「乃明乃心，享于乃辟」，（所以）王「大對乃享」。

　　銘文此處連續用三個乃字，第一個乃字，李學勤釋為主語，趙光賢訓為「初始」，〔註159〕趙氏之所以訓乃為「初始」，可能是由下文「余大對乃享」來考慮。前面已經說過，「乃明乃心」應與「大保」連讀，那麼將第一個「乃」字視為主語恐怕就不是很合適的說法。「乃明乃心」與金文「成語」「克明又（厥？）心」〔註160〕很相近（見於〈秦公鎛〉、〈秦公鐘〉），〈癲鐘〉銘文亦有「克明氒（厥）心疋（胥）尹」。「乃」在此或當讀為「能」，與「克」同義。乃，古音為泥紐之部字，能為泥紐蒸部字，之蒸二部為陰陽對轉，故乃、能二字得通假。〔註161〕值得注意的是，〈癲鐘〉銘文的「丕顯高且（祖）亞且（祖）文考，克明氒（厥）心疋（胥）尹」與本銘「大保佳乃明乃心，宣（享）于乃辟」的意思非常相近，只是〈癲鐘〉銘文是自述，所以不用佳字（由於、因為）。這樣看來，本銘前半段的意思應該是成王在褒揚克的父親（大保），能盡心事主，〔註162〕其用意大概是要訓勉封到邊遠北地的燕侯克也要如其父一般地為國事盡力。這樣來理解，銘文前後兩個段落就能銜接起來了。

　　其次，在銘文後段的命辭中，成王是要克「旋（使）羌、狸、虘于駿（御）髟」，林澐指出這裏的羌、虘與五期卜辭（《合》36528、《續》3.13.1）占卜討伐「四邦方」中的虘方、羌方，應該是指同樣的方國，髟即卜辭的髟，虘、髟即〈史牆盤〉「狄（逖）虘、髟」的虘、髟，整句銘文的意思是說，封建

〔註158〕參崔永東：《兩周金文虛詞集釋》p1，中華書局1994年。管燮初：〈甲骨文、金文中"唯"字用法的分析〉，《中國語文》1962年6期。

〔註159〕李學勤說見〈紀要〉，趙光賢說見〈關于幾個問題〉。

〔註160〕李學勤於〈克罍、克盉的幾個問題〉一文中疑「又」是「氒」字之訛，是很可能的，〈克盉〉之「又（有）嗣」，〈克罍〉即作「氒嗣」。又如〈縣妃簋〉「佳十又二月」的「又」作「氒」（《集成》4269），〈邾叔之伯鐘〉「擇氒吉金」的「氒」作「又」（《集成》7078）。

〔註161〕裴學海：《古書虛字集釋》「乃猶能也，乃、能聲之轉。」高亨：《古字通假會典》p34有「《尚書·君陳》：『必有忍其乃有濟。』《國語·周語中》引《書》曰：『必有忍也，若能有濟也。』」齊魯書社1997年1版2刷。

〔註162〕「乃明乃心」的「明」有「勉」、「盡」之意，「乃明乃心」即「能勉其心」或「能盡其心」之意，參何樹環：〈金文釋讀（二則）〉第五屆訓詁學研討會論文，2000年12月台中。

燕侯的任務是使之令羌、貍、虘三個方國共同抵禦髟人。〔註163〕林氏的意
見是可採信的，猶可略作補充。林氏考證典籍並參照出土文物，指出周代的
虘、髟是位於今渤海北岸一帶的方國，應是可信的，但考慮到〈史牆盤〉的
「狄（逖）虘、髟」被史官認爲是武王時的重要大事予以記載於頌辭之中，
本銘所記又明確爲成王時之事，那麼很明顯的，在武王之時虘、髟曾有入侵
中原之事，而此事爲史籍所不見，在當時卻是被史官所重視，特別加以記錄。
在第二節中已經說過，在商末，髟是親附於商，虘是與商敵對，武王時用「逖」
（驅趕）的方式予以對待之後，至成王時，反而是虘親附於周，髟與周敵對，
這種關係的演變若是省略掉中間的武王，很容易有虘是一貫反商親周，髟是
一貫親商反周的聯想。髟可能是「來去如飄風的騎馬牧人」，〔註164〕由於游
牧民族對土地的親附力較低，由上述與商、周的親附關係來看，可能虘也是
一個游牧民族，所以武王對此二方國才會都用「逖」的方式來對待，而虘在
武王時被「驅趕」之後，成王時仍親附於周，受命於燕。

　　另外，本銘中周人「以夷制夷」的策略，與本章第二節中所說周初經營
的模式很相近，看來這個方式在周人以「小邦周」經營管理「大邦殷」的過
程中，起了相當程度的作用。

　　最後，本銘所說「令克侯于匽（燕）」究竟是不是燕的初封呢？從銘文的
意思來看，並沒有明確爲始封或徙封的線索，但配合墓葬年代，同出器物，
甚至是整個琉璃河西周墓地的年代來看，其時間尚無早於成王營建成周雒邑
之前的，〔註165〕若是以此爲根據來說封克於燕（北京）是燕的始封，則與上
文所述由地點的確認來推測始封時間的方法是相同的，如此僅能證明成王有
封燕之事，不能證明武王沒有封燕。另外，〈小臣貉（？）鼎〉云：「召公建匽
（燕）」，公的下一字，自裘錫圭釋爲建字以來，爲學界所信服，〔註166〕裘氏
在該文中綜合了典籍的記載，云：

〔註163〕林澐：〈釋史牆盤銘中的"逖虘髟"〉，《陝西歷史博物館館刊》第1輯，三秦出
　　　　版社1994年6月，復收於《林澐學術文集》，中國大百科全書出版社1998年。
〔註164〕林澐：〈釋史牆盤銘中的"逖虘髟"〉，《陝西歷史博物館館刊》1輯，三秦出
　　　　版社1994年6月，復收於《林澐學術文集》，中國大百科全書出版社1998年。
〔註165〕1193號墓的年代，參註153。琉璃河墓葬的年代，參《琉璃河西周燕國墓地》
　　　　1973──1977文物出版社1995年，及〈琉璃河遺址1996年度發掘簡報〉，《文
　　　　物》1997年6期。
〔註166〕裘錫圭：〈釋建〉，原載《古文字研究》第十七輯，中華書局1989年，復收於
　　　　《古文字論集》，中華書局1992年。

　　由此可知，周代初年封北燕時，雖然實際上由召公的元子當燕侯，
　　但是在初封之際，召公確曾親自莅燕，安排建國大事。

將種種線索配合起來看，燕國在周初時分封的情形與魯國是一致的，武王封周公、召公，二公皆以元子就封，這時受王命的是周公、召公，到了成王之時，受徙封之命的諸侯，就是當初就封的伯禽與本銘中的克。〈克罍〉、〈克盉〉的銘文，與上文所說《詩經‧魯頌‧閟宮》中「乃命魯公（伯禽），俾侯于東⋯⋯」的意義相同，應視為燕徙封時成王的命辭。〔註167〕

二、雒邑的經營

　　雒邑的經營，始自武王，其作用明顯與對東方（相對於宗周而言）的管理有關，1963 年出土的〈何尊〉銘文云「宅茲中或（國），自茲辥（乂）民」，更是將周人營雒的目的表露無遺。銘文中的「宅茲中或（國）」，自唐蘭指出與《逸周書‧作雒》的「俾中天下」，「乃作大邑成周于土中」意思是一樣的，〔註168〕為學界所信服。其意尚可略作補充。〈何尊〉銘文與〈作雒〉的記載，固然同樣是指周人「宅于成周」這件事，但是就文句的意思而言，還是略有區別。陳夢家曾指出，商時「中」與四土的概念為周人所承襲，只是周人多用「國」，如金文中所習見的東國、南國，及《詩經》中的「中國」與「四方」對舉，〔註169〕那麼〈作雒〉「俾中」、「土中」的「中」應該是指相對於四方的「中」，指「中土」，為區域性的修飾用語，而不是指定點性質的地理中心，〔註170〕至於〈何尊〉銘文的「中或（國）」，相較於《詩經》「中心」、「中谷」、「中沚」等「中＋N」的結構都是指「心中」、「谷中」、「沚中」（N＋中），〔註171〕那麼此處的「中或（國）」或許也應該看作「國中」，也就是（雒邑）「城中」的意思，由於〈何尊〉銘文首行即言明「宅于成周」，所以

〔註167〕周代徙封的例子除本文所討論的齊、魯、燕之外，尚有息、韓等國，參許倬雲：《西周史》（增訂版）p147～151，聯經出版社 1993 年 2 月 4 刷。

〔註168〕唐蘭：〈何尊銘文解釋〉，《文物》1976 年 1 期，復收於《唐蘭先生金文論集》，紫禁城出版社 1995 年。

〔註169〕參陳夢家：《殷虛卜辭綜述》p320，中華書局 1992 年 1 版 2 刷。

〔註170〕《周禮‧春官‧大司徒》所載以土圭測日影定天下之中，江永即指出，這是由於古人長期在洛陽一帶建都，所以選定當地日影的特點作為天下之中的標準。江氏說見《周禮疑義舉要》，收於《皇清經解》卷 245。

〔註171〕參李旼姈：〈《詩經》中「中＋N」結構試探〉，《中文研究學報》第二期，政治大學中文系研究生學會發行，1999 年 6 月。

此處的「宅茲中或（國）」，就前後文來看，並不影響周人居成周雒邑「自茲
辥（乂）民」的目的，且又可以避免前後文字句重出的毛病。

目前學界有部分學者認爲〈天亡簋〉銘文亦與武王經營雒邑有關，此說
仍有待商榷，試說如下。〈天亡簋〉銘文云：

〔乙〕亥王又（有）大豐（禮），王凡三方，王祀于天室，降，天亡
又（右）王，衣（卒）祀于王，丕顯老（考）文王，事喜上帝……
（《集成》4261，圖二、5）

大的下一字从王（玉），當釋爲豐，讀爲禮，〔註172〕「天亡右王」的下一字爲
卒字，卒有「終」、「後」之意，在此爲「後」之意，〔註173〕意謂先「祀于天
室」，後祀于王。較有爭議的是「王凡三方」的「凡」和「王祀于天室」的「天
室」。凡字或釋爲同；〔註174〕或釋凡，讀爲泛或讀爲風；〔註175〕或在讀此字
爲同的基礎上，認爲凡、同古本爲一字。〔註176〕按，釋凡字爲同，是目前大
多數學者的共識。今主張〈天亡簋〉與武王營雒有關係的學者，則釋此字爲
凡，讀爲磬，〔註177〕讀凡爲磬是其將此處的「天室」理解爲「殷天室」或「太
室山」，並以此爲基礎來考慮的，但這樣的考量並不可信。

〔註172〕參林澐：〈豐豐辨〉，原刊《古文字研究》第十二輯，中華書局 1986 年，復收
於《林澐學術文集》，中國大百科全書出版社 1998 年。

〔註173〕參裘錫圭：〈釋殷墟卜辭中的卒和聿〉，《中原文物》1990 年 3 期。李學勤：〈多
友鼎的"卒"字及其他〉，《新出青銅器研究》，文物出版社 1990 年。唐蘭：〈用
青銅器銘文來研究西周史‧附錄：伯筍三器的譯文和考釋〉，《文物》1976 年
6 期，復收於《唐蘭先生金文論集》，紫禁城出版社 1995 年。

〔註174〕釋同之說始自吳式芬：《攈古錄金文》3.2.72，吳闓生：《吉金文錄》謂與周字
省口作圉同例。（《彝銘會釋》p554，樂天出版社 1971 年 6 月）。

〔註175〕釋凡之說始自劉心源：《奇觚室古金文述》4.11。讀凡爲泛，始自聞一多：〈大
豐簋考釋〉，收於《聞一多全集》第二冊《古典新義》p603～608，里仁書局
1996 年。讀凡爲風，參郭沫若：《兩周金文辭大系考釋》（《周代金文圖錄及
釋文》（三）p1，台灣大通書局 1971 年 3 月）。

〔註176〕唐蘭：《西周青銅器銘文分代史徵》p12，中華書局 1986 年。裘錫圭 1998 年
於台灣清華大學授課時亦主此說。

〔註177〕劉曉東：〈天亡簋與武王柬土度邑〉首倡此說，後蔡運章、林澐並同。劉文見
《考古與文物》1987 年 1 期。蔡文爲〈周初金文與武王定都洛邑——兼論
武王伐紂的往返日程問題〉，原載《中原文物》1987 年 3 期，復收於《甲骨
金文與古史研究》，中州古籍出版社 1993 年 12 月。林文〈天亡簋「王祀于
天室」新解〉，爲 1993 年周秦文化學術研討會論文，載於《史學集刊》1993
年 3 期，復見於該會議之論文集《周秦文化研究》，陝西人民出版社 1998 年
11 月，及《林澐學術文集》，中國大百科全書出版社 1998 年。

為方便討論，先將《逸周書・度邑》的相關文句錄之於下：

> 我未定天保，何寢能欲……王曰：旦，予克敢天之明命，定天保，依天室，志我其惡，导從殷王紂，日夜勞來，定我于西土……王曰：鳴呼！旦，我圖夷茲殷，其惟依天室，其有憲命，求茲無遠，……自雒汭延于伊汭，居易無固，其有夏之居，我南望過于三塗，我北望過于嶽鄙，顧瞻過于有河，宛瞻延于伊雒，無遠天室。

首先將〈天亡簋〉與武王營雒相聯繫的是楊樹達，其說云：

> 按（《逸周書・度邑解》）「依天室」，孔晁及註《史記》諸家皆無訓說，今以此銘證之，知即此銘之「祀于天室，王衣祀于王丕顯考文王」也。彼文為武王自述當時之事，而此銘與彼同，則此器作于武王時明矣。……《漢書・律曆志》引《書・武成》篇云：「惟四月既旁生霸，粵六月庚戌，武王燎于周廟，翌日辛亥，祀于天位。」按，祀于天位疑即銘文之祀于天室。行此祀不止一次，故乙亥辛亥不同日也。〔註178〕

劉曉東在〈天亡簋與武王東土度邑〉（以下簡稱〈劉文〉）一文中，首先認為〈度邑〉中「天保」的「天」是衍字，復認為「依天室」之「依」，金文作衣，衣即是殷，故「依天室」即「殷天室」，所以他說：

> 如此則暴露了一個新問題，即天室乃殷之天室。這就與過去把天室解釋為宗周太室的說法直接對立起來了。……文中（〈度邑〉）交待了新城區的南、北、西三方之後，緊接著就說「無遠天室」，顯然天室只能在其東，這就與前面考證的天室當即殷之天室在地域上亦相合了。……在〈度邑〉中，武王敘述自己認真審視雒邑的南、北、西三個方向後，緊接著就說「無遠天室」，而銘文在「王𠙹三方」後，緊接著就是「祀于天室」。天室在雒邑之東，故三方只能分別是雒邑的南、北、西三個方向，與〈度邑〉中武王審視的三個方向是一致的。

蔡運章〈周初金文與武王定都洛邑〉（以下簡稱〈蔡文〉），首倡銘文的「天室」即「太室山」（嵩山），其說主要是從天、大、太三字的關係、太室山與〈度邑〉中的地理位置、以及太室山相傳為天神居住之地等幾個方面來說的，林澐〈天亡簋「王祀于天室」新解〉（以下簡稱〈林文〉）承襲了釋𠙹為聲，以及

〔註178〕楊樹達：《積微居金文說・卷六・大豐簋跋》。

「天室」爲「太室山」的看法，云：「把『天室』理解爲山，祭畢下山，所以特別提到『降』，就文從字順了。」〔註179〕復以此爲根據，認爲銘文所載與封禪之事有關，武王以雒邑爲新都的地點有深層的宗教意義。

按，〈劉文〉以天爲衍字之說，〈蔡文〉引《詩・天保》：「天保定爾」，《詩・六月》序「天保廢，則福祿缺矣」，指出「天保」亦周人的習語，這是正確的。但將「依天室」讀爲「殷天室」顯然沒有太多的根據。至於〈蔡文〉、〈林文〉中將〈度邑〉中的「天室」理解爲太室山，應是可信的，但將銘文中的「天室」也這樣來理解，並進而與〈度邑〉聯繫起來，則與楊氏之說相同，除了「天室」一辭之外，並沒有明顯的內在關係。「降」在這裏應是行禮時登降的降。〔註180〕若按照〈林文〉的讀法，以「降」爲下山之意，並把「（衣）卒祀于王」釋爲「衣（殷）祀于王」（以殷祀爲合祭之意），那麼「祀于天室」與後文中單祭文王的事，就無法聯繫起來了。退一步來說，依上文所述，把「衣（殷）祀于王」讀成「衣（卒）祀于王」，以降爲「下山」之意仍然是不恰當的，〈林文〉是把鬯讀爲「馨」，並認爲是對四方山川的祭祀，但按照文例，應該是先說在某地（或宮室），然後再說舉行何種祭祀，而不應該如〈林文〉所說，先記所進行的祭祀，然後記祭祀的地點，所以，以「降」爲「下山」之意並不可信。那麼，連帶地，以銘文的「天室」爲太室山的說法，除了天、大、太三字往往通用的關係之外，就沒有太多的依據了。

總之，〈天亡簋〉所記應該是天亡輔助武王行禮祭祀之事，就所記的時間來看，也不必與《逸周書・世俘》中武王在宗周所進行的祭祀有一定的關聯，〔註181〕要將此銘與《逸周書・度邑》相聯繫，除了「天室」一辭之外，就沒有其他的根據了，而若是把銘文中的「天室」也理解爲太室山，那麼「降」字的意思也就沒有了著落。所以銘文中的「天室」，不論是理解爲「殷天室」或太室山，據此來說鬯當讀爲馨，都是不可信的。所以，武王對雒邑的經營，

〔註179〕以「降」爲下山之意亦見於劉桓：〈金文札記三則〉，《陝西博物館館刊》第 3 輯，1996 年。

〔註180〕降字的用法從裘錫圭 1998 年於清華大學授課所說。

〔註181〕除上舉楊樹達之說外，洪家義、黃盛璋、于省吾皆認爲〈天亡簋〉與《逸周書・世俘》中武王在宗周之祭祀有關，于文見：〈關於"天亡簋"銘文的幾點論證〉，《考古》1960 年 8 期。黃文見：〈大豐簋銘制作的年代、地點與史實〉，《歷史研究》1960 年 6 期，黃文後改標題爲〈大豐簋歷史與地理問題〉，收於《歷史地理與考古論叢》，齊魯書社 1982 年。洪文見：〈關于天亡簋所記史事的性質〉，《東南文化》1987 年 2 期。

依文獻所見，主要是地點的選定，〔註182〕將之建設爲可「自茲辥（乂）民」的政治中心，則是成王的功業。儘管如此，猶仍然可見武王克殷後，在面對新得的東方土地（相較於西方的宗周）該如何經營管理的問題上，其深謀遠慮的苦心。

本章結語

在本章中，透過對「武王時代」的討論，確立武王克殷是在武王十三年，從這年的二月甲子克殷之日算起，至十四年十二月武王卒，這兩年不到的時間裏，武王所面對的課題主要是如何「接收」殷商的舊勢力，這也是周人擊敗原有的「聯盟主」之後，由「小邦周」發展至「天下共主」的過程中，在對外經略時所必須經歷的過程。就大範圍來說，從過去學者的研究中，已經知道武王時周人的勢力除了陝西周人的根據地之外，已經包括了山西南部、河南的大部分，也就是商人西土、中土、南土的範圍，就細部的過程來說，武王是透過何種措施來達到這個成果的，這也就是本章所討論的主要內容。

在本章的討論中，筆者提出幾個想法以補充過去所疏忽的細部過程。

一、經由武王克殷後日程排定的討論，《逸周書・世俘》「太公望命禦方來丁卯望至」的記載，如按照過去的說法，都有扞格難通之處，所以此處的文句很可能本應作「太公望命禦方來＝（來）丁卯望至」，太公望接受命令的時間應該是在丁卯或戊辰，「告以馘俘」的時間是在六旬之後的丁卯日。復據此設想當時的歷史情境，太公望所受的命令，很可能是在商都擔負起抵禦親商方國反撲的責任，其地位可能是此時的「最高指揮官」。

二、經由對武王時征伐對象的討論可以知道，武王此時所關注的不僅僅是消弭反周勢力，且更帶有對東土擴展的積極性意味，若配合《詩經・魯頌・閟宮》「大啓爾宇」的記載更可以知道，封建的手段，其實也包含有擴展勢力

〔註182〕伊藤道治在〈西周王朝與雒邑〉一文中認爲武王時代在雒邑可能有所建設，這種建設可能不是什麼大規模重新建設的工程，可能只不過是將從前的殷代聚落加以修補，《中國古代國家の支配構造》，中央公論社。本文上述所說之意原文作「おそらく武王のときに洛邑において行われたと考えられる建設は、新たな大規模の工事ではなく、それまでにあった殷代の集落を補修した程度のものあったと考えられる。」這個部分的意見，伊藤氏曾以〈周武王與雒邑——矴尊銘與《逸周書・度邑》〉爲題，發表於《内田吟風博士頌壽紀念東洋史論集》，1978 年。按，此說尚無實證，僅附於此以供參考。

的積極性，這點與杜正勝「封建殖民」的說法，在精神上是相合的。在征伐的過程中，武王運用已臣服的方國征討未臣服的方國，這個方式大大加快了周人的擴展速度，另一方面也大大降低了周人本身的耗損，這個「以夷制夷」的辦法，在成王時的〈克罍〉、〈克盉〉銘文中仍表露無遺。可以設想，這個方法在周人擴展的過程中，應該曾經發揮了相當的功用。不過，儘管武王時的歷史記載多呈現光輝、勝利的一面，但論其局勢，仍不脫小邦周「接收」大邑商的局面，在武王征伐的過程中，派遣「非不得已而用之」的虎臣，就透露出其困窘的一面。

三、如何管理新得的廣大土地及眾多的殷人，是武王最迫切要解決的問題。在這方面，本文在武王為「監殷民」所採取的措施的討論過程中，跳脫傳統「三監」的概念，並將「監殷民」的「監」與職官性質的「監」加以區分。武王在職官方面，有令太史達為商都之「監」，在諸侯這個層級則命武庚、管叔、蔡叔、霍叔「以和其民」。就其派駐的地理位置來看，與傳統所說的邶、鄘、衛並無直接的關係，武庚是在殷都安陽、管叔在今鄭州，二者是屬於商的中土，蔡叔、霍叔則分別在商的南土、西土。這情勢配合武王「度邑」一起來看，其準備在中土的區域內營建一個新的政治中心的計畫，除了加強對東土（相對於宗周而言）的管理之外，也不能完全排除周人勢力在中土區域紮根的意味。

四、關於齊、魯、燕的分封，在齊方面，透過對〈保卣〉銘文中「五侯」與《左傳》、《史記》、《漢書》中「五侯」的關係的討論，可以知道齊的始封與東征並沒有關係。在魯方面，透過對《詩經・魯頌・閟宮》「王曰：叔父建爾元子，俾侯于魯」的檢討，並配合《史記》的記載，過去對此有所爭議的情形，如今可以知道魯的始封是在武王，受命者是周公，周公命伯禽就封，是為第一代魯侯，成王時命伯禽徙封至今山東曲阜。在燕方面，透過對〈克罍〉、〈克盉〉銘文中「王曰：大保佳乃明乃心」的重新詮釋，正可以補充史籍中所欠缺的燕國徙封的部分。

總的來說，自克殷之日算起，武王時對外經略的主要成就在於接收了商的中土、西土、南土，其方法是恩（以和其民）威（征伐、設監官）並用，另一方面，武王的種種措施中，也隱含了在中土紮根（度邑）和對東土拓展的意味（伐越），在方法上則採用類似於「以夷制夷」的方式。前二者由成王繼續完成，後者亦為成王所延用。若是以「小邦周」擴展至「天下共主」的過程作為西周

初期對外經略的主軸，可以說武王的作爲，在成就上、企圖上、方法上都已經爲「天下共主」目標的完成，奠定了良好的基礎，創造了有利的條件。

附論一　武王年代考

所謂「武王年代」，也可以說是武王在位的年數，關於這點，古代典籍的記載並不一致，歷來學者各持所據，意見也十分分歧。僅就徐錫祺《新編中國三千年歷日檢索表》所附的〈西周各王在位年數對照資料〉，其所列之武王年數就有 2 年、3 年、4 年、5 年、7 年、17 年等說法。〔註 183〕已逝的顧頡剛曾把相關文獻乃至清儒的說法彙集成篇，但並未有明確的去取。〔註 184〕今人的研究復提出 12 年與 14 年說。〔註 185〕將分歧的原因歸納起來，並排除曆法計算的不確定因素後，主要有以下幾點：1、武王在位的起始年？2、武王承繼文王所受之天命，是否改元？若武王有改元，又應當在何時？3、武王克殷在那一年？4、克殷以後，經過幾年崩逝？

1、2 兩個問題息息相關，可合併起來討論。武王承繼文王所受的天命，繼續完成「殪戎殷」的使命，〔註 186〕無疑地，武王在位起始的時間當以此爲起始點，《史記・周本紀》：「明年，西伯崩，太子發立，是爲武王」，正可說明此點。但是文獻對於文王受命後崩逝之年的記載並不一致，《史記・周本紀》：「（文王）後十年而崩。」「十年」的記載，古今學者皆認爲有錯誤，或

〔註 183〕徐錫祺：《新編中國三千年歷日檢索表》，人民教育出版社 1997 年。另外尚有 6 年之說，見丁驌：〈西周王年與殷世新說〉，《中國文字》新 4 期，1981 年。

〔註 184〕顧頡剛：〈武王的死及其年歲和紀元〉，《文史》18 輯，1983 年。

〔註 185〕12 年說見張聞玉：〈帝辛・文王年代考〉，《西周王年論稿》，貴州人民出版社 1996 年。14 年說見夏含夷：〈也談武王的卒王——兼論《今本竹書紀年》的真偽〉，原載《文史》29 輯，1988 年，復見於《溫故知新錄》，稻禾出版社 1997 年 9 月，夏含夷：〈《竹書紀年》與周武王克商的年代〉，原載《文史》38 輯，1994 年，復見於《溫故知新錄》和《武王克商之年研究》，北京師範大學出版社 1997 年 11 月。

〔註 186〕黃懷信：〈武王在位年數考——兼說文王受命及武王是否改元〉據《尚書・康誥》：「天乃大命文王，殪戎殷」及《逸周書・商誓》：「上帝弗顯，乃命朕文考曰：『殪商之多罪紂！』予小子發弗敢忘天命。」指出，文王所受天命的具體內容乃是殪殺商紂，《人文雜志》1998 年 3 期。又杜正勝：〈〈牧誓〉所反映的歷史情境〉，亦指出所謂周文王受天命，本是「西土意識」，克殷立國之後，始轉爲「天下意識」。《大陸雜誌》81 卷 3 期，1990 年，後收於《古代社會與國家》，允晨文化 1992 年。

謂當爲「七」之誤，或謂當爲「九」之誤。〔註187〕這個問題還沒有得到較一致性的看法。不過，如果武王即位改元的話，文王受命後幾年崩逝的問題，仍然不會影響武王在位年數的計算。也就是說，如果能確定武王即位之初確實有改元的話，那麼武王在位的起始年也就連帶的可以得到較明確的答案。

陳夢家在〈西周年代考〉中認爲「《詩》、《書》、金文但有『文王受命』、『文武受命』而無『武王受命』，可知周時以文王爲周之受命者，武王嗣文王作邦而已。」〔註188〕黃懷信承繼了此一觀點加以發揮，以《史記・周本紀》武王東觀兵中之「武王自稱太子發，言奉文王以伐，不敢自專」，及《逸周書・商誓》之「上帝弗顯，乃命朕文考曰：『殪商之多罪紂！』予小子發不敢忘天命」中「太子發」、「小子發」的稱謂爲證，認爲「文王所受天命既爲殪殺商紂而又以受命紀年，而文王崩時，『大統未集』，沒有完成天命，那麼武王繼位欲『師修文王緒業』，自然就不能改元」。〔註189〕

按，陳夢家以受命者爲文王，武王是承繼者，無疑是正確的，康王時的〈大盂鼎〉銘文「在珷王嗣玟乍邦」正說明了這點。而黃氏以「太子發」、「小子發」的稱謂來推測武王繼位並未改元的看法，則尚有商榷的餘地。既然武王是「爲文王木主，載以車，中軍」、「奉文王以伐，不敢自專」，配合上述武王承繼文王「殪戎殷」的使命來看，這句話顯然是說武王出兵伐紂這件事，乃承文王之命，非武王自己的主張，《史記・伯夷列傳》就直接用「武王載木主，號爲文王」來敘述。且不論武王此時是否改元，當時文王已死，武王已經主政，再自稱「太子」，顯然於情理不合。故頗疑這裏的「太」應是「大」

〔註187〕《史記會注考證》已指出有作「七年」的本子，另外，九年之說見於《漢書・律曆志下》：「文王受命九年而崩。」《逸周書・文傳》：「惟文王受命之九年，時維暮春，在鄗。召太子發曰：『吾語汝我所保所守，守之哉……』」二書記載相合。又《今本竹書紀年》于帝辛三十三年有「王錫命西伯得專征伐」「（沈）約案，文王受命九年，大統未集，蓋得專征伐，受命自此年始。」王國維：《今本竹書紀年疏證》已指出「專征伐」乃轉抄自《史記・殷本紀》之「乃赦西伯，賜之弓矢斧鉞，得專征伐。」又，文王所受之天命，詳見註186，非沈約所說得之於商王紂的「專征伐」之命，其受命九年之說，雖然與《漢書》、《逸周書》相同，但很可能是由《今本竹書紀年》帝辛「四十一年春三月，西伯昌薨」的記載推算，故與「專征伐」之命相混淆。

〔註188〕據朱鳳瀚、張榮明編：《西周諸王年代研究》p76 引，貴州人民出版社 1998 年 7 月。

〔註189〕黃懷信：〈武王在位年數考──兼說文王受命及武王是否改元〉，《人文雜志》1998 年 3 期。

字之誤。「太」、「大」二字本易相混，先秦時「大子」可指大宗之子，這是就宗法關係來說的，就其名位來說，是將來要接位繼任君主之人。〔註190〕「大子」的後一意義與後來「太子」的意義相當，由於形義皆近，《史記》每將《左傳》中的「大子」直接寫作「太子」，如《左傳·閔公元年》：「晉侯作二軍，公將上軍，大子申生將下軍」、「士蔿曰：『大子不得立矣』」，《史記·晉世家》皆作「太子」。復就商及西周初年戰爭的形態來說，是以「族」為單位來進行的，此點學界早有共識，童書業即已指出「殷人作戰時，往往以『族』為單位」，〔註191〕西周初年仍然如此，如〈魯侯尊〉（即明公簋）：「唯王令明公遣三族伐東國」（《集成》4029）。那麼，「武王自稱大子發」就是以大宗宗族族長的身分來號令族眾，這與當時戰爭以族為單位的情形也是相合的。《史記》很可能是把宗族上「大宗之子」的「大子」誤認為名位上將繼任君主的「太子」，以致於與情理相違背。至於「予小子」是先秦時常見的自稱謙語，那麼，黃氏把「太子」、「予小子」的稱謂作為武王未改元的證據就靠不住了。

　　劉起釪亦信從武王未改元的說法，甚至認為成王即位之初亦未改元（按，此說實本於王國維《觀堂別集·周開國年表》）。劉氏所提出的證據是金文中記年方法的差異，他首先舉出

　　　　〈中甗〉：唯王令南宮伐反虎方之年

　　　　〈厚趠鼎〉：唯王來格于成周年

　　　　〈𪔲卣〉：惟明保殷成周年

　　　　〈旅鼎〉：唯公大保來伐反夷年

　　　　〈作冊䰧卣〉：唯公大史見服于宗周年

然後說

> 可知周代初年確有用這辦法的習慣（一些大貴族在記家史時，即在其後也還沿用大事紀年法，如春秋時齊器〈國差𦉢〉：「國差立事歲」，〈陳純釜〉：「陳猶立事歲」等之類都是）。這種辦法不合于後代按帝王紀年的辦法，後人不大理解，但在當初確實是這麼做的。當時不僅武王即位沒有改元，而繼用了文王受命之年，就是周成王即位，

〔註190〕如《左傳》中晉獻公欲廢大子申生改立奚齊，晉獻公云：「寡人有子，未知其誰立焉」（閔公二年）。〈閔公元年〉又有「士蔿曰：『大子不得立矣』」，都說明「大子」本是將立為君主之人。

〔註191〕童書業：〈論宗法制與封建制的關係〉，《歷史研究》1957年8期。

也照樣沒有改元……成王以後，周代才開始按王位紀年，所以從康
王時的銅器裏才見「唯王幾祀」的銘辭……而在早于成王的周初金
文裏，還沒有見到這類提法，這當是由于還沒有實行按王位紀年的
辦法之故。

並舉郭沫若定〈𣿬𣪘〉之「唯十有九年王在斥」爲成王六年的說法，爲其周
初至成王皆用文王紀年之看法的證據。〔註192〕

　　按，劉氏的說法前後矛盾，且據郭沫若之說爲佐證也並不堅實。劉氏說
「(大事紀年)這種辦法不合于後代按帝王紀年的辦法」，也同意這種紀年方
式至春秋時仍然沿用，也就是說「大事紀年」的方式由周初至春秋始終都存
在，那麼就沒有理由把「不合于後代按帝王紀年」的方式與「合于帝王紀年
方式」的「惟王幾祀」的差異性，作爲武王即位甚至成王即位未改元的參考
條件。而〈𣿬𣪘〉的年代，除了郭沫若定爲成王六年，多數的學者皆認爲是
昭王十九年，按照金文紀年的習慣，郭沫若之說似乎也很難成立。

　　其次，過去把武王在位年數計算在 12 年以下的說法 (依《史記》武王克殷
在武王 12 年。按，12 年亦未必正確，詳下文)，就是把克殷之前的年數，包括
在文王七年或九年崩逝之後繼續計算，但是文獻皆言武王九年、十一年武王如
何如何，從不言文王九年，或文王十一年，武王如何如何，若要說同一個王的
紀年包含了兩個王，甚至如劉氏所說包含三個王，這在情理上恐怕也是說不過
去的。歐陽修對此情況就指出，《史記》中的這些記年，應理解爲武王的年數：

　　　　古者人君即位，必稱元年，常事爾……至武王即位宜改元而反不改，
　　　　乃上冒先君之元年，并其居喪稱十一年，及其滅商而得天下，其事
　　　　莫大于聽頌遠矣。〔註193〕

趙光賢也如此認爲：

　　　　《周本紀》言「九年，武王上祭于畢」，「十一年十二月戊午，師畢
　　　　渡盟津」，應當解爲武王的九年與十一年，這是可以肯定的。〔註194〕

又若以爲武王之名號乃是後世所追加的，當時並未稱王，故仍用文王紀年，
則顯然也是不合理的。1976 年出土的〈利𣪘〉被公認爲武王時器，銘文開頭

〔註192〕劉起釪：〈牧野之戰的年月問題〉，《古史續辨》，中國社會科學出版社 1991
　　　　年 8 月。
〔註193〕《歐陽文忠公集》卷十八〈泰誓論〉。
〔註194〕趙光賢：〈關于西周年代的幾個問題〉，《人文雜志》1988 年 1 期。

即是「珷征商隹（唯）甲子朝」，「珷」乃武王的專用字，則武王是生稱亦可獲得證實。〔註195〕

復從紀年的習慣來考量，文獻中所記的年數屬於武王的記年，應該是可以肯定的。李學勤即指出：

> 〈洪範〉篇中的「王」即武王，「十有三祀」應爲武王紀年，王國維認爲十三祀是文王受命的十三年（《周開國年表》），與文獻、金文慣例不合。〔註196〕

故，就情理而言，就紀年的習慣而言，都可以明確得知，武王即位確實有改元，改元的時間絕不會晚至克殷，武王的紀年也不會接續在文王的紀年之後繼續計算。

另外，細繹文獻之言，亦可知武王即位確有改元之舉。《逸周書·柔武》：

> 維王元祀，一月既生魄，王召周公旦曰：「嗚呼！維在文考之緒功……」

孔晁注：

> 此文王卒之明年春也。

陳逢衡《逸周書補注》：

> 古者生曰父，死曰考，曰文考，則文考既崩可知。惟王元祀，則武王即位改元，未嘗冒先君之年又可知。凡《書序》之十一年，《泰誓》之十三年，皆從武王即位起數，而大祥伐紂之誣，不待辨而自明矣。〔註197〕

朱右曾《逸周書集訓校釋》：

> 據此可知《史記》、《漢書》謂武王不改元之謬。〔註198〕

此篇之時代，黃懷信認爲：

> 此篇所記或爲史實，亦未可知。但今本文辭不古，必非當時原作，但所言之「五戒」如「奸吏濟貨」、「維勢是輔，維禱是怙」、「以德

〔註195〕武王生稱武，可能如屈萬里：〈謚法濫觴于殷代論〉所說：「比周人開國，蓋習聞武丁、武乙、文丁之號，喜其嘉名，乃及身而自稱之。」《史語所集刊》13 本 p225，後收於《書傭論學集》，臺灣開明書店 1980 年 1 月 2 版。

〔註196〕李學勤：〈〈洪範〉的成篇時代〉，收於《失落的文明》，上海文藝出版社 1997 年 12 月。

〔註197〕據黃懷信、張懋鎔、田旭東：《逸周書彙校集注》引。又，「大祥伐紂」見《漢書·律曆志下》。

〔註198〕朱右曾：《逸周書集訓校釋》，世界書局民國 69 年 11 月 3 版，頁 69。

為本，以義為術，以信為動，以成為心，以決為計」，言「德」、「義」、

「信」亦春秋恒語。所以此篇亦當為春秋作品。〔註199〕

這就更進一步說明了在可靠的先秦典籍中，武王即位改元的情況是確實存在
的，且此一情況在《逸周書》中亦非孤例。〔註200〕

　　綜上所述，武王即位改元，應是可以確定的。而這也就意味了武王在位
年數的計算，有明確堅實的起算點。

　　接下來討論第3、4兩個問題：武王克殷的年代和克殷後幾年崩逝。關於
武王克殷相當於西元的那一年，古今學者多據曆法推算，但是看法仍舊相當
分歧，就《武王克商之年研究》一書中所收，就有西元前1130至西元前1018
等三十餘種說法，〔註201〕最近夏商周斷代工程的相關報告則認為應該在西元
前1050～1020的範圍之內，〔註202〕對於此一情況，本文並不打算加以討論。
本文所要討論的是武王克殷時武王紀年的問題，並藉此做為記算武王在位年
數的中介參考點。

　　根據《史記・周本紀》的記載：武王九年，東觀兵於盟津；十一年十二
月戊午渡盟津，（十二年）二月甲子朝克殷。關於克殷之役在二月甲子，古今
學者皆無異議（周曆二月，即殷曆正月，故《史記・齊太公世家》作「正月
甲子」）。但由於戊午（55）渡盟津至甲子（1）克殷，中間只有五天的時間，
不可能有戊午在十二月，而甲子在二月的情形，所以《史記》此處的記載並
非完全可信。過去解釋此月份問題的方式，有依《尚書・泰誓序》：「一月戊
午」，認為十二月為殷曆，一月為周曆，而牧野之戰仍然是十一年二月。按，
殷曆的「十一年十二月」固然可以是周曆的「十二年正月」，但絕不可能是周
曆的「十一年正月」，所以這種硬要把克殷之役定在十一年的辦法顯然是說不
通的。另一種方式是將該年置閏二月，那麼十二月戊午至二月甲子就可以有

〔註199〕黃懷信：《逸周書源流考辨》p100，西北大學出版社1992年1月。
〔註200〕另外，《逸周書・大開武》、〈小開武〉等尚有武王「一祀」、「二祀」的記載，
　　　　不備舉。
〔註201〕北京師範大學國學研究所編：《武王克商之年研究》，北京師範大學出版社
　　　　1997年11月。
〔註202〕張培瑜：〈甲骨文日月食與商王武丁的年代〉，《文物》1999年3期。李學勤：
　　　　〈讀《甲骨文日月食研究與武丁、殷商的可能年代》〉，《夏商周年代學札記》，
　　　　遼寧大學出版社1999年10月。又，《夏商周斷代工程1996～2000年階段成
　　　　果報告》（簡本）p46～49選定西元前1046年為最可能的年代，世界圖書出
　　　　版公司2000年11月。

65 天，劉歆《世經》就是用這個辦法。〔註203〕但是由《逸周書・世俘》「一月壬辰（29）旁生魄，若翼日癸巳（30），王乃步自周于征伐商王紂」，〔註204〕以至於「四月乙未（32）日，武王成辟，四方通殷命有國」的記載來看，李學勤已指出中間無法有閏二月，〔註205〕所以劉歆的辦法也不正確。〈世俘〉所載月份，顯係周曆，而戊午（55）尙在癸巳（30）之後 25 天，羅琨循此思路認爲「十二月」是「在二月」之誤，〔註206〕這就給時序由一月癸巳（30）→二月戊午（55）→二月甲子（1）提供了較合理可信的解釋。

　　既然《史記》克殷之事的記月有誤，那麼記年是否可信呢？過去多將牧野之戰定在武王的十一年（前面已經說過，以年月日配合來看，十一年說是錯誤的），且不論《史記》「十二月戊午」的記載正確與否，若依《史記》的文意，牧野之戰應該是十二年二月的事，《呂氏春秋・首時》也說：「（武王）立十二年，而成甲子之事。」對此黃懷信依據下列典籍的記載復申述十三年說

　　　　《尚書・泰誓序》：「惟十有一年，武王伐殷，一月戊午，師渡孟津。」

　　　　《新唐書・歷志》引《古本竹書紀年》：「武王十一年庚寅，周始伐商。」

　　　　《今本竹書紀年》：帝辛「四十一年三月，西伯昌薨」，「五十二年庚寅，周始伐殷。冬十有二月，周師有事于上帝，庸、蜀、羌、髳、微、盧、彭、濮從周師伐殷。」

　　　　《尚書・泰誓上》：「惟十有三年春，大會孟津。」

　　　　《逸周書・大匡》：「惟十有三祀，王在管。」

　　　　《逸周書・文政》：「惟十有三祀，王在管。」

　　　　（按，此二篇記克殷後歸周途中事。）（按語爲黃氏原文）

〔註203〕見《漢書・律曆志下》。

〔註204〕《逸周書・世俘》：「維一月丙辰（53）旁生魄，若翼日丁巳（54），王乃步自于周征伐商王紂。」學者多據《漢書・律曆志》引《尚書・武成》改丙辰爲壬辰（29），丁巳爲癸巳（30）。又，張亞初指出「『步自于周』文例不通，此句應校讀爲『王乃步自周于征伐商王紂』，『于征伐商王紂』句式與〈令簋〉『惟王于伐楚伯』句相同。」〈解放後出土的若干西周銅器銘文的補釋〉，《出土文獻研究》，文物出版社 1985 年 6 月。按，甲骨文中屢見「步自某」，未見「步自于某」，故上文依張氏校讀。

〔註205〕李學勤：〈世俘篇研究〉，原載《史學月刊》1988 年 6 期，復見於《李學勤集》，黑龍江教育出版社 1989 年，《古文獻叢論》，上海遠東出版社 1996 年 11 月。

〔註206〕羅琨：〈從〈世俘〉探索武王伐商日譜〉，周秦文化學術討論會論文 1993 年 7 月，收於該會議之論文集《周秦文化研究》，陝西人民出版社 1998 年 11 月。

認爲：

> 今《尚書‧泰誓》，一般認爲是後人的作品，但云「十有三年」，則與《洪範》及《逸周書》合，唯《泰誓序》云：「十有一年」，又與《泰誓》不合。唐蘭先生云：「《泰誓》三篇已佚，從佚文來看，似乎包括十一年始伐商和十三年一月戊午師渡孟津時事。」然則《泰誓》序之「十一年伐殷」，當指「觀兵」之事。所以，《新唐書》所引古本《紀年》之「十一年周始伐商」也有可能是指觀兵之事。因爲加一「始」字，正說明是第一次。《今本紀年》編者未解其義，所以把它與庸、蜀、羌八國從周伐殷當成了一回事。如若上說不誤，那麼就說明早期文獻《尚書》、《尚書序》、《逸周書》、《竹書紀年》以及劉歆《世經》關于武王克殷的記載是一致的，即均爲「十三年」。如果文王受命九年而崩，那麼武王四年也就是「十三年」，說明《帝王世紀》也是一致的。可見「十三年」克殷（起師在十二年冬）于文獻是爲正載。

黃氏之說大致可信，猶可略作補充

> 《尚書‧泰誓上》：「惟十有三年春，大會于孟津。」

今本《尚書‧泰誓》三篇爲僞，且〈泰誓序〉：「惟十有一年，武王伐殷，一月戊午，師渡孟津，作〈泰誓〉三篇」，與內文不合，故今人多不取〈泰誓序〉之說。至若今本《尚書‧泰誓》雖三篇皆僞，然文中所言武王伐紂在十三年，恐並非憑空虛造之言。蓋《尚書‧洪範》明記「惟十有三祀，王訪于箕子。」〈洪範〉一篇，過去多認爲是戰國中晚期的作品，故對其可信度多表懷疑，金景芳、李學勤已先後指出《詩‧小旻》、《尚書‧呂刑》皆引用該篇之內容，且其中官職的序列與西周金文相合，故此篇的時代可提早至西周。〔註207〕〈洪範〉的成篇時代或尚可再討論，然「十有三祀」的紀年，即武王訪箕子之年，則古今無異說。文獻之證如《漢書‧律曆志》：

> （武王）還歸二年，乃遂伐紂克殷，以箕子歸，十三年也。

明確地將「箕子歸周」定在十三年。箕子與周武王同歸於宗周之事，亦見於《尚書‧洪範序》：

> 武王勝殷，殺受，立武庚，以箕子歸，作〈洪範〉。

〔註207〕金景芳：〈西周在哲學上的兩大貢獻〉，《古史論集》齊魯書社 1981 年。李學勤：〈〈洪範〉的成篇時代〉，收於《失落的文明》，上海文藝出版社 1997 年 12 月。

是故箕子歸周與武王克殷，實爲同年之事。又《史記》言：

> 武王已克殷，後二年，問箕子所以亡。

若依《史記》克殷在十二年之說，則武王問箕子亦仍在十三年。既然箕子歸周和武王克殷爲同年，武王問箕子又與箕子歸周同在十三年，那麼武王克殷自然也就只能是十三年的事了。

另外，將〈利簋〉銘文和《逸周書》的記載配合起來看，也可得出武王克殷在十三年的結論。〈利簋〉銘文有「辛未王在𥳑自」，于省吾已指出「𥳑」即「管」，在今鄭州，〔註208〕此說爲多數學者所認同。也就是說，甲子後的第八天（辛未），武王已在西歸的途中。復據《逸周書·文政》之文：

> 惟十有三祀，王在管，管、蔡開宗循王。

孔晁注：

> 二叔開其宗族循鎬京之政，言從化也。

所謂「開宗」，應該就是「致邑立宗」之意，「循王」則是表示尊武王爲天下大宗，〈文政〉是武王以大宗宗長的身分對管蔡「致邑立宗」的小宗的訓戒。類似的例子尚可見於《尚書·康誥》以及〈作冊豐鼎〉。〔註209〕武王立管蔡相武庚治殷，是牧野之戰後立即採取的措施（《史記·周本紀》：「武王爲殷初定未集，仍使其弟管叔鮮、蔡叔度相祿父治殷。已而命召公釋箕子之囚。」）那麼武王在西歸途中，在管地爲「致邑立宗」的管、蔡主持「開宗」的儀式，以建立管蔡的合法地位，就不僅是宗法上的需要，在時間和局勢上也是必要的。既然武王封管、蔡和管、蔡「致邑立宗」是同年事，封管、蔡又是牧野戰後立即採取的措施，那麼，牧野之戰的時間，據〈文政〉所記，也就只能是武王的十三年了。

依上所述，武王克殷，時爲武王十三年。據此，若干文獻中言武王年數在十三年以下者，皆未可信據。

至於武王克殷之後崩逝的記載，歷來比較相信的是《史記》、《尚書》及《逸周書·作雒》的說法。茲條引文獻如下。

> 《尚書·金縢》：「既克商二年，王有疾，弗豫。」

> 僞孔傳：「伐紂明年，武王有疾，不悅豫。」

〔註208〕于省吾：〈利簋銘文考釋〉，《文物》1977 年 8 期。

〔註209〕參何樹環：〈說「迻」〉，《第二屆國際暨第四屆全國訓詁學學術研討會論文集》，1998 年 12 月。

孔穎達疏：「既克商二年，即伐紂之明年也。」

《逸周書‧作雒》：「武王克殷，乃立王子祿父俾守商祀，建管叔于東，建蔡叔、霍叔于殷，俾監殷臣。王既歸，乃歲十二月崩鎬，塴于岐周。」

孔晁注：「乃崩，乃後之歲也。」

《史記‧周本紀》：「武王已克殷，後二年，問箕子殷所以亡。……武王病，天下未集，群公懼，穆卜，周公乃祓齋，自爲質，欲代武王，武王有瘳，後而崩。」

《史記‧封禪書》：「武王克殷二年，天下未寧而崩。」

《史記‧魯周公世家》：「武王克殷二年，天下未集，武王有疾，不豫……」

按道理說，上舉文獻所言之事應在同一年，但「既克商二年」究竟是武王克殷後的第二年還是第三年，則有不同的理解，如唐蘭認爲應從王肅之說，是克殷後的第二年：

〈金縢〉的既克殷二年，有兩種解釋，鄭玄注說是克殷後二年，王肅注則說是「克殷明年也」，從當時紀時的習慣來說，不說後二年而只說二年，就該包括本年在內，王肅說是對的。……〈多方〉說：「猷告爾有方多士，暨殷多士，今爾奔走臣我，監五祀。」〈多方〉是成王從奄回到宗周時，周公用王的口氣發布的誥詞，那時是周公攝政三年。而說周王朝臣服各國才五祀，說明武王克殷以後在位祇有兩年就死了，加上周公攝政三年，是五年。〔註210〕

黃懷信則認爲是第三年：

《史記》中之三說，無疑應該是相同的。〈封禪書〉與〈魯周公世家〉之「克殷二年」，實際上就是「克殷後二年」，是它的簡省說法。因爲「克殷」既非年號也王號，而只是作爲一個事時概念。所以「二年」決不能是元年、二年之二年，而只能是指其事後之二年。所謂後二年，自然不能包括該事之當年，而應是該事當年以後之二年。……以古書慣例，下一紀年之前，皆屬上一紀年之事。此雖言病、不豫、其後，而別無紀年，所以均應屬前一紀年，「克殷後二年」，

〔註210〕唐蘭：《西周青銅器銘文分代史徵》p4～5，中華書局 1986 年 12 月。

與〈封禪書〉一致。可見司馬遷確是以爲武王崩于克殷以後的二年，
即第三年。〔註211〕

至於前舉《逸周書・作雒》的「乃歲」，唐、黃皆讀爲「仍」，但理解亦不相同。
唐蘭引《小爾雅・廣言》：「仍，再也」，「乃歲」等於是「再歲」。〔註212〕黃懷
信云：「《說文》：『仍，因也，从人乃聲。』聲同，故得通假。《爾雅・廣言》：『仍，
再也』（引按，乃《小爾雅》）《廣雅・釋詁》：『仍，重也』因、仍、重皆有『二』
義。可見『既歸乃歲』，也就是既克二年，與〈金縢〉說同。」〔註213〕

按，黃氏之說有是有非，茲分論如下。〈金縢〉的「既克殷二年」，用於
篇首，與金文中大事紀年的用法相同，黃氏把它看作「一個事時概念」是可
取的。至於所謂「以古書慣例，下一紀年之前，皆屬上一紀年之事」，其實是
並不存在的。僅就《史記》記武王克殷之事爲例，〈周本紀〉：「十一年十二月
戊午，師畢渡盟津」至「二月甲子昧爽，武王朝至于商郊。」中間並未再有
紀年之語，〈魯周公世家〉：「十一年，伐紂，至牧野。」「至牧野」前亦未有
「十二年」的紀年，難道「二月甲子」、「至牧野」與「十一年十二月戊午，
師畢渡盟津」、「十一年，伐紂」是同年之事嗎？所以「武王已克殷」也只能
是「問箕子殷所以亡」此一事件的紀年，與後文「武王病」並無絕對的關係
（或以爲〈周本紀〉「後二年」的「後」字是衍文〔註214〕）。〈周本紀〉：「武王
已克殷，後二年」緊接著「問箕子殷所以亡」，前面已經說過，武王問箕子是
在武王十三年，而《史記》以武王克殷在十二年，那麼「後二年」也就只能
理解爲已克殷的第二年，這與古人紀時把當日、當世算作「一」的習慣也是
相合的。〔註215〕且《逸周書・作雒》的「乃歲」也不能如黃氏所理解的將「既

〔註211〕黃懷信：〈武王在位年數考——兼說文王受命及武王是否改元〉，《人文雜志》
　　　　1998 年 3 期。
〔註212〕唐蘭：《西周青銅器銘文分代史徵》p4，中華書局 1986 年 12 月。
〔註213〕黃懷信：〈武王在位年數考——兼說文王受命及武王是否改元〉，《人文雜志》
　　　　1998 年 3 期。
〔註214〕何幼琦：〈周武王克商的年代問題〉，收於《武王克商之年研究》，北京師範大
　　　　學出版社 1997 年 11 月。
〔註215〕甲骨文中是以貞卜的當日算作第一天，此點學者已有共識，又如《合》643
　　　　正丙：「癸巳卜賓貞，臣執。王占曰：『吉，其執隹乙丁』，七日丁亥既執。」
　　　　癸巳之前的七天爲丁亥，正是將癸巳算作第一天。王世的算法也是以時王算
　　　　作一世，潘嘯龍〈從《詛楚文》看楚懷王前期的朝政改革〉一文曾引《戰國
　　　　策・秦策四》：「先帝文王、莊王、王之身，三世而不接地于齊。」《史記・李
　　　　斯列傳》：「而二世之無道過于桀、紂、夫差。」指出「無論是臣下，還是國

「歸乃歲」四字連讀。所以武王是在克殷的第二年十二月崩逝，《史記·封禪書》、〈魯周公世家〉「武王克殷二年」的記載原本很明確，衹是歷來對《尚書·金縢》「既克殷二年」的理解不同，遂有「三年而崩」的說法。

綜上所述，武王即位確有改元，十三年克殷，克殷後二年，即十四年，此年十二月崩逝，在位共十四年。

結 語

經過上述的討論可以知道，過去由曆法或克殷之年推算，把武王紀年接續在文王之後的看法，並沒有太多的根據，而試著提出證據的黃、劉二氏之說，又難以成立，且與紀年的習慣不符。所以，即使目前對文王受命幾年後崩逝仍不能確定，但在可以確知武王即位改元的情況下，武王在位的時間仍然還是有一個明確的起始點。至於「二月甲子朝克殷」的年份，透過相關記載中對月份、日程干支的討論，以及周初史事的比對，十三年的說法應該是最爲可信的。至於武王克殷後幾年崩逝的問題，在明確了〈金縢〉「既克殷二年」的性質之後，復就《史記·周本紀》的記載加以比勘，可知武王卒於克殷後的第二年，也就是武王十四年崩逝的說法是合理的。在明確武王即位改元的前提下，可知文獻所載之紀年皆爲武王紀年，十三年克殷，克殷後二年，即十四年，此年十二月崩逝。故，武王在位共十四年。

再回過頭來看關於武王在位年數的其他記載，就不難了解其錯訛的原因。茲條引各異說，並稍加說明：

《逸周書·明堂》：「既克紂六年而武王崩。」

《史記·周本紀》集解引皇甫謐：「武王定位元年，歲在乙酉，六年庚寅崩。」

《漢書·律曆志》引劉歆《世經》：「（文王）崩後四年武王克殷，克殷之歲八十六矣，後七歲而崩。故《禮記·文王世子》曰：『文王九十七而終，武王九十三而終。』凡武王即位十一年。」

《管子·小問》：「武王伐殷克之，七年而崩。」

《淮南子·要略》：「武王繼文王之業……誓師牧野，以踐天子之位……武王立三年而崩。」

君自己，都可以將當代視爲一世。」《江漢論壇》1986 年 10 期。

《水經‧清水注》引《古本竹書紀年》：「（武王十一年）王率西夷諸侯伐殷，敗之于坶野。」

《初學記》卷九引《帝王世紀》：「武王四年，起師而東，遂率戎車至鮪水，甲子，至于商郊。」

《今本竹書紀年》：「（武王）十七年命王世子誦于東宮，冬十有二月王陟，年九十四。」

皇甫謐之說可能是本於《逸周書‧明堂》，而《逸周書‧明堂》的六字可能是「二」字之誤。〔註216〕也可能皇甫謐是誤將武王的年數接著文王七年繼續計算。劉歆《世經》則是把武王的年數接續文王九年計算。至於「後七歲而崩」則明顯是強合「武王九十三而終」的說法。《管子‧小問》的錯誤很可能與此相同。汲冢所出《竹書紀年》至宋已散佚，今所見者爲後人據典籍引文重新彙集，故編年排次不免有誤，而後人將《水經‧清水注》牧野之戰列於武王十一年，可能是以「十一年十二月戊午」渡盟津爲計算的起點，也可能是受了僞古文《尚書‧泰誓序》的影響。《今本竹書紀年》的記載多不可信據，十七年之說，大概就如王國維在《今本竹書紀年疏證‧序》中所說：「始知《今本》所載殆無一不襲他書，其不見他書者，不過百分之一，又率空洞無事實，所增加者年月而已……年月又多杜撰，則其說爲無徵。」是屬於杜撰年月一類的事。《淮南子‧要略》則屬於把〈金縢〉「既克殷二年」理解爲第三年的一類了。

〔註216〕黃懷信：〈武王在位年數考——兼說文王受命及武王是否改元〉，《人文雜志》1998 年 3 期。

第三章　西周與東土、北土

　　在上一章中，經由對武王經略的討論，可知周人的勢力在武王之世已擴及商時所謂的中土、南土和東土的一部分，即今河南、安徽北部和山東西部，至成王東征之後，東土（周人所稱的大東）、北土（河北）亦納入周人的「版圖」，至此，「大邦周」的形態可說是已接近完成。正因為周人勢力擴及今之河北亦在成王之世，所以將北土的情形合併在本章中一起討論。在本章中，試由成王初年史事排序的檢討為起點，先建立起這段歷史的綱要，然後就東征過程中的幾個問題進行討論，例如：霍叔是否參予叛亂、東征的過程是否存在「計畫性」的路線和據點等。在北土的經營方面，經由對《左傳·昭公九年》：「肅慎、燕、亳吾北土也。」的討論，並配合考古發掘所得，粗略地勾畫周初時北土的情形。最後就成康之後對東土的營經進行討論。

第一節　成王初年史事排序檢討

　　武王克殷後二年崩逝，成王即位，周公輔政（成王時，周公並未稱王，參附論——周公稱王說考辨），對於成王初年一連串的大事，歷來有許多學者依據《尚書大傳》：「周公攝政，一年救亂，二年克殷，三年踐奄，四年建侯衛，五年營成周，六年制禮作樂，七年致政成王」的記載，作為理解這段歷史的骨幹，[註1] 但這段記載是否可信，是頗有疑問的。為方便討論，先將相

〔註1〕　如古之鄭玄、今之唐蘭皆以此為骨幹，將成王初王的史事逐年排入。鄭玄說見《詩譜·邶鄘衛譜》，唐蘭說見：《西周青銅器銘文分代史徵》p17～26，中華書局1986年。

關的文獻列舉如下：

1. 《逸周書‧作雒》：「周公立，相天子，三叔及殷東徐奄及熊盈以略（畔），元年夏六月，葬武王於畢。二年，又作師旅，臨衛政殷，殷大震，潰降，辟三叔。王子祿父北奔，管叔經而卒，乃囚蔡叔於郭淩，凡所征熊盈族十有七國，俘維九邑，俘殷獻民，遷於九畢。俾康叔宇於殷，俾中旄父宇於東。……及將致政，乃作大邑成周于土中，立城方千七百二十丈，郛方七十里，南繫于雒水，北因于郟山，以爲天下之大湊。」

2. 《尚書‧金縢》：「武王既喪，管叔及其群弟乃流言於國曰：『公將不利於孺子。』周公乃告二公曰：『我之弗辟，我無以告我先王。』周公居東二年，則罪人斯得。」

3. 《孟子‧滕文公下》：「周公相武王，誅紂伐奄，三年討其君，驅飛廉於海隅而戮之，滅國者五十。」

4. 《韓非子‧說林上》：「周公旦已勝殷，將攻商蓋，辛公甲曰：『大難攻，小易服，不如服眾小以劫大。』乃攻九夷而商蓋服矣。」

5. 《史記‧周本紀》：「管叔、蔡叔群弟疑周公，與武庚作亂畔周。周公奉成王命，伐誅武庚、管叔，放蔡叔，以微子開代殷後，國於宋。頗收殷餘民，以封武王少弟封爲衛康叔。……初管、蔡畔周，周公討之，三年而畢定……周公行政七年，成王長，周公反政成王，北面就群臣之位。成王在豐，使召公復營洛邑，如武王之意。……成王既遷殷遺民，……召公爲保，周公爲師，東伐淮夷，殘奄，遷其君薄姑。成王自奄歸，在宗周，作多方。」

6. 《史記‧魯周公世家》：「管、蔡武庚等，果率淮夷而反，周公乃奉成王命，興師東伐，作大誥，遂誅管叔，殺武庚，放蔡叔，收殷餘民以封康叔於衛，封微子於宋，以奉殷祀。寧淮夷、東土，二年而畢定。……東土以集，周公歸報成王，乃爲詩貽王，命之曰鴟鴞。王亦未敢訓公。成王七年二月乙未，王朝步自周至豐，使太保召公先之雒相土，其三月，周公往營成周雒邑……。」

7. 《尚書大傳》：「武王死，成王幼，管蔡疑周公而流言，奄君、（？）薄姑謂祿父曰：『武王既死矣，成王尚幼矣，周公見疑矣，此百世之時

也，請舉事。』然後祿父及三監叛。」（亦見於《詩譜・邶鄘衛譜》正義引）

8. 《漢書・地理志》：「至周成王時，薄姑氏與四國共作亂，成王滅之，以封師尚父，是爲太公。」

9. 《詩譜・邶鄘衛譜》：「成王既黜殷命，殺武庚，復伐三監。」

孔穎達《正義》：「「成王既黜殷命，殺武庚，《書・序》文也。彼注云：『黜殷命謂誅武庚是也。』既殺武庚、復伐三監，爲異時伐者，以《書・序》黜殷命伐管蔡別文言之，明非一時也。殺武庚、伐三監皆在攝政二年，故《書傳》曰『二年克殷』，注云『誅管蔡及祿父等也。』」

10. 《後漢書・東夷傳》：「管蔡畔周，乃招誘夷狄，周公征之，遂定東夷。」

《尚書大傳》今已佚，清代學者有輯本，或謂伏生所撰，據《四庫全書總目》所云，《尚書大傳》則爲伏生弟子所撰。其性質爲「因經屬指」，即是用《尚書》的文字來說自己的看法。〔註2〕也就是說，不論《尚書大傳》的作者究竟是伏生抑或是其弟子，書中所言成王初年史事的順序，是漢代學者的看法，並非先秦典籍中較原始的史事記載。

漢代學者所言西周初年之事是否準確呢？個人認爲《尚書大傳》的說法並非全然可信，可能是爲了塡滿「七年」之數產生的說法。理由是，成王初年的動亂，今可知者只有管、蔡、武庚，以及東土的奄、薄姑之事，此二者已分見於「二年克殷，三年踐奄」，則「一年救亂」就沒有了著落。〔註3〕若要說「一年救亂」指的是管、蔡之事，這也是不合理的，由上舉文獻所見，不論是作亂之初，抑或是平亂之後，武庚、管、蔡三者皆是並舉的，並沒有逐個作亂或個個擊破的跡象。另外，成王出兵平定東方的叛亂，在上述各項的記載中，有二年、三年之說，而《尚書大傳》卻很巧妙的在二年、三年，各排入一件事，但事實上，從上舉之〈作雒〉所載，成王是在二年出兵，而上舉文獻中的二年、

〔註2〕《四庫全書總目》在《尚書大傳》條下引《玉海》所載《中興館閣書目》所錄鄭玄《尚書大傳・序》，其文云：「伏生爲秦博士，至孝文時年且百歲，張生、歐陽生從其學而受之……生終後，數子各論所聞，以己意彌縫其缺，別作《章句》。又特撰大義，因經屬指，名之曰《大傳》。」

〔註3〕鄭玄對「一年救亂」並未排入史事。唐蘭對此也只是推測性地認爲：武王崩於十二月，至六月始葬於畢，想必此時是很「亂」的。出處同註1。此亦顯現是否確有「一年救亂」之事，應再仔細考慮。

三年，細看之下，指的都是平叛所耗用的時間，並非成王或周公攝政的年數，也就是說，換算爲成王的紀年（或周公攝政的年數），應該是成王三年或四年。這二處不合理的情形，似乎透露出《尙書大傳》的作者，是有意要塡滿所謂周公攝政的七年。但事實上，周公攝政的時間是否爲七年，也是應該再考慮的問題。又，東征過程中，對管、蔡、武庚及東夷各族的征討，應該視爲同一次征伐的延續，抑或是各有起迄的戰爭，這也是必需釐清的問題。以下試藉由這二個問題的討論，來看成王初年的史事及對東土的經營。

一、由雒邑的興建論周公「攝政」的年數

周公攝政年數的計算，歷來都是以《逸周書・作雒》：「周公……及將致政，乃作大邑成周于土中。」並配合《尙書・洛誥》：「惟周公誕保文武受命，惟七年。」認爲洛邑建成之年即攝政終止之年。但是對〈洛誥〉的「惟七年」，歷來學者的理解頗爲分歧，或以上舉之《史記・魯周公世家》，認爲是成王七年，或據〈周本紀〉，認爲是周公攝政的第七年（有的學者認爲周公攝政與成王親政分別有各自的紀年），〔註4〕另外尙有成王五年，和成王六年之說。六年說爲（日）山田統所主張，認爲「七年」應由武王崩逝之年算起，〔註5〕此說不爲學界所接受，可略而不論。而周公攝政是否有獨立的紀年，由〈小臣單觶〉「王後㕦（反）克商，在成自，周公易（錫）小臣單貝十朋」〔註6〕的記載來看，銘文所記，學界多認爲是指成王伐武庚之事，而銘文中「王」與「周公」同時出現，若要說成王即位之後，在周公未稱王的的情況下，同時有周公和成王各自的紀年，這種情況似乎不太可能。另外，有些主張周公稱王說的學者把〈牁尊〉中的「王」認爲是周公，所以把「還政」的時間定在周公五年，對這點，葉達雄已辨之甚詳，茲不贅述。〔註7〕所以，總括來說，

〔註4〕 如李民：〈何尊銘文補釋——兼論何尊與〈洛誥〉〉，原載《中州學刊》1982年1期，復收於《尙書與古史研究》，中州書畫社1983年。李民的這個看法在後來所發表的幾篇與〈何尊〉有關的論文中仍然如此認爲，如〈何尊銘文與洛邑〉，《鄭州大學學報》1991年6期，〈何尊銘文與洛邑的興建〉，《河洛文明論文集》，洛陽市第二文物工作隊編，中州古籍出版社1993年7月。

〔註5〕 （日）山田統：〈周初的絕對年代〉，《大陸雜誌》15卷5、6期，1957年。

〔註6〕 銘文中「後」的下一字作㕦，可釋爲「反」，參附論——周公稱王說考辨。

〔註7〕 以〈牁尊〉「隹王五祀」爲周公稱王紀年的說法，見於杜正勝：〈尙書中的周公〉，原載《大陸雜誌》56卷3、4期1978年。刪定後收於《古代社會與國家》，允晨文化1992年。黃彰健：《周公孔子研究》p18，史語所專刊之98，1997

雒邑建成的時間，值得考慮的只有成王五年和七年兩種說法。七年說的根據，除了上文所說的〈洛誥〉、〈魯周公世家〉和〈周本紀〉之外，尚有《尚書大傳》的「七年致政」；五年說的根據則是將〈洛誥〉的「惟七年」理解爲成王五年，並以〈𣄰尊〉的「隹王五祀」爲主要依據。但是《尚書大傳》已云「五年營成周」，似乎又與致政的「七年」相衝突，所以皮錫瑞曾有折衷性的說法：「營洛大事非一時所能辦，《大傳》言其始，《史記》要其終，兩說可相明。」〔註8〕這種折衷性的說法，在〈𣄰尊〉出土之後，也爲部分學者所接受。

　　按〈洛誥〉：「惟周公誕保文武受命，惟七年」，所謂的「受命」指的是文王、武王受克殷之天命，「惟七年」，指的是克殷後的七年，減去武王克殷後崩逝的二年，時爲成王五年（參附論——周公稱王說考辨）。楊寬云：「《尚書大傳》所謂周公攝政七年，《史記》所說周公行政七年，都是由于〈洛誥〉末二句所引起的誤會。」〔註9〕這個理解應是可信的（《史記》之誤，由時間來看，來自於《尚書大傳》的可能性，也不能完全排除）。但目前多數學者把〈𣄰尊〉定爲成王的「標準器」，認爲銘文中的「隹王五祀」就是〈洛誥〉的「惟七年」，這個說法則仍有待商榷。

　　首先，〈𣄰尊〉銘文所云：「隹王初□宅于成周」，初的下一字爲銹掩去右下角，此字自唐蘭釋爲「遷」以來，許多學者都採信這個說法，〔註10〕但由於成王遷都的說法，於史無證，故後來採信此說法的學者對「遷」字就有遷殷民等各種理解。〔註11〕此字又有隸定作鄘，讀爲埻（堆土造城）、禋；或隸定作鄯，讀爲省（眚），〔註12〕後來銹掩的部分又多剔出了一些筆劃，馬承源

　　　年。葉達雄批駁之說見於：〈𣄰尊的啓示〉，《國立台灣大學歷史學系學報》7期，1980年。（僅對杜氏之文，然杜、黃之說大致相同）

〔註8〕　皮錫瑞：《今文尚書考證》卷十七，頁334，中華書局1998年1版2刷。

〔註9〕　楊寬：〈釋何尊銘文兼論周開國年代〉，原載《文物》1983年6期，復收於《西周史》，商務印書館1999年。

〔註10〕唐蘭：〈𣄰尊銘文解釋〉，原載《文物》1976年1期，復收於《唐蘭先生金文論集》，紫禁城出版社1995年。

〔註11〕殷民之說，見註4所舉李民之文；及劉蕙孫：〈宗周與成周——兼探何尊「隹王初鄘宅于成周」的含義〉，《人文雜志》1984年1期。又有以遷爲「移」，「宅」爲「度」，訓爲「謀」，謂銘文即「唯王初遷，度（謀）成周」說見陳福林：〈關于何尊銘文的幾點新補證〉，《貴州社會科學》1991年8期；〈何尊銘考釋補訂〉，（與任桂芝合著）《考古與文物》1992年6期。又，劉文、陳文將此句讀爲「隹王初鄘，宅于成周」則同於註9所舉楊寬之文。

〔註12〕馬承源隸定作鼕，讀爲埻，是堆土造城之義，說見〈何尊銘文初釋〉，《文物》

據此改隸定作𤴈，釋爲壅，訓爲營，〔註13〕但新剔出的筆畫並不很清楚，唐復年即將之視爲「魚」，黃彰健據此認爲也可能讀爲「于」訓爲「往」。〔註14〕總之，這個字除了詞性爲動詞是肯定的之外，究竟應該如何釋讀，尚無較一致性的看法。而銘文云：

> 在四月丙戌，王夆（誥）宗小子㼚于宗室，曰：『昔在爾考公氏……
> 隹珷王既克大邑商，則廷告于天，曰：『余其宅茲中或（國），自之乂（乂）民。烏虖（乎）！爾有（舊）唯（雖）小子……』』王咸夆（誥）。……（《集成》6014，圖二、6）

很清楚地，自「昔在」以下至「王咸夆（誥）」是對㼚的誥辭，其中又可分爲兩個段落，自「昔在」至「自之乂（乂）民」說的都是過去的事，這與〈克罍〉、〈克盉〉中先稱述克的父親召公奭的情形有些類似（關於〈克罍〉、〈克盉〉的釋讀參第二章第四節 C 之 c），自「烏虖（乎）」以下至「王咸夆（誥）」是對㼚的訓勉。也就是說，扣除篇首初字之下的那個未能確釋的字之外，與雒邑有關的文句僅有「宅于成周」和誥辭中的「宅茲中或（國），自之乂（乂）民」，而後者是追述武王之事，追述此事之王，未必一定是成王，且這二句說的是營建雒邑的目的，不涉及營建的過程。至於前者「宅于成周」，雒邑在西周時尚有稱之爲「新邑」、「新邑洛」、「新大邑」，學者多已指出這是雒邑在興建過程和建成後很短的期間之內的稱法，後來即改稱爲成周，那麼在〈洛誥〉所記年月爲成王五年十二月，當時對雒邑仍稱之爲「新邑」的情況下，如果把〈㼚尊〉視爲成王五年器的話，（五年）四月丙戌是否已有成周的稱法是頗令人懷疑的（據〈召誥〉，同年三月，太保尚「朝至于洛，卜宅」）。這樣看來，〈㼚尊〉銘文在扣除首行未能確釋的那個字之外，並沒有其它確切的文句可以和成王營建雒邑之事相連繫。所以，把〈㼚尊〉銘文的「隹王五祀」和〈洛誥〉的「惟七年」（成王五年）相聯繫，並認爲〈㼚尊〉與成王時洛邑的營建有一定程度關聯的說法，並不是完全堅實可信，不是沒有再仔細考量的空間。

其次，從雒邑都城的興建來看，是否如皮錫瑞所說「《大傳》言其始，《史

1976 年 1 期。李學勤隸定爲𤲮，讀爲禋，〈何尊新釋〉原刊於《中原文物》1981 年 1 期，復收於《新出青銅器研究》，文物出版社 1990 年。張政烺隸定作𤴈，讀爲省（眚），〈何尊銘文解釋補遺〉，《文物》1976 年 1 期。

〔註13〕馬承源：《商周青銅器銘文選》IIIp21，文物出版社 1988 年。

〔註14〕黃彰健：《周公孔子研究》p17，史語所專刊之 98，1997 年。唐復年之說據此引。

記》要其終」，也是有待商榷的。雒邑的位置，據上舉《逸周書・作雒》可知，是在瀍水、澗水之間，東及於瀍水的東岸，但是考古學家依文獻所記，在今澗水東岸一帶所發掘的城址乃是東周的王城，並沒有豐富的西周時期文物、墓葬，〔註15〕這就表示，此處不會是西周時的洛邑。這中間的問題很可能是出在古今地貌的改變，或者是〈作雒〉所說的澗水並不是今天所見到的澗水。考古學者根據谷水流域古名爲澗水的河流不只一條，以及考古所發現的西周時期文物、墓葬、大型的青銅鑄銅遺址等多集中在今史家溝以東，其中記有「太保」、「豐伯」、「毛伯」、「康伯」等銘文的青銅器，以及其他豐富西周文物、墓葬區則是發現於瀍河東岸，認爲西周時的雒邑應該是在東周王城以東十華里左右的史家溝以東的地帶（參附圖一）。〔註16〕這個說法顯然比以東周王城爲西周洛邑的說法來得合理。附帶說明一下，自漢以來即認爲此區域內西有王城，東有洛邑（參附圖二），但考古學者多認爲此地在西周時只有一個都城，即雒邑，而歷史學家對此仍有不同的看法，〔註17〕但有一點是比較肯定的，從出土的文物、墓葬情形來看，即使西周時有王城的存在，也不會是在東周王城的位置。

應當注意的是，考古學者指出，到目前爲止，在史家溝以東的地帶，經過40年的考古挖掘，尚未發現有西周時期城垣的遺跡，這與二里頭、殷墟（洹水南岸），和西周鎬京迄今未找到城垣的情形是一致的。〔註18〕雒邑的區域內沒有發現城垣，究竟是原本就沒有城垣，抑或是後代破壞殆盡？目前尚無法

〔註15〕考古研究所洛陽發掘隊：〈洛陽澗濱東周城址發掘報告〉，《考古學報》1959年2期。

〔註16〕參洛陽博物館：〈洛陽龐家溝五座西周墓的清理〉，《文物》1972年10期。洛陽博物館：〈洛陽北窯村西周遺址1974年度發掘簡報〉，《文物》1981年7期，《洛陽北窯西周墓》p369，文物出版社1999年。葉萬松、余扶危：〈關於西周洛邑城址的探索〉，《人文雜誌叢刊》第2輯《西周史研究》1984年。盧連成：〈西周金文所見的新邑、成周〉，《文史集林》，三秦出版社1987年。葉萬松、張劍、李德方：〈西周洛邑城址考〉，《華夏考古》1991年2期。

〔註17〕關於西周是否存在王城的爭論，陳美蘭已對歷來的說法有所蒐集，可參看氏著：《西周金文地名研究》p119～127，師範大學國文研究所碩士論文，1998年。

〔註18〕葉萬松、張劍、李德方：〈西周洛邑城址考〉，《華夏考古》1991年2期。又，洹水北岸已於1999年秋冬之際發現商代城址，學者名之爲安陽洹北商城，參劉忠伏：〈世紀末的驚喜——安陽洹北商城的發現及其義意〉，《歷史月刊》2000年5期。

肯定，如果情形屬於前者，則似乎與〈作雒〉「立城方千七百二十丈，郛方七十里」〔註19〕的記載相衝突。〈作雒〉中的「郛」，歷來都訓爲「郭」，認爲是「外城」之意。杜正勝根據考古所發現的先秦都城指出，建外城爲郭的情形，在春秋以前尚未出現，所以他認爲這裏的「郛」是封疆的意思，又說此與「『南繫于雒水，北因于郟山』，（雒邑）係因襲天然地勢以爲界，這樣理解才符合城邦的情狀。」〔註20〕杜氏「因襲天然地勢以爲界」的看法，應是可信的（以「郛」爲封疆之意，則仍有可商，詳下文。又，外郭在東周時有明顯的發展，〔註21〕但並非在此之前沒有城郭，如偃師尸鄉溝商城、鄭州商城已有內城（宮城）和外城（城郭））。而這種以天然地勢作爲「城郭」的情形，在殷墟也可以見到，楊寬曾對殷墟未發現城垣的現象提出解釋，認爲是濠溝結合河流（洹水）以作爲防禦措施，發揮出與「城郭」相當的防衛功能〔註22〕（引按，此是就洹水南岸的情形所說的）。但是楊氏在討論到西周雒邑時卻忽略了這種情形，認爲〈作雒〉的「立城」是指王城，「郛方七十里」則是於其東方再興建一個城，並以爲這個方七十里的郛是爲了安置殷遺民，和供「成周八師」屯駐之用。〔註23〕

按，楊氏以爲「郛」就是再建一個城的看法，顯然沒有太多的根據。楊氏是以成周八師爲殷人所組成的軍隊，所以他把「八師」與「殷遺」視爲一體的兩面（有許多學者也持這樣的看法），但李學勤已指出，「八師」是由周人所組成的軍隊。〔註24〕由歷史情境來看，周人也不會把與自己有「國仇家恨」的殷人所組成的龐大軍隊設置在東都，做爲捍衛的主要武力，所以李氏之說應是可信的。而方七十里的城，若據漢人所記周人與漢尺爲 8：6.4 的比例（《禮記・王制》：「古者八尺爲步，今六尺四爲步。」），三百步爲一里來計

〔註19〕 今本無「立」字，王念孫依《藝文類聚》、《初學記》、《太平御覽》、《玉海》補，今從之。見《讀書雜志・逸周書第二・城方千七百二十丈郛方七十里條》p21，台灣商務印書館人人文庫，1978 年 12 月台一版。

〔註20〕 杜正勝：《古代社會與國家・周秦城市——中國第二次「城市革命」》，允晨文化出版社 1992 年。

〔註21〕 參李自智：〈東周列國都城的城郭形態〉，《考古與文物》1997 年 3 期。

〔註22〕 楊寬：《中國古代都城制度史研究》p21，上海古籍出版社 1993 年 12 月。

〔註23〕 楊寬：《中國古代都城制度史研究》p52～54，上海古籍出版社 1993 年 12 月。及〈西周初期東都成周的建設及其政治作用〉，原刊《歷史教學問題》1973 年 4 期，略作修訂後，收於《西周史》，台灣商務印書館 1999 年。

〔註24〕 李學勤：〈論西周金文的六師、八師〉，《華夏考古》1987 年 2 期。

算（《穀梁傳‧宣公五年》「三百步爲里」），則「方七十里」約是周邊有一百公里以上的城，〔註25〕這與周長約 11000 公尺左右和 14000 公尺左右的魯曲阜城、齊臨淄城相比較，〔註26〕以古代都城來說，顯然大得不合理。故，楊氏以爲「郛方七十里」是再建一個城的說法並不可信。

　　結合杜、楊二氏的看法，雒邑的興建應該就是以洛水、郟山、瀍水等作爲天然的屛障，可能「郛方七十里」指的即是以自然山川爲城郭。古人以天然的山川作爲都邑屛障的想法，至少在春秋時仍可以看到，如《左傳‧僖公四年》所記齊桓公伐楚時，楚國屈完面對齊桓公「以此眾戰，誰能禦之？以此攻城，何城不克？」的威嚇時，答道：「楚國方城以爲城，漢水以爲池，雖眾，無所用之。」綜合以上所述，如果當時的雒邑有城垣的話，也僅有〈作雒〉所說的「立城千七百二十丈」一個城而已。

　　雖然目前未能確知興建這個是否存在的城垣須耗時多久，但由殷墟和宗周鎬京的情形來看，只要有可以發揮防衛功能的「城郭」，再有宗廟、宮寢等建築，在商周時便已具備了都城所需的條件，而雒邑的地理位置已具備了天然的屛障，是否有實質的「城郭」方可作爲周人的「東都」，似乎就不是那麼的必要。若是與文王都豐的情形相比較，即可以發現，當時建築一個可供作爲都城的城址，並不需要耗費太久的時間，《史記‧周本紀》云：

　　　明年，伐崇侯虎，而作豐邑，自岐下而徙都豐，明年，西伯崩。

《詩經‧大雅‧文王有聲》：

　　　既伐于崇，作邑于豐。文王烝哉！築城伊淢，作豐伊匹，匹棘其欲，

　　　遹追來孝，王后烝哉。

將兩項記載結合起來看，文王建築豐作爲都城，與遷都于豐是在同一年，而豐都的建築在文獻中雖然只提到城垣溝洫，但可以想見宮室建築也必定是包括在內的。這樣看來，成王在五年的三月開始營建雒邑，同年十二月正式以雒邑爲東都，是完全可能的。另外，〈作雒〉中稱雒邑爲「大邑成周」，這很可能是「新邑」、「新大邑」與「成周」之間過渡時期的稱法。

〔註25〕若以商代之牙尺、骨尺約 16cm 來計算，則周邊有 95520 公尺，若以戰國之銅尺、骨尺，約 23cm 來計算，則周邊有 154560 公尺。上述之尺寸，參丘光明：《中國歷代度量衡考》，科學出版社 1992 年。

〔註26〕魯城周長 11771 公尺，參山東省文物考古研究所編：《曲阜魯國故城》p4，齊魯書社 1982 年。齊內城周長 7275 公尺，外城 14158 公尺，參群力：〈臨淄齊國故城勘探紀要〉，《文物》1972 年 5 期。

綜合以上對雒邑興建過程的討論，過去被廣泛運用於討論成王營雒和周公攝政問題的〈何尊〉，其與雒邑的關係主要是標舉出周人營建東都雒邑「自之辥（乂）民」的目的，這正可與《尚書·召誥》：「其作大邑，其自時配皇天，毖祀于上下，其自時中乂」，以及〈洛誥〉之「其自時中乂萬邦」相印證。至於其與東都營建的過程，恐怕並不是那麼的緊密。過去把雒邑建成之年作為周公攝政終止之年的看法，固然是可信的，但由於所謂「雒邑建成」的概念很含糊，且在雒邑區域的考古未發現城垣的情況下（即使將來發現城垣，也很難確定是建於那一年），所以這個看法的陳述或者可以略修正為：成王正式以雒邑作為東都之年，就是周公攝政終止之年，而成王以雒邑作為東都的標識，就是〈洛誥〉中成王在新邑對文王、武王所進行的祭祀，這一年是成王五年。

二、成王伐武庚與對東夷的戰爭

成王初年，武庚、管蔡與東夷諸國叛亂，其原因，歷來學者提出了許多不同的說法，﹝註27﹞但就目前文獻所見，似乎還很難有具體明確的解答。過去把成王對東方平叛時的用兵稱為「東征」，但就上文所舉的文獻所見，僅是對武庚、管、蔡、東夷的征戰，在時間上就有一次或二次戰爭的說法，﹝註28﹞而青銅器銘文在周初的成康之世都有對東夷用兵的記錄，根據這種現象，杜正勝在〈尚書中的周公〉（以下簡稱杜文）一文中認為「周與東方民族的鬥爭靡費時日，從長遠角度看，東征當指平定管蔡武庚之後，周民族對山東半島和淮水流域的陸續經營。」﹝註29﹞又以文獻中有的僅提及對武庚、管蔡的征

﹝註27﹞ 葉達雄：〈西周文、武、成、康時代的文治與武功〉曾總結二大原因，四種說法，後來何幼琦據《尚書大傳》提出叛亂的原因是出於東夷奄君的煽動，王冠英則認為動亂是肇因於周公稱王，管、蔡為維護王位傳嫡之制，所以與周公站在對立的立場。葉說見於《台灣大學歷史學系學報》3 期，後收於《西周政治史研究》，明文書局 1982 年，何說見於：〈周公東征概述〉，《東岳論叢》1983 年 1 期，復收於《西周年代學論叢》，湖北人民出版社 1989 年，王說見於：〈周初王位紛爭和周公制禮〉，《周公攝政稱王與周初史事論集》，北京圖書館出版社 1998 年。

﹝註28﹞ 另外，山田統曾根據《尚書·多方》：「我惟時其教告之，我惟時其戰要囚之，至于再，至于三。」提出「多次」征伐的說法。按，此說是以「戰」為「戰爭」、「攻伐」之意為根據來說的，實誤。于省吾已指出戰當讀為殫，訓為盡。山田統之說見於：〈周初的絕對年代〉，《大陸雜誌》15 卷 5、6 期，1957 年。于省吾之說見：《雙劍誃群經·諸子新證》合刊本 p117〈我惟時其戰要囚之〉條，上海書局 1999 年。

﹝註29﹞ 杜正勝：〈尚書中的周公〉，原載《大陸雜誌》56 卷 3、4 期 1989 年，刪定後

伐，遂認爲對東夷、商奄的戰爭不包括在其中，杜文云：

> 〈管蔡世家曰〉：「武王既崩，成王少，周公旦專王室。管叔、蔡叔
> 疑周公之爲不利於成王，乃挾武庚以作亂」，則主謀叛亂者乃管蔡，
> 殷人只是配角而已。〈衛康叔世家〉謂「傅相」武庚祿父的管叔蔡叔
> 疑「代成王治，當國」的周公，「乃與武庚祿父作亂」，不及奄與淮
> 夷。〈周本紀〉亦無「率淮夷而反」的記載，與《尚書・金縢》篇同。
> 所以平管蔡武庚是一事，踐奄附之，大事征伐東夷、商奄和楚伯又
> 是一事。前者只周公一人擔當，後者在致政之後，任其役者有周公，
> 有成王，也有召公與殷人，甚至延續到開國以後第二代將領，如伯
> 懋父、明公等，周金銘文斑斑可考。

按，杜氏此說只截取了文獻中未提及淮夷的部分，又把奄、商奄分爲二國。
個人認爲，將銅器銘文中康王之世對東夷的用兵，視爲「周民族對山東半島
和淮水流域的陸續經營」，應是較爲穩當的說法，但若要以此來說成王平叛時
不及於山東半島東部的諸夷，則顯得證據過於薄弱。

　　對於成王平定武庚管蔡之亂的過程，以及此次亂事的參與者，文獻所載
並不一致，上文所舉之文獻1～10可約略地分爲三類：

　　（一）將伐武庚、管蔡、東夷視爲同一次戰爭者，有：1、6、10
　　（二）視爲兩次戰爭者，有：（4）、5
　　（三）僅提及武庚、管、蔡或僅提及東夷者，有：2、3、（7）、8、9

　　先說第（三）類。《孟子・滕文公》將分別屬於武王、成王的誅紂伐奄之
事，皆歸於武王，此爲學者所不取，不過記載說「三年討其君」顯然是針對
「奄」來說的。《尚書・金縢》由前後文來看，「周公居東二年，罪人斯得」，
這裏的「罪人」顯然指的是管、蔡與群弟（「武庚北奔」故不在其中，詳下一
節），在時間上，是「居東二年」。《漢書・地理志》的記載，應該是周人勢力
進入山東半島東部以後的事，在時間上，應該與〈塱方鼎〉（又名〈周公東征
鼎〉《集成》2739）有一定程度的關係。《尚書大傳》所云，管、蔡「疑周公
而流言」，祿父的叛亂則是出於奄君的煽動，最後只說「祿父及三監叛」，沒
有提及奄君是否參與叛亂。據9之《正義》，時間是攝政二年。據第三類的記
載可知，參與此次叛亂的有武庚、管蔡、群弟、奄，平定武庚、管、蔡等是
「居東二年，罪人斯得」，平定奄是「三年討其君」。

收於《古代社會與國家》，允晨文化 1992 年。

第（二）類的記載中，《韓非子·說林》是將「勝殷」（武庚）與伐商蓋（奄）分作兩階段來看，但看不出其時間間隔的長短。〈周本紀〉在成王初年的史事中，在「周公行政七年」之前皆不書紀年，對管、蔡之叛，是「三年而畢定」，至「營洛邑」之後始提及淮夷、奄，又說奄之君為薄姑。奄君為薄姑之說除〈周本紀〉外，尚見於《尚書大傳》，他書則云「成王既踐奄，將遷其君於薄姑」（《尚書序》），「蒲姑、商奄吾東土也。」（《左傳·昭公九年》），據上舉之〈塱方鼎〉銘文云：「隹周公于征伐東夷：𧊒白（伯）、專（薄）古（姑），咸𢾰。」則薄姑為人君之名的可能性也不能完全排除。〔註30〕據第二類的記載（特別是〈周本紀〉），奄似乎不在武庚叛亂集團之中，是屬於後來所征伐的東夷諸國。

第（一）類的記載據《逸周書·作雒》，參與叛亂者有三叔、武庚、徐、奄、熊盈等。徐、奄等在6、10則統稱為東夷。時間據6，是「二年而畢定」。這三類的記載可作表如下：

類　　別	參與叛亂者	平定的時間
（一）	三叔、武庚、徐、奄、熊、盈	二年而畢定（〈管蔡世家〉）
（二）	管蔡、武庚 奄、淮夷	三年而畢定（〈周本紀〉） 營雒邑之後（〈周本紀〉）
（三）	管、蔡、群弟、武庚等五十餘國	攝政二年（《尚書大傳》） 居東二年（〈金縢〉） 三年討其君（〈滕文公〉）

先就上表中參與叛亂者來說。傅斯年對周人的東進曾有「七步驟」說，其中「六步為伐奄，定淮夷。七步為營成周。」〔註31〕多數的學者也是如此理解，如葉達雄對此即云：

> 兩說（引按，即〈周本紀〉、〈魯周公世家〉）當以後說（引按，即〈魯周公世家〉）較近情理。因為營成周雒邑，必是諸侯咸服，天下安定時，才能進行。如果是前說的話，東夷未定，奄未平，而且必須踐

〔註30〕李白鳳則以薄姑為《逸周書·作雒》之「熊盈」，尚志儒〈略論西周金文中的「彙夷」問題〉並同。此說恐不可信，僅列於此。李氏說見：《東夷襍考》p93，齊魯書社 1981 年。尚氏說見：《西周史論文集》，陝西人民教育出版社1993 年，又殷之彝曾推測薄姑即銅器所習見的亞醜一族，說見：〈山東益都蘇埠屯墓地和『亞醜』銅器〉，《考古學報》1977 年 2 期。

〔註31〕傅斯年：〈大東小東說〉，《史語所集刊》二本一分，1930 年。

奄之後，方能封伯禽於魯。所以傅孟眞氏以伐奄、定淮夷在營成周
之前，這是不錯的。〔註32〕

按，《尙書‧多士》云：「惟三月，周公初于新邑洛，用告商王士。」篇中又
有「昔朕來自奄」，此處稱「新邑洛」，可確知伐奄是營建雒邑之前的事。那
麼，〈周本紀〉把「東伐淮夷、殘奄」置於營建雒邑之後，顯然是有問題的，
且與〈魯周公世家〉的記載相矛盾。杜文也承認伐奄是在營建雒邑之前，但
他在「大事東征」的對象中又立一個商奄，把奄、商奄視爲兩個方國，則恐
怕是有問題的。陳槃曾對奄、商奄在文獻中出現的情形指出，商代有奄，後
世稱商奄，「猶楚曰荊楚，杜曰唐杜之比耳。」「商蓋即商奄，亦即近魯之奄。」
〔註33〕這樣看來，以〈周本紀〉和其他僅提及管、蔡叛亂的記載爲主要根據
來說東夷諸國不在平叛之列，恐怕並不是很恰當的說法。

復就青銅器銘文而言，周初所見征東夷的器銘見於：

(1)〈旅鼎〉：隹公大俘（保）來伐反夷年，在十又一月，庚申，公在盩
自，公易旅貝十朋，旅用乍父□（？）尊彝（《集成》2728，圖二、
7）

(2)〈憲鼎〉：王令𣄟蔑東反夷，憲肇從𥎦征，攻𢾅（戰？）無啻（敵），
省于厈（？）身，孚（俘）戈，用作寶障彝，子＝孫（＝）其永
寶（《集成》2731，圖二、8）

(3)〈雪鼎〉：隹王伐東夷，𪊨（漅？祭？）公令雪眔（暨）史旟曰：以
師氏眔（暨）有嗣後，或戳伐𥎦，雪孚（俘）貝，雪用乍𡨥公寶
障鼎〔註34〕（《集成》2740，圖二、9）

(4)〈𡉙方鼎〉：隹周公于征伐東夷：𧶠白（伯）、專（薄）古（姑），咸
𢾅。公歸，𥎦于周廟。戊辰，酓（飲）秦酓（飲），公賞𡉙貝百朋，
用乍尊鼎〔註35〕（《集成》2739，圖二、10）

〔註32〕葉達雄：〈西周文、武、成、康時代的文治與武功〉，《台灣大學歷史學系學報》
　　　　3 期，後收於《西周政治史研究》，明文書局 1982 年。

〔註33〕陳槃：《春秋大事表列國爵姓及存滅表譔異》三訂本 p1283、1284，史語所專
　　　　刊之 52，1997 年影印 4 版。

〔註34〕公的前一字過去多釋爲漅，李學勤改釋爲祭，見：〈釋郭店簡祭公之顧命〉，《文
　　　　物》1998 年 7 期。

〔註35〕「東夷」的下一字過去皆釋爲豐，蔡運章、尚志儒等將之視爲姜姓的豐國。
　　　　但林澐即指出此字釋豐可疑。董蓮池並同，今從之。蔡說見於：〈豐國銅器及
　　　　其相關問題〉（與陳長安合著），原載《考古與文物》1983 年 6 期，後改名爲

（5）〈明公簋〉：唯王令明公遣三族伐東或（國），在斝，魯侯（有）囨（優？）工（功），用乍旅彝（《集成》4029，圖二、11）

（6）〈小臣謎簋〉：叡，東夷大反，白（伯）懋父以殷八自（師）征東夷。唯十又一月，曾（遣）自夐自（師），述（遂）東陕伐海眉（湄）。雩厽（厥）復歸才（在）牧自（師），白（伯）懋父承王令易（錫）自（師），達征自五齵貝。小臣謎蔑曆眔易（錫）貝，用乍寶尊彝。（《集成》4238，圖二、12）

（7）〈保卣〉：乙卯，王令保及殷東國五侯，祉（誕？）兄（貺）六品。蔑曆于保，易賓。用乍（作）文父癸宗寶障彝，遘于四方，迨（會）王大祀，祓（祐？）于周。在二月既望。（《集成》5415，圖二、1）

（8）〈禽簋〉：王伐楙侯，周公某（謀），（？）禽䚄，禽又（有）敁䚄，王易（錫）金百寽，禽用乍寶彝。（《集成》4041，圖二、3）（有同銘之鼎，《集成》失收）

（9）〈剛劫尊〉：王征楙，易（錫）剛劫貝朋，用乍□□且（祖）缶（寶）尊彝（《集成》5977，圖二、13）（有同銘之卣，見《集成》5383）

（10）〈保員簋〉：唯王既燎，厽（厥）伐東夷，才（在）十又一月，公反自周，己卯，公才（在）□，保員邋辟，公易（錫）保員金車，曰：用事。隊（施）于寶簋＝（？），（寶簋）用卿（饗）公逆洀（覆？）事〔註36〕（《考古》1991 年 7 期，〔註37〕圖二、14）

（8）（9）中的「楙」字雖未能確釋，一般皆將之視爲成康時器，故暫列於此。在這些器銘中僅有（1）、（6）、（7）、（10）四件記有干支月分，可供斷代之參

〈豐國銅器及姬姓豐國史迹初探〉，收於《甲骨金文與古史研究》，中州古籍出版社 1993 年。尚説見於：〈西周金文中的豐國〉，《文博》1991 年 4 期。林説見於：〈豐豐辨〉，原載《古文字研究》12 輯，後收於《林澐學術文集》、及〈新版《金文編》正文部分釋字商榷〉1990 年。董説見：《金文編校補》p150，東北師範大學出版社 1995 年。

〔註36〕 銘文中的□，或釋爲虡，見黃盛璋：〈西周征伐東夷、東國的銅器年代、地理及其相關問題綜考〉，《河洛文明論文集》，中州古籍出版社 1993 年。洀過去多釋爲造，何琳儀釋盤，蔡哲茂、吳匡釋覆，湯餘惠釋汜（汎）。何琳儀：〈釋洀〉與蔡哲茂、吳匡：〈釋金文得、䖵、凮、㴲諸字〉同爲中國古文字研究會第八屆年會論文 1990 年，蔡、吳之文復收於《盡心集》，中國社會科學出版社 1996 年。湯氏之説見於：〈洀字別議〉初發表於 1994 年，收於《容庚先生百年誕辰紀念文集》，廣東人民出版社 1998 年。

〔註37〕 參張光裕：〈新見保員簋銘試釋〉，《考古》1991 年 7 期。

考，儘管如此，在斷代上仍有相當大的差異，以〈旅鼎〉爲例，劉啓益、陳夢家、郭沫若定爲成王器，馬承源定爲康王器，唐蘭定爲昭王器。〔註 38〕而沒有時間記載者，除了（4）定爲成王器較無爭議，（3）、（5）、（6）爲康王器的可能性較大之外，〔註 39〕其餘各器的斷代也都多有爭議。所以，雖然無法確定有那些器是屬於成王營建雒邑之前征伐淮夷者，但相對地，也無法確指那些是屬於杜氏所說的「東征器」。總之，在青銅器銘文無法確證淮夷不在平叛之列，文獻又顯示出奄、淮夷，確屬平叛對象的情況下，所以把對武庚和東夷諸國的征伐視爲同一次戰爭的延續，應該是比較合理的。

其次，就平叛的時間來說，前面已經說過成王發兵平叛的時間，是在成王二年，而上述各項記載中的二年、三年，除了《孟子》所述的「三年討其君」，因主語不明，未能確定外，其它說的都是指平叛所耗用的時間，不是指成王或周公攝政的紀年，那麼換算爲成王的紀年，就是成王的三年或四年。《史記會注考證》曾引劉逢源之說云：

> 《書》曰二年，《詩》曰三年（引按，即《尚書‧金縢》、《詩經‧豳風‧東山序》），一以月計，一以歲言，其實同耳。

按，僅就《史記》而言，對平定這次亂事所耗費的年數就有二年、三年的不同，很可能司馬遷當時所見到的記載就已經有「取其成數」的差異。由於平叛這段時期的史料並沒有明確的時間記載，「取其成數」有差異的想法，也僅是作爲一種可能性的假設。

經由對成王平叛戰爭的文獻檢討，參與此次的叛亂集團，共計有武庚、管、蔡、群弟，及以徐、奄爲主的東夷諸國，〔註 40〕平定此次動亂的時間是

〔註 38〕劉啓益：〈西周武成時期銅器的初步清理〉，《古文字研究》第 12 輯，中華書局 1985 年。陳夢家：〈西周銅器斷代〉（一）《考古學報》第九冊，1955 年。郭沫若：《兩周金文大系》（《周代金文圖錄及釋文》），大通書局 1971 年。馬承源：《商周青銅器銘文選》Ⅲ，文物出版社 1988 年。唐蘭：〈論周昭王時代的青銅器銘刻〉，《古文字研究》第 2 輯，中華書局 1981 年，復收於《唐蘭先生金文論集》，紫禁城出版社 1995 年。

〔註 39〕張長壽、陳公柔、王世民：《西周青銅器分期斷代研究》將（1）的時代定爲早期成康，（4）爲成王，（6）爲康王前後，（7）爲成王，（8）爲成王，分見於 p23、17、101、125、62。文物出版社 1999 年 11 月。

〔註 40〕周初時東夷、淮夷的稱法頗爲混淆，如文中所見，銅器銘文皆稱東夷，《史記》則或稱淮夷。張懋鎔曾將銘文與文獻依時代先後比對，指出周初「征東夷等于伐淮夷」並同意劉翔「（周初）東夷乃泛稱，淮夷指具體部族」的說法。張說見：〈西周南淮夷稱名與軍事考〉，《人文雜志》1990 年 4 期。劉說見：〈周

在成王四年，之後進行營建雒邑、分封康叔封於衛、微子啓於宋等安頓性的措施。至此，周人的勢力進入山東半島東部，「大邦周」的形態大致完成。康王時對山東半島的東夷繼續用兵，則是對東土的持續經營。

綜上所述，《尙書大傳》所記成王初年史事的排序，應該是建立在將《尙書・洛誥》「惟七年」理解爲周公攝政七年的基礎上，逐年排入成王平叛、封建、營雒等大事，但是經由對周初史事的文獻記載即可以發現，成王出兵平叛是在成王的二年，而這些文獻中所說的「二年」、「三年」，指的是平叛所耗用的時間，如換算爲成王的紀年，就應該是三年、四年，而不是如《尙書大傳》所說的「二年克殷，三年踐奄」。在「惟七年」的理解上，本文同意許多學者「惟七年」即成王五年的說法，但作爲主要根據的〈夨尊〉而言，仍不能完全毫無疑慮地作爲支持這項說法的重要依據。另外，歷來皆以雒邑的營建始於成王五年，在〈洛誥〉的「惟七年」即成王五年的前提下，經由對雒邑的地理位置與興建情況加以考察，並與文王都豐的情形相比較，同年成王即以雒邑爲「東都」是完全可能的，這一年是成王五年，也就是周公攝政終止之年。而這一點，正可以補充過去同意〈洛誥〉「惟七年」即成王五年說的學者所未注意的環節。在平叛的對象上，將相關材料綜合、分析之後，過去以東夷諸國在平叛之列的說法應是可信的。總之，《尙書大傳》在周成王初年史事的排序上，就事件的順序而言，平叛、踐奄、營雒的順序是可信的；但就紀年而言，則未可遽信。成王初年的史事，可以做爲排定的參考點，目前僅有出兵平叛的「二年」，與以雒邑爲東都的「五年」（叛亂的平定大概是在四年），在此二者之間，攻克武庚、管、蔡、東夷諸國及分封之事的具體時間，則有待於有明確紀年的史料的出現了。

夷王經營南淮夷及其與鄂之關係〉，《江漢考古》1983 年 3 期。

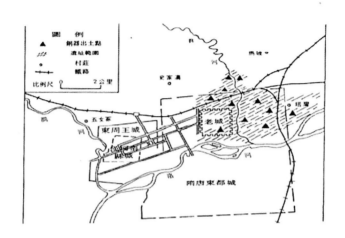

附圖一 成周遺址分布圖

（摘自《中國青銅器全集》西周 1，文物出版社 1996 年。）

附圖二 古人之洛邑位置圖

（據《洛陽縣志》〈城池山川全圖〉）

第二節 東征過程中的兩個問題

接續上一節對成王初年史事的檢討，在本節中，擬就二個問題進行討論：首先由平叛過程中對武庚等人處置情形的討論，兼談霍叔是否參與管、蔡、武庚等的叛亂集團；其次就東征是否存在「計畫性」的路線、據點進行探討。

一、成王平叛後對武庚等人的處置──兼談霍叔是否參與叛亂

　　歷來以所謂的「三監之亂」爲基礎，設想成王時動亂的主要參與者爲「三監」，「三監」就是三個人。而這三個人之所以稱爲「三監」，是由於武王命諸侯「監殷」。於是史學家以管叔、蔡叔、武庚爲「三監」的說法，與自鄭玄以來經學家視管叔、蔡叔、霍叔爲「三監」的說法，長期以來造成對周初這段歷史的掌握的負面因素。特別是就霍叔是否參與叛亂的問題，如果依前者的說法，就很難解釋爲何會存在霍叔監殷（《逸周書・作雒》）以及平叛後處分霍叔的記載；如果依後者，武庚不在「三監」之內，而成王時的動亂武庚又必定是參與者，那麼所謂的「三監之亂」，對周初動亂的情形來說，就顯然是很不合理的一種表述方式。所以，跳脫「三監」的概念，擺脫「三監」是指三個人的想法，具體地對武王時爲「監殷民」所採取的措施和成王時動亂的情形加以分析是必要的，這也應該是了解這段歷史較可行的途徑。對於武王爲「監殷民」設管、蔡等爲「監」的情形，在前面的章節已經有所討論，在本節中即針對成王平叛後對武庚等人處置的情形進行討論，兼談霍叔是否參與叛亂。

　　成王平叛，對武庚、管叔、蔡叔、霍叔的處置情形見於記載主要有：

1. 《逸周書・作雒》：「三叔及殷東徐、奄及熊盈以略（畔），……二年，又作師旅，臨衛政殷，殷大震，潰降，辟三叔。王子祿父北奔，管叔經而卒，乃囚蔡叔于郭淩。」

2. 《左傳・昭公元年》：「周公殺管叔而蔡蔡叔。」

3. 《左傳・定公四年》：「管蔡啓商，惎閒王室，王於是乎殺管叔而蔡蔡叔，以車七乘，徒七十人。其子蔡仲改行帥德，周公舉之，以爲己卿士，見諸王，而命之以蔡……五叔無官，豈尚年哉？」

4. 《商君書・刑賞》：「昔者周公旦殺管叔，流霍叔，曰犯禁者也。」

5. 《史記・周本紀》：「伐誅武庚、管叔、放蔡放。」

6. 《史記・魯周公世家》：「遂誅管叔、殺武庚、放蔡叔。」

7. 《史記・管蔡世家》：「周公旦承成王命，伐誅武庚、殺管叔而放蔡叔。遷之，與車十乘，徒七十人……蔡叔度既遷而死。其子曰胡。胡乃改行率德馴善，周公聞之，而舉胡以爲魯卿士。魯國治，於是周公言於成王，復封胡於蔡，以奉蔡叔之祀，是爲蔡仲，餘五叔皆就國。」

8. 《史記・衛康叔世家》：「周公旦以成王命，興師伐殷，殺武庚祿父、
管叔、放蔡叔。」

9. 《史記・宋微子世家》：「周公既承成王命，誅武庚、殺管叔、放蔡叔，
乃命微子開代殷後。」

先就武庚的情況來看。在上舉 1 中，「王子祿父北奔」，其他則說武庚爲
成王（或周公）所誅殺。對此看似矛盾的情形，首先應確定王子祿父與武庚
是否爲同一人，若爲同一人，又該如何看待文獻中的現象呢？唐蘭認爲：

> 武庚的名號，跟紂稱帝辛一樣，顯然不是王子祿父生存時的名，如
> 果在攻克殷都王子祿父就被殺了，周人決不會把祭日的庚作爲他的
> 稱號而且還冠以武字的。那末，北奔的話是眞的。正由於王子祿父
> 率領了殷國的殘眾突圍北奔，因此，殷城就崩潰而投降，三叔就落
> 在周軍手裏了。王子祿父北奔以後，大概又過了一個時期才死，他
> 的臣下還用庚日祭祀他，所以號爲武庚。[註41]

唐氏由「武庚」的稱謂來說〈作雒〉中的「王子祿父北奔」，應是可信的，但
是他並沒有解釋爲何後來的記載都說武庚是被誅殺的。那麼由其他學者所提
出銅器銘文〈大保簋〉中的「彔子聑」即是武庚，或者武庚與祿父爲二個人
的說法，是否可以解釋這個矛盾呢？

10. 〈大保簋〉：王伐彔子聑，叡！氒（厥）反，王降征令于大保，克芍
（敬）無譴（憝），王侃（衍）大保，[註42]易（錫）休余土，用茲
彝對令。（《集成》4140，圖二、15）

〈大保簋〉是梁山七器之一，[註43]（清）道光年間出土，[註44]曾有一段
時間下落不明，1968 年艾格尼斯・邁耶夫人（Agnes E.Meyer）贈送給（美）

[註41] 唐蘭：《西周青銅器銘文分代史徵》p19～20，中華書局 1986 年。
[註42] 銘文中的侃讀衍，參裘錫圭：〈釋「衍」、「侃」〉，《魯實先先生學術討論會論文》。
[註43] 梁山七器，陳夢家以爲是指大保方鼎、太史友甗、伯憲盉、憲鼎、大保簋、大保鶚卣和魯公鼎。但大部分的學者則主張大保鶚卣和魯公鼎並不在其中，而補之另一件大保鼎，和小臣艅犀尊。陳夢家說見：〈西周銅器斷代〉二，《考古學報》第十冊，1955 年。關於梁山七器爲那七件器的討論，可參陳壽：〈大保簋的復出和大保諸器〉，《考古與文物》1980 年 4 期。
[註44] 方濬益：《綴遺齋彝器款識考釋》4.2，曾認爲出於嘉慶年間，則是將道光時出於梁山之器誤混爲嘉慶時梁山所出之器，參貝塚茂樹：〈殷末周初の東方經略の就いて〉，《東方學報》京都版第 11 冊第 1 分，昭和 15 年。

弗里爾美術館，〔註45〕今藏於該館。銘文中所說的「王伐彔子耴」，如果按照部分學者以「彔子耴」即是武庚的說法，則成王平叛的情形可擬構爲：武庚向北逃逸（A），成王派遣召公奭追擊（B），誅殺武庚（C），A即〈作雒〉所載，B即〈大保簋〉銘文，C即是後來文獻的記載。〔註46〕但「彔子耴」是否即爲武庚是頗有疑問的。另外還有一種說法認爲〈作雒〉所說的「王子祿父」與被誅的武庚是不同的兩個人，王子祿父即〈大保簋〉中的「彔子耴」，是武王封在今梁山一帶「以奉商祀」的殷貴族，〔註47〕這樣就不存在矛盾了。但武庚、祿父爲二人的說法，也是有待商榷的。

有一件西周早期的瓺，其銘文云：「天子耴作父丁彝」（《集成》7296），吳其昌曾據此云：

> 天子耴即上〈太保簋〉之「彔子耴」，亦即上〈小臣逨鼎〉之「楚𡊄」也。本爲廿又六邦東夷南夷之一，而自銘其瓺曰「天子耴」，其自大如此。當時稱王，固殷商習俗使然，而彝器中「天子」字，從未曾有亂稱者，此自稱「天子」，則楚彔耴之不臣有據，而昭王戡伐楚，此或其近因之一矣。〔註48〕

按，吳氏之說未可信據。吳文所舉〈小臣逨鼎〉銘文作：

> 正月，王才（在）成周，王徏（逨）于𣏾𡊄（麓），令小臣逨先省𣏾庈，王至于徏（逨）庈，無遣（譴），小臣逨易（錫）貝……〔註49〕

（《集成》2775，圖二、16）

吳氏以「𣏾」爲「楚」，顯然不可信。〈大保簋〉與〈小臣逨鼎〉並無直接的關聯。再者，吳文所言〈天子耴瓺〉的「天子」，由金文文例來看，應爲「某子」之意，而非後來所稱的「天子」。試與下列銘文作比較：

11. 榮子旅簋：榮子旅作寶（《集成》3584）

〔註45〕 參 Thomas Lanton：〈A Group of Early Western Chou Period Bronze Vessels〉，《Arts Orientalis》Vol.10　1975。

〔註46〕 如殷瑋璋、曲英杰即如此認爲，殷說見：〈周初大保器綜合研究〉（與曹淑琴合著），《考古學報》1991 年 1 期。曲說見：〈周代燕國考〉，《歷史研究》1996 年 5 期。

〔註47〕 貝塚茂樹：〈殷末周初の東方經略の就いて〉，《東方學報》京都版第 11 冊第 1 分，昭和 15 年。

〔註48〕 吳其昌：《金文厤朔疏證》2.27，商務印書館 1936 年。

〔註49〕 徏或可釋爲逨，在銘文中可讀爲陳或屯，參何樹環：〈釋逨〉，第二屆國際暨第四屆全國訓詁學術研討會論文，1998 年。

12. 北子方鼎：北子乍母癸寶障彝（《集成》2329）

13. 榮子鼎：榮子乍寶障鼎（《集成》2206）

14. 趞子冉簋：趞子冉乍父庚寶尊彝（《三代》6.43.5）

可知觚銘中的「天子」是很可能是「某子」之意。且「天」在商時亦有作地名、方國名的用法，如「辛酉卜：七月天方不其來圍」（《殷合》87，《合》20475）。且學者多已指出，觚銘中「天子耴」之父為「父丁」，顯然與武庚之父「帝辛」不會是同一人。〔註50〕所以「天子耴」與「彔子耴」，就其國名（或地名）、父名來說，都不會是指同一人。

　　將「天子耴」視為武庚的另一種說法，是認為銘文中的「天子耴」即「王子耴」，此說本於方濬益，《綴遺齋彝器考釋》13.12.1 著錄有〈王子耴匜〉，銘文作「王子耴」（《集成》失收）。方氏云：「以王子匜銘證之，前三字正同，是第一字亦王字非天字也。」〔註51〕如此則似乎正與祿父為「王子」的身份相符合。然「天」、「王」二字區別明顯，若以「天子」為近於「王」的身份表述，在當時的用法來說，也是不符合的。商代的王自稱「一人」、「余一人」，〔註52〕從不自稱「天子」，周人始有以「天子」為「王」的稱法，但此時的「天子」為「上帝之子」的意思，與漢以後「天子」為「天之子」的意義並不完全相同。〔註53〕所以，即使「王子耴」是指武庚，殷人恐怕也不會用周人的稱法自稱為「天子」，故此處銘文中的「天子」並不是如方氏所說的「王子」，也不會如部分學者所認為的與武庚是同一人。

　　至於以武庚、祿父為二人的說法，是根據《尚書大傳》和《論衡》來說的。《尚書大傳》：

　　　　武王殺紂，立武庚繼公子祿父。（據《詩·邶鄘衛譜》正義引）

鄭玄注：

　　　　繼者，以武庚為爾後也。

《論衡·恢國》：

〔註50〕 如沈長雲：〈論成康時代和成康時代的青銅銘刻〉，《中原文物》1997 年 2 期。

〔註51〕 《綴遺齋彝器考釋》16.27.2。據台聯國風出版社影印版 1976 年。

〔註52〕 參胡厚宣：〈釋「余一人」〉，《歷史研究》1957 年 1 期，〈重論「余一人」問題〉，《古文字研究》第 6 輯，中華書局 1981 年。

〔註53〕 參郭沫若：《金文叢考·周彝中之傳統思想考·政治思想》，人民出版社 1954 年。鄭慧生：〈「天子」考〉，《歷史教學》1982 年 11 期，復收於《甲骨卜辭研究》，河南大學出版社 1998 年。

尊重父祖，復存其祀，立武庚之義，繼祿父之恩。

據此二者文意，乃是將武庚、祿父視作兩個人。但仔細考慮，二者之言恐非可盡信。由二者的時代和文句來看，《論衡》的說法很可能是承《尚書大傳》而來。在上一節中已經說過，《尚書大傳》的記載應視爲漢代人對古史的理解，不應與先秦的史料作同等價值的對待。如《大傳》作「公子祿父」，與〈作雒〉「王子祿父」在稱謂上的不同即是例證（「公子祿父」的稱法顯然是有問題的）。所以《論衡》的說法並不能作爲武庚、祿父爲二人的有力證明。退一步來說，即使撇開「王子」與「公子」稱謂的不同，並以王子祿父即〈大保簋〉中的「彔子耴」，但文獻所見武王命「以奉商祀」的只有武庚一人，並沒有較明確的記載顯示出另外還有一個封到今梁山一帶的殷王族也是「以奉商祀」的。〔註54〕所以「彔子耴」的「彔子」應與上舉銘文中的「某子」是同樣的意思（多數的學者也如此認爲）。彔在卜辭中亦有用作國名（地名）之例，如：

15. 癸丑卜爭貞：旬亡囚，三日乙卯☒有娩（艱），單丁（？）人𡥪于
　　彔☒丁巳雷子𡥪☒鬼亦得疾。（合 137 正（菁 5）＋合 7990＋合
　　16890，〔註55〕圖一、21）

這樣看來，〈天子耴觚〉的「天子耴」不會與〈大保簋〉中的「彔子耴」爲同一人，應位於山東梁山一帶的「彔子耴」，與在今安陽「以奉商祀」的武庚，也不會是同一人。故，並沒有明確可信的證據顯示武庚與祿父是二個人，傳統把武庚、祿父視爲同一人的看法，應是可信的。

綜上所述，學者所提出可能可以作爲對文獻中武庚或逃或誅的矛盾的解釋，皆未能成立，頗懷疑這種矛盾的出現是由於對「誅」字的訓解不同所致。如《孟子‧梁惠王下》：「聞誅一夫紂矣，未聞弒君也。」歷來多把「誅」視爲「殺」，但記載武王克殷最爲詳盡可信的《逸周書‧克殷》，商王紂是自焚而死，所以此處的「誅」當訓爲「討伐」。以「誅」爲「討伐」之意尚可見於《荀子‧議兵》：「王者有誅而無戰，城守不攻，兵格不擊。」以及《漢書‧晁錯傳》：「陛下又興數十萬之衆，以誅數萬之匈奴。」由於「誅」既可訓爲

〔註54〕葉達雄在：〈西周王權的成立及其相關之制度〉云：「武王滅商後，大行分封，如封武庚、祿父以繼承殷祀。」似乎也是把武庚、祿父看作兩個人，文載《臺大歷史學報》21 期，1997 年。

〔註55〕本片綴合參蕭良瓊：〈卜辭文例與卜辭的整理和研究〉，《甲骨文與殷商史》第2 輯，上海古籍出版社 1986 年。又，林宏明見告，合 7990＋合 16890 與合 137正的背面鑽鑿不合，不能綴合。

「殺」，又可訓為「討伐」，所以《史記》在記載這件事時，既有「誅武庚」（上舉之 5、7、9），又有時作「殺武庚」（6、8），據此推想，大概較原始的記載寫的「誅武庚」（討伐武庚）。《史記・殷本紀》云：「武庚與管叔、蔡叔作亂，成王命周公誅之，而立微子於宋，以續殷後焉。」這裏對武庚、管叔、蔡叔皆用「誅」，可以為旁證。如果這個推想可以成立的話，那麼文獻所載就沒有或逃或殺的矛盾了。至於武庚北逃，後來還被用「庚日」來祭祀，其所逃之地或認為與當時在今遼寧喀左與河北北部一帶聚居的殷人有關。

以上為武庚的討論，次就平叛後處置管叔的情況加以說明。除了〈作雒〉云「管叔經而卒」之外，其他的記載都說管叔是被殺的，這點與〈克殷〉記商王紂自焚而死，後來《尚書大傳》云「武王殺紂」的情形倒是有點相似。或者因為管叔罪重，在自縊而死之後，還受到某種程度的懲罰。管叔這一支的情形在後來皆未見於記載，陳槃云：「春秋前已絕封。」〔註56〕很可能在成王平叛之時即已絕封。（《史記・管蔡世家》：「管叔鮮作亂誅死，無後。」）

霍叔。對於霍叔是否參予叛亂，從作亂之初的記載，及平亂後的總結果來看，答案應是肯定的。〈作雒〉：

> 建管叔于東，建蔡叔、霍叔于殷、俾監殷臣……周公立，相天子，
> 三叔及殷東徐、奄及熊盈以略（畔）……二年，又作師旅，臨衛政
> 殷，殷大震，潰降。辟三叔……

將此與《尚書・金縢》相參照：

> 管叔及其群弟乃流言於國，……周公乃告二公曰：「我之弗辟，我無
> 以告我先王。」……周公居東二年，則罪人斯得

〈作雒〉「辟三叔」之「辟」，亦即〈金縢〉之「辟」（躃），而〈作雒〉所「躃」之「三叔」亦即〈金縢〉之「罪人」，即「管叔及其群弟」（關於此處的「辟」字參附論——周公稱王說考辨）。但平叛後蔡叔與霍侯的具體情形，文獻所載並不一致。蔡叔，〈作雒〉云「乃囚蔡叔于郭淩」，〔註57〕《左傳》作「蔡（祭）蔡叔」，〔註58〕杜預注：「蔡，放也。」《史記》云「放蔡叔」，不及於霍叔；

〔註56〕陳槃：《春秋大事表列國爵姓及存滅表譔異》三訂本 p643，史語所專刊之 52，1997 年 6 月影印四版。

〔註57〕〈作雒〉雖云「乃囚蔡叔于郭淩」，但若與《國語・周語上》：「乃流（屬）王于彘」韋昭注：「流，放也」相比較，指的應該是流放至郭淩並予以拘禁。

〔註58〕陸德明《經典釋文》：「上蔡字，音素葛反，《說文》作祭。」《後漢書・樊儵傳》李賢注引《左傳》作「祭蔡叔」。孔穎達《正義》：「《說文》云：『祭，

而《商君書·刑賞》云：「流霍叔」，不及於蔡叔。則成王當時所流放者究竟為一人，抑或是二人？如果是一人，則「流霍叔」的記載當如何解釋？如果是二人，則為何記載多言管叔、蔡叔而少及於霍叔？

對此，提出一個不成熟的想法來解釋這個現象。〔註 59〕成王平叛之後的蔡，據上舉《左傳·定公四年》所云（〈管蔡世家〉所記當即本於此），曾有一段很短的時間裏是不存在的，後來才「復封胡於蔡」；平叛後的霍，未見有「復封」的記載，而《穆天子傳·卷五》有「霍侯舊告薨」，郭璞注：「霍國今在平陽永安縣西南有城。」（即山西霍太山附近）。今人王貽樑《穆天子傳匯校集釋》：「霍，亦稱霍伯國，周武王弟叔處始封，封國在今山西霍縣西南十六里，古霍太山西。」〔註 60〕則霍應是自武王封叔處於霍之後，終西周之世都存在的諸侯國。若配合上文所述平叛後可能即不存在的管一起來看，可能是管叔的罪最重，所以不存其國；蔡叔次之，流放蔡叔至郭淩，並予以拘禁，雖不立後嗣以續其國，但仍存「親親之義」，故其子胡「率德馴善」（《史記·管蔡世家》），乃復立之；霍叔再次之，處分僅止於霍叔一人，霍叔之子仍主其國。〔註 61〕總的來說，很可能蔡叔、霍叔二人都受到流放的處分，而典籍中往往只舉管、蔡二人，大概是因為此二人罪較重，且其行為會導致滅國絕祀，所以古人往往舉此二人之事引以為戒的緣故。

二、東征的路線

過去曾有多位學者對東征的情形具體地建構出行軍的路線，如李白鳳：

「三監」既聯合北殷氏與「東夷五侯」叛周，應該是被成王一舉

散也』槃為放散之義，故訓為放也。」（《說文·七上米部》：「槃，秝槃散也。」段玉裁注：「秝者，衍字。《左傳正義》兩引《說文》槃：『槃散也』可證。」）

〔註 59〕王引之：《經義述聞》卷三，三監條以為「或以武庚、管、蔡為三監，或以武庚、管、霍為三監，則傳聞之不同也，然蔡與霍不得并舉，言蔡則不霍，言霍則不言蔡矣。」本文在第二章第三節中即指出，王引之的說法是以「三監」為三人來說的，但西周乃至於春秋都是具體地指出作亂的是那些人，並沒有「三監」這種說法，故不取此說。

〔註 60〕王貽樑：《穆天子傳匯校集釋》p284，華東師範大學出版社 1994 年。

〔註 61〕（偽古文）《尚書·蔡仲之命》：「囚蔡叔于郭鄰，以車七乘，降霍叔于庶人，三年不齒。」屈萬里《尚書集釋》即指出前二句本於《左傳·定公四年》，「三年不齒」改易自《周禮·大司寇》之「不齒三年。」故，雖不知「降霍叔于庶人」由何書而來，其不足採信是可以肯定的。

殲滅才對；然而，因為兵力不夠，周公先殺管叔、蔡叔，放霍叔
以平「三監」；後移康叔封于衛，以監督殷遺民（虢叔之封虎牢亦
當在此時），次年始集結兵力，傾巢而征東夷（《史記》謂成王六
年，誤。）根據青銅器的記載，當時大約分成三路向東夷進軍：
第一路（左翼）是以衛康叔封之子康伯髦為主，從今之河南濮陽
渡過黃河到山東，首先滅蒲姑于博興一帶（包括德縣的鬲族），齊
太公之子呂伋大約也在這一路，接受了萊夷族夷人的投降，斬斷
了東夷的右翼，也就是消滅了他的先頭部隊。第二路（右翼）是
以周公旦之子伯禽為主——伯禽原封于河南魯山——先打敗了
徐、淮夷，然後攻下了郯，斬斷東夷的左翼，也就是截斷了他的
退路。周、召二公擁成王以統中軍，由虢城公遣仲為主帥，直搗
今之曲阜，與左、右兩翼翦滅了益都的奄國和郯縣的炎國，完成
了東征的大業。〔註62〕

葉達雄云：

由上面所提到的地名以及東征的路線，我們可以得到下面的假設：
1.成王平定管、蔡之亂後，即率軍再向東伐彔子，以及楚。也就是
淮水流域一帶，包括河南、安徽、江蘇、山東的交界地區。2.周公
平定武庚之亂後，再向東伐奄（即山東曲阜）及豐，再進到山東諸
城縣。包括山東省中部及靠海地區。3.伯懋父以牧野為根據地，沿
泰山、勞山的北麓一直到海的地區（包括萊夷），也就是山東省北部
一帶。〔註63〕

陳昌遠云：

周公東征進軍路線分為南北二路，北路是先誅管蔡，武庚棄城逃走，
半路被周兵殺死……以後伐奄、滅薄姑，從而占領魯中山地北麓南
路，形成通向中原的東西大道。……南路，周公帶兵征徐方、淮夷。
為了征徐方、淮夷，曾伐虞。這就是歷史上所說的周公南征。其實
是周公東征的南路。〔註64〕

〔註62〕李白鳳：《東夷襍考》p82～83，齊魯書局1981年。
〔註63〕葉達雄：〈西周文、武、成、康時代的文治與武功〉，原載《台灣大學歷史學
　　　　系學報》3期，後收於《西周政治史研究》，明文書局1982年。
〔註64〕陳昌遠：〈周公東征的原因及其意義〉，《河南師大學報》1983年1期。

杜正勝則有四個據點，三道戰線的說法：

> 周公鎮服東方的策略是建立四箇據點，三道戰線，以天下樞紐的成
> 周爲東進的大本營，以成周和「小東」的中介衛國爲支援東進的補
> 給站，以東人舊地的齊魯爲東進的前哨，輔以梁山和郾城，於是「小
> 東」、「大東」都在囊括之內，又可北上燕冀，南下徐淮江漢。第一
> 線是齊魯，第二線衛都，第三線成周，魚次捍衛宗周。〔註65〕

按，在上一節中已經說過，周初對東方用兵的情形，應該分兩個階段來理解，
一是成王的東征，其對象是武庚、管、蔡、奄、東夷等叛亂集團。這次耗時
約三年的戰爭，較爲保守一點來說，是使周人的勢力擴展至「小東」；若把〈塱
方鼎〉中的「薄姑」，如依《漢書・地理志》所說「薄姑氏與四國共作亂，成
王滅之，以封師尙父」，將之視爲氏族名、國名，則此時可能已擴展至「大東」。
至於後來康王之世對東夷、淮夷的陸續用兵，應視爲周人對東土的陸續經營。
基於這樣的認識，試對上舉的說法作一檢視。

　　杜氏是以「東征」來指稱本文所說的第一階段，以「東進」來指稱本文
所說的第二階段，而杜氏以成周爲據點，顯然是與其「商奄」不在東征之列
的說法相配合的，但奄、商奄是指同一個方國，並非如杜氏所說東征伐奄，
東進時伐商奄，這點在上一節中已有所說明。杜氏又以齊、魯爲據點，顯然
是認爲在營雒邑之前的東征階段，周人已經擴及「大東」的區域，但這又與
他自己依《史記・周本紀》之說，把對薄姑的戰爭視爲東進過程（第二階段）
所征討的對象的說法是相矛盾的。葉氏之說是以〈大保簋〉、〈小臣謎簋〉、〈塱
方鼎〉、〈雪鼎〉、〈員卣〉、〈令簋〉爲根據，但其中是否皆可確定爲「東征」
器，則不無疑問，以〈小臣謎簋〉爲例（銘文已見上節），銘文中的「伯懋父」，
過去有二種說法，一是認爲即穆王時的祭公謀父，一是認爲應與康侯之子康
伯髦爲同一人，今之學者多主後一說。此器的斷代有成王、康王二說。即使
撇開這些不確定的因素，將之視爲成王器，亦沒有足夠的證據可證明其與營
雒邑前的東征有絕對的關係。李氏之說的第一路軍，顯然也是以〈小臣謎簋〉
爲根據說的。陳氏的說法則存在更多的不確定因素，其所說的「楚」，未詳是
〈禽簋〉、〈剛劫尊〉中的「棥」，或者是「周公奔楚」的「楚」。如果是前者，
以「棥」爲「楚」之不可信，在前面的章節中已經說過了；如果是後者，「周

〔註65〕杜正勝：〈周代封建的建立〉，原刊《史語所集刊》50 本 3 分，1979 年，後收
　　　　於《古代社會與國家》，允晨文化 1992 年。

公奔楚」的「楚」是否與後來的楚有關，抑或是楚丘，或在王畿之內，〔註66〕
學界尚無較一致性的看法，故陳氏所說南北二路軍的想法也未可遽信。

　　由於文獻中對前後兩階段征戰過程的記載過於簡略，特別是後者，幾乎
完全是依青銅器銘文的記載來填補文獻中的空白，但銅器銘文的應用存在著
一定的局限性，即是斷代的問題。西周銅器斷代普遍存在具體王世斷代上的
爭議，若要具體明確地指出那些是成王時東征的兩三年裏所製作的青銅器，
在沒有明確時間標識的情況下，無疑是更加困難的。所以，固然可以設想當
時可能存在一個完備的行軍佈陣的架構，但以目前的材料，似乎仍無法具體
地復原出當時的情形。

第三節　周初的北土

　　商人所稱的北土，學者多已指出，就廣泛的意義來說，是指商都城以北
的區域，而本節中所說的北土，則是就周人的概念來說的。《左傳・昭公九年》
的一段話，可做為認識周人北土相關問題的開端。其文云：

> 及武王克商，蒲姑、商奄，吾東土也，巴、濮、楚、鄧，吾南土也，
>
> 肅慎、燕、亳，吾北土也。

文中的肅慎，歷來都說是在今遼寧一帶的夷狄，而燕、亳，則有連讀或分讀
的歧異。另外，據考古發掘所見，在成王封燕侯克徙於燕之前，河北即有商
代的文物遺存，而周人勢力進入河北，除了燕之外，是否還有其他重要的諸
侯國？本節乃針對上述的問題進行討論。

一、北土「燕、亳」的讀法

　　《左傳》中的「燕」、「亳」，杜預注無說。《正義》云：「燕國，薊縣也。
亳是小國，闕，不知所在。蓋與燕相近，亦是中國也，唯肅慎為遠夷。」是
將燕、亳分讀，視為兩個方國（或兩地）。楊伯峻在同為分讀的情況下，云：

> 當時以亳為地名者甚多，蓋殷商都亳，而都城屢徙，亳名不變。〔註67〕

則是以河北近燕的亳為商人所居。楊氏以亳為商人所居的說法，實本於傅斯

〔註66〕陳昌遠在：〈周公奔楚考〉一文中認為所奔之「楚」為後來的衛都「楚邱」，《史
　　　　學月刊》1985 年 5 期。王輝則認為「楚」亦為王畿之地名，見氏著：〈西周畿
　　　　內地名小考〉，《考古與文物》1985 年 3 期。

〔註67〕楊伯峻：《春秋左傳注》。

年之〈夷夏東西說〉，傅氏於該文中認爲商人起於東北，毫則爲商代最初之國號，其後屢遷而地名不改。〔註68〕後來丁山循此思路復稍有變易，認爲《左傳》中的「燕毫」當連讀，「燕毫者，近于幽燕之毫也。」〔註69〕戰國齊國銅器〈陳璋方壺〉銘文云：「陞（陳）璋內（入）伐匽（燕）毫邦之隻（獲）」（《集成》9703）似乎正爲「燕毫」連讀提供了佐證，如馬承源注解壺銘時即云「燕毫即燕國。」〔註70〕另外，鄒衡以𠂤（以下隸定作𠂤）爲燕字，並據〈亞𠂤𠂤𢀛乍母癸鼎〉（《集成》2262）之銘文，認爲「𠂤𢀛」即「燕毫」，商時已將「燕毫」連稱。〔註71〕程發軔則據《春秋・襄公十一年》：「秋七月己未，同盟于毫城北。」而《公羊》、《穀梁》俱作「同盟于京城北」，認爲《左傳》之「燕毫」即「燕京」。〔註72〕

按，由傳統文獻進行考索，當以燕、毫分讀之理解爲是。傅氏以商人起於東部山東河北一帶的說法，爲學界所採信，但他仍以爲「燕、毫」當分讀。分讀是合於歷來注疏的。丁山以「燕毫」連讀，則據《左傳》之文意，此「燕毫」已明顯是界定在北土的區域內，而商周所見的毫有河南境內的西毫（偃師）、南毫（商丘）、北毫（商丘北）、陝西境內的毫夷（《史記・秦本紀》）、和在山東境內「湯居毫」的毫（《史記・殷本紀》在今曹縣）。河南境內的諸毫，顯然不會和北土的「燕毫」相混，山東爲殷周時所稱的東土，所以湯所居的毫也不會與《左傳》的毫是同一回事。陝西的毫，由於同是夷狄，地理位置亦偏北，過去曾發生混淆，《史記・秦本紀》：「寧（憲）公二年，公徙居平陽，遣兵伐蕩社。三年，與毫戰，毫王奔戎，遂滅蕩社。」〔註73〕江永《春

〔註68〕 傅斯年：〈夷夏東西說〉，《慶祝蔡元培先生六十五歲論文集》中研院史語所 1933 年，此據 1992 年影印一版。

〔註69〕 丁山：《商周史料考證》，龍門書局 1988 年。

〔註70〕 馬承源：《商周青銅器銘文選》IVp560，文物出版社 1990 年。又此說實本於陳夢家，陳氏云：「此器爲田章入伐燕都毫邦之所獲……毫邦是燕。」說見陳夢家：《美帝國主義劫掠的我國殷周青銅器集錄》，科學出版社 1963 年。然陳氏在稍早，則釋爲燕之毫都，見：〈西周銅器斷代〉二，《考古學報》第 10 冊，1955 年。

〔註71〕 鄒衡：〈關於夏商時期北方地區諸鄰境文化的初步探討〉，《夏商周考古學論文集》文物出版社 1980 年。銘文中「𠂤」的下一字，它器或作𢀛，黃錫全釋爲毫，參：〈古文字考釋數則〉，《古文字研究》17 輯，中華書局 1989 年，復收於《古文字論叢》，藝文印書館 1999 年。

〔註72〕 程發軔：《春秋左氏傳地名圖考》，廣文出版社 1967 年。

〔註73〕 梁玉繩早已指出《史記・秦本紀》之寧爲憲之誤，說見《史記志疑》卷四。又今之學者據 1978 年陝西寶雞太公廟村出土之秦公鐘、秦公鎛銘文「烈烈昭

秋地理考實》云：「亳（引按，《左傳》之亳），無考。《史記・秦本紀》：『寧公與亳戰，亳王奔戎。』皇甫謐曰：『西戎之國也。或謂亳指此，蓋西周之北土也。』姑備一說。」顧棟高《春秋大事表》也將〈秦本紀〉和《左傳》的亳視為同一回事。〔註74〕然〈秦本紀〉中亳王所居的「蕩社」當即「唐杜」，《史記》中陝西的亳與《左傳》中河北的亳不是同一回事，陳槃、李學勤都已辯之甚詳。〔註75〕所以，除非當時在北土（河北一帶）的區域內尚有一個「亳」會與「燕、亳」的「亳」相混，否則似乎沒有必要特別指明是「近于幽燕之亳」，故丁山之說不可從。而鄒衡氏之說不可信，「矣」為「疑」字之初文，殆已為定論，〔註76〕且釋亯為亳，顯然無據。程發軔之誤，陳槃亦已辯之甚詳。〔註77〕

綜上所述，由傳統文獻進行考索，《左傳》中「燕、亳」仍當以分讀為是。續就〈陳璋壺〉銘文進行探討。

〈陳璋壺〉銘文所記「陳璋內（入）伐匽（燕）亳邦之隻（獲）」，郭沫若將「匽（燕）亳邦」釋讀為燕之亳邦，云：「『內伐匽□邦』者即追亡逐北，進而侵伐燕之某邑。」〔註78〕周曉陸則讀為「陳璋內（入），伐匽（燕）亳，邦之隻（獲）」，並解釋說「亳即亳社，宗廟之謂……燕亳當指燕國建于首都之亳社。」〔註79〕林澐不同意郭沫若與上舉陳夢家（註70）的說法，云：

古代漢語中「邦」通常指邦國，未聞都城而稱「某邦」的其他例證。

文公、靜公、憲公」，證實梁氏所論之正確性。

〔註74〕 江永、顧棟高之說，轉引自陳槃：《春秋大事表列國爵姓及存滅表譔異》（三訂本）p1165，中研院史語所 1997 年影印四版。

〔註75〕 參陳槃：《春秋大事表列國爵姓及存滅表譔異》（三訂本）p1165，中研院史語所 1997 年影印四版。李學勤：〈蕩社、唐土與老牛坡遺址〉，周秦文化學術討論會論文 1993 年 7 月，西安。文見：《周秦文化研究》，陝西人民出版社 1998 年。

〔註76〕 羅振玉、郭沫若、高田宗周皆疑「矣」即「疑」字，經于省吾近一步論證，此說可為定論。羅說見：《殷墟書契考釋》五十五葉（引自《甲骨文字詁林》），郭說見：《卜辭通纂》p371，第 380 片考釋，台灣大通書局 1976 年，高田說引自《金文詁林》附錄上 p322～323，于說見：〈釋「矣」和「亞矣」〉，《社會科學戰線》1983 年 1 期。

〔註77〕 參陳槃：《春秋大事表列國爵姓及存滅表譔異》（三訂本）p1165，中研院史語所 1997 年影印四版。楊伯峻：《春秋左傳注・襄公十一年》。

〔註78〕 郭沫若：《兩周金文辭大系》（《周代金文圖錄及釋文》葉 221，台灣大通書局 1971 年，其中「亳」字缺而無釋，「璋」誤釋為「駢」）。

〔註79〕 周曉陸：〈盱眙所出重金絡鑪、陳璋圓壺讀考〉，《考古》1988 年 3 期。

對周氏之說則云：

> 這種解釋雖然避免了把都城稱「邦」，邻錯誤地把商人的「社」和姬
> 姓周人的宗廟混爲一談。即使燕國眞和魯國一樣也因有商遺民而建有
> 亳社，把商人的社來代表姬姓的燕國，不是太背常理了嗎？〔註80〕

並由亳（並紐鐸部）、貊（明紐鐸部）的通假關係，和《詩經大雅・韓奕》：「溥
彼韓城，燕師所完。以先祖受命，因時百蠻。王錫韓侯，其追其貊，奄受北
國，因以其伯。」貊亦在北土區域，與燕距離相近，以及《國語・鄭語》：「當
成周者……北有衛、燕、狄、鮮虞、潞、洛、泉、徐、蒲。」（蒲爲並紐魚部
字，魚、鐸爲陰入對轉）之記載，認爲《左傳》之「燕、亳」當分讀，《左傳》
之「亳」和《國語》之「蒲」，皆爲《詩經》「貊」之假借，壺銘之「匽（燕）
亳邦」當讀爲「燕貊邦」，爲燕貊之邦的意思，燕貊連言，猶楚荊之連言，爲
蔑稱。〔註81〕

　　按，林氏對周氏之說的反駁，無疑是正確的，但把「燕貊邦」視爲「燕
貊之邦」，雖然對銘文中「邦」字的解釋較合於常見用爲「邦國」之意的「邦」，
但文獻中並沒有對燕有類似的蔑稱，銘文中的這種用法僅是孤例，且既是蔑
稱，在「燕貊」之後復加「邦」字，亦嫌辭複。另一方面，「邦」字在先秦文
獻和金文中雖然普遍是用作「邦國」之意，但作爲城邑、封地的用法，在金
文中也還是有的：

> 〈廿八年平安君鼎〉：廿八年坪（平）安邦䢉（司）客，肵（載）四
> 分鬴，一益（鎰）十釿䢇（半）釿四分釿之冢（重），卅三年，單父
> 上官冢子憙所受平安君者也。（《集成》2793，圖二、17）

> 〈卅二年平安君鼎〉：卅二年坪（平）安邦䢉（司）客，廥（容）四
> 分鬴，五益（鎰）六釿䢇（半）釿四分釿平。（以上器銘）

> 卅三年，單父上官冢子憙所受坪（平）安君者也。上官（以上蓋銘）

> 〔註82〕（《集成》2764，圖二、18）

銘文中客的前一字過去釋爲冶或鑄，朱德熙、裘錫圭已指出當釋爲「司」，其

〔註80〕 林澐：〈燕亳和燕亳邦小議〉，《史學集刊》1994 年 2 期，後收於《林澐學術文
　　　　集》，中國大百科全書出版社 1998 年。

〔註81〕 林澐：〈燕亳和燕亳邦小議〉，《史學集刊》1994 年 2 期，後收於《林澐學術文集》，
　　　　中國大百科全書出版社 1998 年。林澐：〈說貊〉，《史學集刊》1999 年 4 期。

〔註82〕 單父上官的後一字作𢍰，或釋爲「庖宰」、「宰」，今從李家浩釋「冢子」，參：
　　　　〈戰國時代的「冢」字〉，《語言學論叢》第 7 輯，商務印書館 1981 年。

文並云：

> 平安君鼎原是平安邦招待賓客的機構「司客」所作之器。一年之後，此器轉撥給單父邑掌膳食的「上官」，所以蓋銘在記「單父上官冢子憙所受平安君者也」一句之後，還特別標出「上官」二字，以明此器之所屬。〔註83〕

據此可知，鼎銘中的「平安邦」，即平安君封地，或平安君封地之城邑的意思。那麼回過頭來看〈陳璋壺〉中的「匽（燕）亳邦」，將之視為「燕／亳邦」，即燕國亳城，應該是較為合適的。至於林文所言《國語・鄭語》之文，文中周幽王太史所述在成周之北的「蒲」，韋昭注：「潞、洛、泉、徐、蒲，皆赤狄隗姓也。」考諸《左傳》未見赤狄之支族有名「蒲」者，然學者已指出，赤狄是分佈在太行山東西兩側的外族，〔註84〕在春秋時常侵擾齊與晉，如《春秋，宣公三年》、〈四年〉有赤狄侵齊之事，《左傳・宣公六年》有赤狄伐晉之事，則為赤狄支族的蒲，其地與燕亦應相距不遠。故頗疑《左傳》和〈陳璋壺〉中的「亳」皆為「蒲」之假借，非如林氏所言讀為「貊」。文獻中亦有近於河北省境內的「蒲」，《國語・楚語上》：「衛有蒲、戚」，蒲在今河南長垣附近，〔註85〕可能壺銘中所記的「亳」（蒲）戰國時已屬燕。

　　綜上所述，周人所說北土區域的「燕」、「亳」當分讀，應是可肯定的，〈陳璋壺〉中的「匽（燕）亳邦」，與《左傳》之「燕、亳」應有相當程度的關係，銘文所指應如郭沫若所說，為燕之某邑的意思，疑《左傳》和壺銘中的「亳」都應讀如《國語・鄭語》中的「蒲」，蒲在西周為赤狄別種，至春秋時，地近河北的「蒲」曾一度為衛大夫封邑，戰國時曾為燕所有，壺銘中陳璋所伐之地可能即蒲城。這樣看來，周初的北土主要是指河北一帶，北至遼東半島，這與考古所發現的情形也是一致的。至於《左傳》中的燕，具體是指召公所封的燕，抑或是當地的土著民族，則仍存有疑問。〔註86〕

〔註83〕參朱德熙、裘錫圭：〈戰國時代的「料」和秦漢時代的「半」〉，原載《文史》第 8 輯，1980 年，復收於《朱德熙古文字論集》，中華書局 1995 年。李學勤並同此說，見：〈秦國文物的新認識〉，原載《文物》1980 年 9 期，復收於《新出青銅器研究》，文物出版社 1990 年。

〔註84〕參呂思勉：《中國民族史》，中國大百科全書出版社 1987 年。舒大剛：《春秋少數民族分佈研究》，文津出版社 1994 年。

〔註85〕《春秋・桓公三年》：「夏，齊侯、衛侯胥命于蒲。」杜注「蒲，衛地，在陳留長垣縣西南。」楊伯峻注：「在今河南省長垣縣治稍東。」

〔註86〕韓嘉谷認為今河北玉田縣古燕山附近的考古發現具有明顯的土著特徵，且前

二、周初的燕和北土的商人青銅器

周人勢力進入河北、遼寧之前，在此區域內即有商代遺址的發現，最著名的是河北藁城台西村的商代遺址，發掘報告指出，這是約當中原二里岡文化晚期到殷墟早期時的文化遺存，其陶器、青銅器與安陽、二里岡的商代遺存有許多共同點，但也保有自己的特性。〔註 87〕在此處遺址活動的先民是否即商人，尚難以斷定。不過在周人勢力進入北土之前，在此區域已存在商人則是可以肯定的，關於這點已是學界的共識。周人勢力進入北土，是在成王之時，其中最主要的諸侯國——燕，一般認爲可能與東征平叛時追擊向北逃逸的武庚有關，但由商周之際河北遼寧一帶已有商人及親商的方國如彭的情形來看，當時周人向北土發展，其中帶有趁歷史情勢之便的因素，似乎也不能完全排除，把燕封到較偏遠的河北北部，除了在第二章第四節中所說有抵禦彭方的具體目的之外，大概也有如封魯時「大啓爾宇」的意味。值得注意的是，歷來在此區域內出土的商周青銅器，除了少數是單獨的商代器之外，多半是商人與周人的青銅器同出於一個窖藏或同區墓葬，這其中透露出什麼樣的訊息？以下即對此現象加以討論。

在此區域內歷來出土的銅器或與燕國有關的銅器主要有：

（一）梁山七器

1. 〈大保方鼎〉：大保鑄　　　（兩件）（《集成》1735，圖二、19）

2. 〈小臣艅犀尊〉：丁巳，王省夒畬（京？），王（易）錫小臣俞夒貝。隹王來征人方，隹王十祀又五，肜日。〔註 88〕（《集成》5990，圖二、20）

3. 〈大保簋〉：王伐彔子耵，馭！粵（厥）反，王降征令于大保，大保克芍（敬）亡曾（愆），王侃（衍）大保，易（錫）休余土，用茲彝對令。（《集成》4140，圖二、15）

後一脈相承，當即爲召公封匽前此一地區所存的古燕國所在，曲英杰並同此說。韓文見：〈燕史源流的考古學考察〉，《北京文物與考古》第 2 輯，1991年。曲說見：〈周代燕國考〉，《歷史研究》1996 年 5 期。

〔註87〕河北省文物管理處台西考古隊：〈河北藁城台西村商代遺址發掘簡報〉，《文物》1979 年 6 期。

〔註88〕銘文中的夒，謝初霆曾考證在今山東臨淄南，蔡哲茂並據此指出甲骨文中用作地名的夒亦應與之同。謝說見：〈釋夒〉，《歷史論叢》第五輯，齊魯書社 1985年。蔡說見：〈釋甲骨文的地名「夒」〉，《安陽文獻》第十期，1999 年。

4. 〈盂鼎〉：隹九月既生霸辛酉，才（在）匽（燕）。侯易盂貝、金，揚
　　侯休，用乍召白（伯）、父辛寶障彝。盂萬年子＝孫＝寶，光用大保。
　　（《集成》2749，圖二、21）

5. 〈伯盂盉〉：白（伯）盂乍召白（伯）、父辛寶障彝。（《集成》9430，
　　圖二、22）

6. 〈大史友甗〉：太史友（友）乍召公寶障彝。（《集成》915，圖二、23）
梁山七器出土於清道光年間，確定爲商器的有〈小臣艅犀尊〉，其餘皆爲周器，
其性質，陳壽即指出，由其組合情形來看，有鼎、簋，而無觚、爵、觶，不
像是成套的隨葬品，有可能是窖藏。〔註89〕

（二）熱河淩源縣海島營子村馬廠溝

7. 〈匽侯盉〉：匽（燕）侯乍饙盉。（《集成》10305，圖二、24）
此地距離遼寧喀左山灣子出土殷周青銅器的地點約四公里，〔註90〕同出尚有
甗、簋、鴨形尊、卣、罍、壺、盤共十六件，〔註91〕郭寶鈞指出「這一分群
中有〈匽侯盉〉銘，可肯定爲西周制。但器形多有殷遺風，或爲殷遺民工匠
的制作，或雜有殷器傳世，皆有可能。故此群銅器可定爲殷末周初過渡物的
例證。」〔註92〕

（三）遼寧喀左北洞

8. 〈父丁罍〉：父丁𣄽人（孤竹）𠭯（亞𢍰）〔註93〕（1號窖藏）（《集成》
　　9810，圖二、25）

同出共六器，皆爲殷代器物，發掘簡報云：「六件銅器都是貯酒器，器體雄渾，

〔註89〕〈大保簋的復出和大保諸器〉，《考古與文物》1980 年 4 期。
〔註90〕〈遼寧省喀左縣山灣子出土殷周青銅器〉，《文物》1977 年 12 期。
〔註91〕〈熱河淩源縣海島營子村發現的古代青銅器〉，《文物參考資料》1955 年 8 期。
〔註92〕郭寶鈞：《商周銅器群綜合研究》p51，文物出版社 1981 年。
〔註93〕唐蘭在 1973 年即指出此應與文獻中之孤竹國有關，李學勤更進一步釋「父丁」
　　　　的下二字爲「孤竹」，其說爲學界所採信。亞形中的𠭯，陳世輝、林澐釋𢍰，從
　　　　之。唐說見：〈從河南鄭州出土的商代前期青銅器談起〉，《文物》1973 年 7 期，
　　　　復收於《唐蘭先生金文論集》，紫禁城出版社 1995 年。李說見〈北京、寧遼出
　　　　土青銅器與周初的燕〉，《考古》1975 年 5 期（原署燕琬），復收於《新出青銅器
　　　　研究》，文物出版社 1990 年。陳說見：〈牆盤銘文解說〉，《考古》1980 年 5 期，
　　　　林說見：〈釋史牆盤銘中的「逖虘𢍰」〉，《陝西歷史博物館館刊》第 1 輯，三秦
　　　　出版社 1994 年、〈說飄風〉，《于省吾教授百年誕辰紀念文集》，吉林大學出版社
　　　　1996 年，二文並收於《林澐學術文集》，中國大百科全書出版社 1998 年。

它們埋在一個長方形土坑內，排列有一定秩序，埋藏地點選擇在大淩河及其支流交匯處孤山腳下的丘崗頂部，這種有意安排的埋藏方式，可能是當時奴隸主爲某種禮儀（如祭祀）而行的埋祭或窖藏。」〔註94〕孤竹本是河北遼寧間的土著民族，在商時爲殷之諸侯國。〔註95〕

9.〈叟鼎〉：丁亥，叟商（賞）右正叟嬰貝，在穆，朋、二百，叟辰叟商（賞），用乍母己障。■矣（2號窖藏）（《集成》2702，圖二、26）

2號窖藏亦位於崗頂中部，同出共六器，〔註96〕值得注意的是，同出有一件方座簋，銘文爲「乍寶障彝」，學者多指出殷商時的簋還未見有方座的，故此簋顯爲周器。與1號窖藏皆爲殷代器不同。

（四）遼寧喀左山灣子

10.〈伯矩甗〉：白（伯）矩乍寶障彝。（《集成》892，圖二、27）

爲窖藏，共出廿二件青銅器，除個別可能早到商代末期外，大部份爲西周初期器。〔註97〕遼寧一帶銅器出土的情形如附圖一所示。

（五）琉璃河西周墓地

11.〈堇鼎〉：匽侯令堇饎大保（保）于宗周。庚申，大保（保）賞堇貝，用乍大子癸寶障餗（？）■（《集成》2703，圖二、28）

12.〈圉簋〉：王羍于成周，王易（錫）圉貝，用乍寶障彝。《集成》3825（有同銘之卣、甗，見《集成》5374、935，又喀左亦出同銘之簋，見《集成》3824，圖二、29）

13.〈伯矩鬲〉：才（在）戊辰，匽（燕）侯易（錫）白（伯）矩貝，用乍父戊障彝。（《集成》689）

14.〈克盉〉：王曰：大保隹乃明乃心，亯（享）于乃辟，余大對乃亯（享），令克侯于匽（燕），施（使）羌、狸、虘于駿（御）影，克寓（宅？）匽（燕）入（納）土眔（暨）有嗣，用乍寶障彝。（有同銘的罍，圖二、4）

〔註94〕〈遼寧喀左縣北洞村發現殷代青銅器〉，《考古》1973年4期。
〔註95〕李學勤：〈試論孤竹〉，《社會科學戰線》1983年2期，復收於《新出青銅器研究》，文物出版社1990年。
〔註96〕〈遼寧喀左縣北洞村出土的殷周青銅器〉，《考古》1974年6期。
〔註97〕〈遼寧省喀左縣山灣子出土殷周青銅器〉，《文物》1977年12期。

附圖一　銅器窖藏出土位置示意圖

摘自〈遼寧省喀左縣山灣子出土殷周青銅器〉，《文物》1977 年 12 期

琉璃河墓葬的時代，包括了西周的早、中、晚三期，但中、晚期墓葬之隨葬物以陶器爲主，青銅器主要是箭簇等兵器，1981 年以後的發掘，除 1193 號墓外，未見青銅禮器，且多爲小型墓。〔註98〕

另外，還有一些傳世的銅器是與燕初世系有關的：

15.〈𤔲鼎〉：𤔲乍尊彝　　大伊（保）〔註99〕（《集成》2157～2159，圖二、31）

16.〈𤔲鼎〉：大伊（保）　　𤔲乍宗寶障彝（《集成》2372，圖二、32）

17.〈□鼎〉：□乍寶障彝　　大伊（保）（《三代》3.10.3，圖二、33）

　　（《集成》失收，《寧壽鑒古》1.28 收有字數相同，行款特殊之〈周

〔註98〕《琉璃河西周燕國墓地》（1973～1977），文物出版社 1995 年。1981 年以後的發掘，共清理西周時期墓葬一百多座，具體的分期則尚在清理中，參〈1981～1983 年琉璃河西周燕國墓地發掘簡報〉，《考古》1984 年 5 期，〈北京琉璃河 1193 號大墓發掘簡報〉，《考古》1990 年 1 期。〈琉璃河遺址 1996 年度發掘簡報〉，《文物》1997 年 6 期。

〔註99〕銘文的首字作𤔲，其右旁或釋𦘔，或釋𦘒，皆不類，今暫依《集成》隸定作𤔲。此字尚見於〈寰盤〉、〈寰鼎〉，作人名用。同一人作器尚有〈𤔲戈〉「大伊（保）𤔲」（《集成》10954），〈𤔲戟〉「大伊（保）𤔲」（《集成》無收，今藏美弗里爾美術館，詳馮蒸：〈關于西周初期太保氏的一件青銅器〉，《文物》1977 年 6 期。

太保鼎〉，陳夢家以爲亦大保氏所作之器，然《寧壽》1.28 很可能是僞器，〔註 100〕茲不錄。）

18. 〈燕侯旨鼎〉：燕侯旨作父辛彝。（《集成》2269，圖二、34）

19. 〈伯龢鼎〉：白（伯）龢乍召白（伯）、父辛寶障鼎。（《集成》2407，圖二、35）

20. 〈龢爵〉：龢乍白（伯）、父辛寶障彝。（《集成》9089，圖二、36）

21. 〈叔告尊〉：叔告乍召公宗寶障彝。父乙。〔註 101〕（圖二、37）

兩件〈𠊷鼎〉銘文中的「大僔（保）」，由其書寫的行款位置都明顯地與同篇銘文分離來看，應類似於商代器「氏族徽號」的作用，〔註 102〕類似的情形尚見於〈伯䩗父鼎〉（《集成》2465）。

對於上述諸器的討論，主要集中在兩個方面，一是周初的燕世系，二是遼寧出土商周銅器的意義。此二者目前學界都已取得較一致的看法。關於前者，〈克盉〉的出土，填補了燕世系中的缺環，銘文中的「克」，即是召公奭之元子，於成王時徙封於今北京琉璃河一帶（參第二章第四節），其後李學勤據此更進一步地將過去連讀的「召伯父辛」分讀爲「召伯、父辛」，「父辛」即燕侯克，使銅器斷代和稱謂都更爲合理。〔註 103〕

綜合文獻與銅器銘文的材料，周初的燕世系可表示如下：

召公奭－克（父辛）┌－旨（癸）　┌－
　　　　　　　　　├－害　　　　├－史告
　　　　　　　　　└－龢　　　　└－堇

（表中的（癸）和史告、堇是本文補上去的，理由詳下文）

〔註 100〕陳夢家：《西周銅器斷代》二，《考古學報》第十冊，1955 年。僞器之說見於容庚：〈西清金文眞僞存佚表〉，《燕京學報》5 期 1929 年。此據劉雨編撰：《乾隆四鑑綜理表》，中華書局 1989 年。

〔註 101〕1964 年洛陽北窑西周墓地第 347 號墓出土，《集成》失收。

〔註 102〕張亞初、盛冬鈴、蔡運章都認爲銘文中的「大保」並非用作官名，也不是指召公，而是用作氏名。張說見：〈燕國青銅器銘文研究〉，《中國考古學論叢》，科學出版社 1995 年。盛說見：〈西周銅器銘文中的人名及其對斷代的意義〉，《文史》17 輯，1983 年。蔡說見：〈太保冓戈跋〉，《考古與文物》1982 年 1 期，復收於《甲骨金文與古史研究》，中州古籍出版社 1993 年。又此用法陳夢家早已指出，見《西周銅器斷代》二，《考古學報》第十冊，1955 年。

〔註 103〕李學勤：〈克罍克盉的幾個問題〉，《第二屆國際中國古文字學研討會論文集》香港中文大學 1993 年，復收於《走出疑古時代》，遼寧大學出版社 1994 年。

另外，張亞初曾根據上舉之 15、16、19、20 建構出燕的支系：〔註104〕

第一代	第二代	第三代
文王至康王中晚	武王至康王早	康王中至昭王
	M1193 墓主	→燕侯旨
召公奭　　　↗	（召伯父辛）	
（召康公）　　↘		
	㝬（召仲）　→	―伯憲（穌）（召伯日庚）
		―太史友（召仲）

㝬是否為如張氏所說，為燕侯克的兄弟輩，似乎還無法完全肯定，不過，若將伯憲、太史友視為㝬之後、燕侯旨的從兄弟，則未必可信，因為㝬是以「大保」為氏，伯憲、太史友所作之器並沒有這種情形。不過值得注意的是，以「大保」為氏名的諸器中，除了 17 不知出土地外，15、16 傳出於山東梁山，〔註105〕㝬所作的戈、戟則出於河南濬縣辛村和洛陽北窯龐家溝，如果㝬是召公之子，那麼在梁山一帶出土的燕國銅器就包含了召公、㝬、伯憲三代，則周初燕的南疆是否跨越易水河至山東境內呢？或者武王初封之燕是在山東西部一帶呢？

關於遼寧出土商周青銅器的意義，經由銅器銘文和文化遺址的發現，學者皆認為，周初的燕，其疆域北已擴展至遼寧，大凌河流域是當時中原地區通向關外的重要通道。由上舉之伯矩器分別在喀左和琉璃河出土（10、13），同樣的情形亦見於圉器，這個結論是可信的。

以下談談個人的看法。在燕世系方面，蔡運章曾根據上舉之 21 並配合《西清》3.23 之〈史偌鼎〉銘文：「史偌乍父癸寶障彝」（偌，《西清》釋造，這個字的釋讀仍有待進一步研究，蔡運章隸定作遂）認為

> 此鼎的形制與康王時的贏鼎，共王時的師奎父鼎相似，故它的年代
> 當在昭王前後，與叔遂尊的年代大體相當……史是其官名，遂乃是
> 其私名，故史遂與叔遂當系一人。「父癸」是說史遂的父親叫癸，從
> 叔遂尊銘得知，叔遂的父親名叫乙，與此似有矛盾。其實，商周時
> 人凡父輩均稱父，這種「多父」現象，在甲骨金文中屢見不鮮……

〔註104〕張亞初：〈燕國青銅器銘文研究〉，《中國考古學論叢》，科學出版社 1995 年。
〔註105〕曾毅公：《山東金文集存》先秦編下 5.2，齊魯大學國學研究所 1940 年。

如果這種推測不錯，史遂鼎銘文中的「父癸」，亦當時召公奭之子。

〔註106〕

蔡氏依器形所作的分析，大致可信，〔註107〕但他將約當康王昭王之際的史𢔠器中的父癸說成是召公奭的兒子，在時代上顯然提得太早，但由琉璃河墓葬的情形來看，燕侯世系中有名「癸」的燕侯則應該是不錯的。

琉璃河墓葬，據發掘報告所云，依墓葬形式、墓葬的大小、是否有腰坑、及銅器銘文的具體分析，可分爲二個區，Ⅰ區是殷人墓，Ⅱ區是燕侯家族的墓地，〔註108〕在Ⅱ區的M253號墓出土的〈堇鼎〉，其銘文有云「用乍大子癸寶𢉘餗（？）」，大子是大宗的宗族族長，在當時宗統與君統結合的封建社會中也就是一國之君，那麼「大子癸」，顯然就是燕侯中名爲「癸」的人，從〈堇鼎〉銘文來看，當時召公奭尚在，則堇約當是成康之時的人，已知燕侯克名爲「辛」，則「大子癸」就只能是燕侯旨了。值得注意的是，既稱之爲「大子」，這裏的「大子癸」屬生稱的可能性是不能完全排除的，這與殷人有日名是在身後卜選的情形並不相同，〔註109〕這對於商周時日名的研究，也是一個重要的線索。〈堇鼎〉銘文末有「𣎴」符號，這在殷人的銅器中也是有的，如〈父乙卣〉(《集成》5059)、〈父戊斝〉(《集成》9231)，在〈堇鼎〉明確爲周人所製器的情況下，這個「氏族徽號」該如何解釋，仍有待進一步研究。學者或有「周人不用族徽」的說法，〔註110〕現在依〈堇鼎〉的情況來看，習慣性地把有「氏族徽號」的銅器視爲殷人所製作的器物（特別是圖像式的氏族徽多），並不是完全正確的。總之，燕國墓地的發挖，除了在歷史上提供了世系、地理位置等材料之外，在日名、族徽等具體的文化現象上，也提供了可作爲進一步研究的線索。

另一個值得注意的情形是，在此區域內出土與燕有關的青銅器，幾乎全部集中在周初成康之世，昭王以至於幽王時期的青銅禮器幾乎不見，〔註111〕

〔註106〕蔡運章：〈召公奭世系初探〉，《西周史研究》(《人文雜志叢刊》第2輯) 1984年，復收於《甲骨金文與古史研究》，中州古籍出版社1993年。

〔註107〕〈史𢔠尊〉出土於北窯M347號墓，該墓屬西周早期，參《洛陽北窯西周墓》p12。

〔註108〕《琉璃河西周燕國墓地》(1973～1977) p251，文物出版社1995年。

〔註109〕參李學勤：《四海尋珍》p76～77〈日名的卜選〉，清華大學出版社1998年。原見〈海外訪古續記（二）〉，《文物天地》1993年6期。張懋鎔：〈商代日名研究的再檢討〉，《考古學研究》，三秦出版社1993年。

〔註110〕參張懋鎔：〈周人不用族徽說〉，《考古》1995年9期。

〔註111〕目前所知較爲可能是西周晚期燕侯器的只有〈燕伯𮂃匜〉(《集成》10201) 一

琉璃河燕國墓地雖有西周中晚期的墓地，但大多數是小型墓，且出土遺物以陶器爲主。而文獻中對西周時燕世系的記載也只有「自召公已下，九世至惠侯，燕惠侯當周厲王奔彘共和之時。」（《史記・燕召公世家》），這與齊、魯有較清楚世系的情形相比較，顯得有些不太尋常，這中間是否意味成康之後的燕，曾經有史書失載且規模不小的動亂呢？這段歷史的空白，恐怕仍有待考古的發現才能提供新的線索。

三、邢——北土的另一個重要諸侯國

　　《左傳・僖公廿四年》：「凡、蔣、邢、茅、胙、祭，周公之胤也。」邢爲周公之後。金文中有井侯，又有井伯、井叔、豐井叔、奠井。金文中的井、井與《左傳》中的邢的關係，學界有三種意見：徐中舒、李先登認爲，《左傳》中所說在今河北邢台的邢即金文中的井侯，在陝西一帶出土的井伯、井叔銅器，則是「次子留相王室」，井侯的支族。〔註112〕吳其昌、尚志儒則認爲井、井二字有嚴格的區別，井是周公之後，爲姬姓，井則爲姜姓，兩者決不混淆。〔註113〕尚氏並云：

> 邢侯是周公旦六庶子之一，所封的邢國在當時只是一個小國。一個小國的諸侯以長子嗣位，次子留居王朝，井食采于畿內，似無此種可能。1921 年出土于洛陽的邢侯簋（按，《集成》4241）銘曰：「隰井侯服」是第一代邢侯又任王官，故器出于洛陽。如此則邢侯身兼兩職，即出則諸侯（外服），入則王臣（內服），不應再有次子留居王朝。「長子就封，次子留相王室」應當指那些重要的諸侯國，如齊、魯等國，並非所有受封國均如此。因此，周室畿內有姬姓井氏采邑之說是很成問題的。〔註114〕

趙鐵寒則認爲，周公之子初封在鄭（引按，即金文所見之奠井），其後遷於河

件而已。此器首次著錄於《商周金文錄遺》499，出土地不詳。

〔註112〕徐中舒：〈禹鼎的年代及其相關問題〉，《考古學報》1959 年 3 期。李先登：〈禹鼎集釋〉，《中國歷史博物館館刊》1984 年 6 期。

〔註113〕吳其昌：《金文氏族譜》中研院史語所 1936 年。尚志儒：〈鄭、棫林之故地及其源流探討〉，《古文字研究》13 輯，中華書局 1986 年、〈奠井國銅器及其史迹之研究〉，《中國考古學研究論集——紀念夏鼐先生考古五十周年》，三秦出版社 1987 年、〈西周金文中的井國〉，《文博》1993 年 3 期。

〔註114〕尚志儒：〈奠井國銅器及其史迹之研究〉，《中國考古學研究論集——紀念夏鼐先生考古五十周年》，三秦出版社 1987 年。

南邢丘（引按，即〈麥尊〉之𢀜），其後乃遷於河北邢台。〔註115〕

　　按，吳、尚二氏所說，井、丼二字不同，是對的，〈五祀衛鼎〉中（《集成》2832，恭王時器），〔註116〕「丼伯」凡兩見，一作「井」，一作「丼」，前者可能是範塊脫漏的緣故，其餘明確為丼氏支族的丼伯、豐丼叔、丼季等器，皆作丼。至於井、丼不同姓之說，由銅器銘文所顯現的情況來看，則猶有可商。

　　　　〈豐丼叔簋〉：「豐丼叔乍白（伯）姬尊簋，其萬年子＝孫＝永寶用。」

　　（《集成》3923，圖二、38）

　　　　〈丼姜大宰号簋〉：「丼姜大宰号鑄其寶簋，子＝孫＝永寶用亯。」

　　（（為西周晚期或春秋早期器）《集成》3896，圖二、39）

井（邢）為周公之後，屬姬姓，是可以肯定的，《左傳・僖公廿四年》：「凡、蔣、邢、茅、胙、祭，周公之胤也。」故「井（邢）姜」應即姜姓女子嫁予井（邢）氏者。〔註117〕金文中的「丼伯」、「鄭丼叔」、「豐丼叔」、「丼季」等，學者皆謂是丼氏的分支，〈豐丼叔簋〉的「伯姬」未詳是豐丼叔之妻，抑或是其女，由西周晚期的丼氏銅器〈叔男父匜〉來看：「叔男父乍為霍姬媵旅也（匜），其子＝孫＝其萬年永寶用。丼」（《集成》10270）此匜明確為媵器，銘文末並標記丼氏，霍姬在此只能是丼氏的叔男父之女，依文例，匜銘中的「姬」應是丼之姓，則〈豐丼叔簋〉之「伯姬」似亦應理解為豐丼叔之女。

　　但由於丼氏作器在西周中後期少見，丼伯又為恭王、懿王時所習見的大臣，所以過去多把穆王時〈長由盉〉銘文中兩見的「井伯」視為「丼伯」，〔註118〕看來並不可信。故，見於西周中晚期丼氏一族的丼並非如徐、李二氏所云，是井（邢）「留相王室」的子孫後裔，〈長由盉〉中的「井伯」，也不是丼氏一族。

───────────────

〔註115〕趙鐵寒：《古史考述・邢國遷徙考》，正中書局 1969 年台二版。

〔註116〕彭裕商認為是夷王時器，說見：〈董家村裘衛四器年代新探〉，《古文字研究》22 輯，中華書局 2000 年 7 月。

〔註117〕李學勤指出，「與男性人名對比，女性人名的最突出特點是多稱姓，而男子并無此例。」故知此處的「井姜」應是姜姓之女嫁予井氏（井國）者。李說見《失落的文明》p140，上海文藝出版社 1997 年。

〔註118〕朱鳳瀚：《商周家族形態研究》p366～370〈禹鼎與畿內井氏〉，天津古籍出版社 1990 年。尚志儒在注 47 的後二文中，亦將〈長由盉〉中之「井伯」釋作「丼伯」，則明顯與其「井」、「丼」不同的說法相矛盾。劉雨云「這個邢伯（引按〈長由盉〉之井伯）居于陝西的邢，與麥方尊所記的邢台之邢在字形上明顯不同。」按，〈長由盉〉之井與〈麥尊〉之井，字形並無區別，劉氏之說不可信。劉說見：〈西周金文中的射禮〉，《考古》1986 年 12 期。

至於〈邢侯簋〉銘文的「𩰍井侯服」，「𩰍」字楊樹達、于省吾讀爲「句」，訓爲「與」，後之學者多從之，〔註119〕此字在甲骨金文中各僅一見（甲文見《合》37439＝《京津》5283，作地名用），由銘文後云「易（錫）臣三品」來看，「句」字在此約當有「賜予」一類的意思，其相當於後代的那一個字，待考。而上引尙氏之說既然認爲此器出于洛陽應與邢侯任王官之職有關，那麼邢侯在王畿一帶有采邑的可能性還是存在的，尙氏後來卻又完全否定邢侯在畿內有采邑，則顯得過於武斷，或許〈長由盉〉中的井伯，即是在王畿一帶姬姓井氏的子孫後裔。

　　再回過頭來看周初成康之時所封的邢。除了上舉的〈邢侯簋〉外，邢侯尙見於〈麥方尊〉、〈麥方鼎〉（《集成》2706）、〈麥方彝〉（《集成》9893）、〈麥盉〉（《集成》9451）、〈臣諫簋〉，其中首尾二器對周初邢侯的封地及其性質最爲有關。

1. 〈麥方尊〉：王令：「辟井（邢）侯出𥝼，侯于（井）邢。」雩若二月，侯見于宗周，亡述。（《集成》6015，圖二、40）

2. 〈臣諫簋〉：隹戎大出□軝，井（邢）侯搏（搏）戎……（《集成》4237，圖二、41）

1中的「𥝼」，有學者認爲與〈𥃩侯馭方鼎〉（《集成》2810）中的𥝼、〈競卣〉（《集成》5425）中的𦎧爲一地，在河南成皋大伍山，陳美蘭持較審愼的態度，認爲𥝼與𥝼未必爲一字，〔註120〕這個問題尙待進一步研究。2爲1978年河北元氏縣西張村墓葬出土的銅器。〔註121〕李學勤根據文獻所見的邢多與戎狄有關，並結合2銘邢侯搏戎之事，指出「邢國的建立本來就有遏制戎人，作周朝北方屛障的作用。」這是可信的，〔註122〕但他在同文中認爲軝應讀爲軧，即泜水：

> 從氏聲字古音屬支部，從氐聲的字古音屬脂部，彼此不相混淆。然而，在商周古文字裡，至今并未發現從氐聲的字，這不是偶然的，

〔註119〕楊樹達：《積微居金文說・卷四井侯彝跋》，台灣大通書局1974年再版。于省吾：《甲骨文字釋林・釋𩰍》，台灣大通書局1971年初版。

〔註120〕對於𥝼、𥝼、𦎧，歷來考釋甚多，相關資料參陳美蘭：《西周金文地名研究》p199～202，師範大學國文研究所碩士論文，1998年。

〔註121〕〈河北元氏縣西張村的西周遺址和墓葬〉，《考古》1979年1期。

〔註122〕李學勤：〈元氏銅器與西周的邢國〉（與唐雲明合著），《考古》1979年1期，復收於《新出青銅器研究》，文物出版社1990年。

實際上，氏和氏本來是一個字，後世才逐漸分化。

這次元氏銅器的出土，銘文明確記載戎人大出于今元氏縣境的泜水流域，邢侯出兵搏戰，有力地證明邢的初封就在今河北邢台。

按，氏、氏是否本來是一個字，尚待討論，然中山國銅器銘文中有「詆（詆）匿（燕）之訛（過）」，詆字從氏作詆，同一器中又有「寡人晤（聞）之」，晤字從昏，作晤，右上半從氏，此即說明至少戰國時氏、氏是有明確區分的兩個字。則元氏縣雖與泜水有密切關係，然軹是否可逕釋為軹（泜），仍有待考慮。且，即便是將軹視為泜水，也只能說明這次的戰役與邢侯所封的邢台相近，並不能視為邢的初封就在今河北邢台的直接證據。這點尚可由金文辭例加以比對

3.〈宜侯矢簋〉：王令虞（吳）侯矢曰：鄑（？）侯于宜。(《集成》4320，圖二、42)

4.〈伯晨鼎〉：隹王八月辰才（在）丙午，王命瓲侯白（伯）晨曰：「𠧑乃且（祖）考侯于瓲。……」(《集成》2816，圖二、43)

3 器歷來學者考釋極多，董楚平綜合各家之說後指出，銘文中的虞即虞，其形體是虞字省「口」，尚未規範化的緣故，可讀為吳，〔註123〕此說可從。4 銘是「冊命之典」，學者多已指出，「冊命之典」是職務變更，或是授命或受命的一方有改變時，重新認證，或宣誓效忠時的典禮，〔註124〕那麼 4 中的伯晨在此次「冊命之典」時已是「瓲侯」，而學者咸謂〈師晨鼎〉(《集成》2817)中受任官職的師晨即伯晨，則伯晨與邢侯相同，是既有封地，又任職官。3 銘中侯的上一字雖還不能完全肯定是「鄑」（遷）字，然學者多認為此銘與吳的徙封有關，這與 1 銘是相同的。相較於〈宜侯矢簋〉的情況，3 銘在徙封之前既已稱吳侯，那麼 1 銘中「出䊷」之前已稱邢侯，就充分說明了邢侯在「侯于井（邢）」（今河北邢台）之前的初封地應是在䊷，䊷地待考。

綜上所述，周初對北土的經營，目前所知，主要封有燕、邢，其目的都與對戎狄的抗爭有關，就其地理位置來說，在南有邢、在北有燕，這與在山東的東部有齊、西部有魯的形勢很相近。在燕方面，《左傳》中的「燕、亳」應如歷來注疏所說，將之分讀，視為兩地，〈陳璋方壺〉中的「燕亳邦」亦應

〔註123〕董楚平：《吳越徐舒金文集釋》p14，浙江古籍出版社 1992 年，《吳越文化新探》p147～148，浙江人民出版社 1988 年。

〔註124〕參何樹環：《西周土地所有權研究》p32 注 4，政大中文所碩士論文，1996 年。

讀爲「燕／亳邦」（燕之亳城），壺銘與《左傳》中的亳，疑皆應讀爲《國語・鄭語》中的「蒲」。另外，在燕世系方面，由〈堇鼎〉銘文所記，燕侯旨應即「大子癸」，且鼎銘中的「大子癸」很可能是生稱，這對商周日名的研究是一個新線索。在邢方面，井、丼二字應加以區分的說法是可信的，基於此，對〈長由盉〉中的「井伯」，或許應視爲邢侯的支族，而不應視爲丼伯。另外，周初邢侯的初封地應在𢀝，其徙封於今河北邢台，應與東征後周人勢力擴及山東、河北，遂將齊、魯、燕分封至此一區域的情形相同，是周人向外擴展，對外經營的一部分。

第四節　成康以後對東方的經營——以戰爭銘文爲主的討論

西周成康之世以後對東方的經營主要表現在青銅器銘文，銘文中所述的事類包括東夷對周王朝的貢納，以及周王朝與東夷的戰爭等，關於貢納的情形，將在後面的章節中進一步討論，在本節中則針對可確定作戰地點在「東土」範圍，或有「東土」、「東國」文句，且明確爲成康之後的青銅器銘文爲討論對象，其中以〈班簋〉、〈史密簋〉、〈晉侯穌鐘〉最爲重要。至於成康以後北土的情形，除了上一節中曾提及河北元氏縣所出土的〈臣諫簋〉等器之外，在文獻和銅器銘文兩方面的材料都極缺乏，故僅能暫時略而不談。先將銘文隸寫如下，再就與之相關的問題進行討論。

〈班簋〉：

> 隹八月初吉才（在）宗周，甲戌，王令毛白（伯）更虢臧公服，屛（屛）王立（位），乍四方亟（極），秉緐、蜀、巢命，易（錫）鈴、鞞，咸。王命毛公以邦冢君、土（徒）馭、戜人伐東國痡戎，咸。
> 王命吳白（伯）曰：「以乃自（師）左比毛父。」王命呂白（伯）曰：「以乃自（師）右比毛父。」遣命曰：「以乃族從父征。」徣（？）臧衛父身。三年靜（靖）東國，亡不成肬（尤），天畏（威）否畀，屯陟。公告氒（厥）事于上：「隹民亡徣（？）在彝，𠬝（昧）天命，故亡，允才（哉），顯！惟敬德亡卣（有？攸？）違。」班拜頣首曰：「烏虖！不㸚（丕）釐皇公，受京宗懿釐，毓文王、王姒聖孫，登于大服，廣成氒（厥）工（功），文王孫亡弗懷井（型）；亡克競氒（厥）剌

（烈），班非敢覓，惟乍卲（昭）考𣄴，益曰大政。」子＝孫＝多世
其永寶。（《集成》4341，圖二、44）

〈史密簋〉：

隹十又一月，王令師俗、史𥁕（密）曰：「東征。」敆（會）南夷盧、
虎逽（會）杞夷、舟夷雚不惎，廣伐東國齊𠂤、族土、述（遂？）
人，乃執啚（鄙）寬亞。師俗連（率）齊𠂤（師）、述（遂）人左□
伐長必；史𥁕（密）右，連（率）族人、釐（萊）白（伯）、棼，屇
（殿）周伐長必，隻（獲）百人。對揚天子休，用乍朕文考乙白（伯）
蹲簋，子＝孫＝永寶用。（《考古與文物》1989 年 3 期，[註125] 圖
二、45）

〈晉侯穌鐘〉：

隹王卅又三年，王覲（親）遹省東或（國）、南或（國）。正月既生
霸，戊午，王步自宗周。二月既望，癸卯，王入，各（格）成周。
二月既死霸，壬寅，王儥往東。三月方死霸，王至于萬（范），分行。
王覲（親）令晉侯穌：連（率）乃𠂤（師）左洀瀵北洀□，伐夙（宿）
夷。晉侯穌折首百又廿，執譻（訊）廿又三夫。王至于鄆（鄆）戜
（城），王覲（親）遠省𠂤（師），王至晉侯穌𠂤（師），王降自車，
立（位）南鄉（向），覲（親）命晉侯穌：自西北遇（隅）臺（敦）
伐鄆（鄆）戜（城）。晉侯連（率）乒（厥）亞旅、小子、戜人先啟
（陷）入，折首百，執譻（訊）十又一夫。王至淖＝列＝夷出奔。
王命晉侯穌連（率）大室小臣、車僕從，逋逐之。晉侯折首百又一
（？）十，執譻（訊）廿夫，大室小臣、車僕折首百又五十，執譻
（訊）六十夫。王隹反（返）歸，在成周。族整𠂤（師）。宮。六月
初吉，戊寅，旦，王各（格）大室，即立（位），王乎（呼）善（膳）
夫曰：召晉侯穌，入門，立中廷，王覲（親）易（錫）駒四匹，穌
拜頜（稽）首，受駒以出，反（返）入，拜頜（稽）首。丁亥，旦，
王郼于邑伐宮。庚寅，旦，王各（格）大室，嗣工（空）揚父入右
晉侯穌，王覲（親）儕（齎）晉侯穌鬯巹一卣、弓、矢百、馬四匹，
穌敢揚天子丕顯魯休，用作元穌揚（錫）鐘，用卲（昭）各（格）
前＝文＝人＝，其嚴才（在）上，㢤（翼）在下，彔＝鼓＝，降余

[註125] 李啟良：〈陝西安康市出土西周史密簋〉，《考古與文物》1989 年 3 期。

多福。穌其邁（萬）年無疆，子＝孫＝永寶茲鐘。（《上海博物館集刊》第 7 輯 1996 年，〔註126〕圖二、46）

一

〈班簋〉原爲清宮舊藏，著錄於《西清古鑑》13.12，後不知下落，1972 年北京市物資回收公司在廢銅中揀選到〈班簋〉殘餘，〔註127〕經修復後，今藏首都博物館，但據「生坑」、「熟坑」的關係，此與清宮舊藏並非一物。〔註128〕〈班簋〉銘文經過前輩學者的討論，已有一些具體的共識，學者多認爲〈班簋〉爲穆王時器，銘文中的班即是《穆天子傳》中的毛班，是銘文中毛公、毛父的後輩，毛班與穆王同輩（「毛」爲文王之後）。另一方面，也存有一些不同的意見，如毛伯與班是否爲同一人？

毛伯、毛公、毛父、班的關係，學界的理解不盡相同。或以爲毛伯、毛公、毛父爲同一人，班爲另一人。《西清古鑒》云「銘詞曰：『毛伯』、『毛公』、『毛父』，實一人也。」郭沫若進一步認爲「第一命稱毛伯，此第二命稱毛公，因毛伯已代替了虢諴公的職位，升了級。」〔註129〕李學勤更提出「西周金文人名的體例相當謹嚴，如令尊、方彝（引按，即〈作冊令尊〉、〈作冊令方彝〉），器主開始只稱『矢』，受命同卿事僚後自稱『作冊令』，〈宜侯矢簋〉器主先稱『虞侯矢』，受命侯於宜後改稱『宜侯矢』……本銘始稱『毛伯』，受命後才改稱『毛公』。」〔註130〕唐蘭則認爲毛伯與班爲同一人，是毛公之長子。〔註131〕

按，毛伯、毛公、毛父指同一人是可信的，但對於郭、李所提出的理由，則仍有待商榷。試與下列金文作比較（僅錄相關部分）。

1. 〈師酉簋〉：王乎（呼）史牆冊命師酉：「嗣乃且（祖）啻官邑人、虎臣：西門夷、𩁴夷、秦夷、京夷、畀（弁）身夷……師酉拜頶首……

〔註126〕馬承源：〈晉侯穌編鐘〉，《上海博物館集刊》第 7 輯 1996 年。

〔註127〕郭沫若：〈班簋的再發現〉，《文物》1972 年 9 期。

〔註128〕黃盛璋：〈班簋的年代、地理與歷史問題〉，《考古與文物》1982 年 1 期。唐蘭：《西周青銅器銘文分代史徵》p348～349，中華書局 1986 年。又，（大陸）故宮藏有一件清乾隆仿古瓷班簋，研究者以爲即是根據《西清》著錄之〈毛伯彝〉所仿，並認爲《西清》著錄之〈毛伯彝〉爲僞器，參王光堯：〈乾隆瓷班簋〉，《故宮博物院院刊》1999 年 4 期。

〔註129〕郭文見《文物》1972 年 9 期。

〔註130〕李文見：〈班簋續考〉，《古文字研究》13 輯，中華書局 1986 年。

〔註131〕《西周青銅器銘文分代史徵》p349，中華書局 1986 年。

用乍朕文考乙白（伯）亮姬障簋……（《集成》4288～4291，圖二、47）

2. 〈詢簋〉：今余令女（汝）啻官嗣邑人、先虎臣後庸：西門夷、秦夷、京夷、彙夷、師等側新、□華夷、弁（？）□夷、廚人、成周走亞、戍秦人、降人、服夷……訇（詢）頴首，對揚天子休令，用乍文且（祖）乙白（伯）同姬障簋……（《集成》4321，圖二、48）

3. 〈師克盨〉：王若曰：「師克，丕顯文武，雁（膺）受大命……。」王曰：「克……今余隹鬸（申）橐乃命，令女（汝）更乃且（祖）考攝（攝）嗣左右虎臣……克敢對揚天子丕顯魯休，用乍旅盨……（《集成》4467，圖二、49）

4. 〈麥方尊〉：王令：「辟井（邢）侯出秋，侯于井（邢）。」……（《集成》6015，圖二、40）

1為傳世器，2為1959年出土。[註132]郭沫若即指出，二者「所司職務大抵相同。又訇之祖為乙伯，酉之父為乙伯，則酉與訇蓋為父子。古者世官，酉之職為師（即師氏），則訇之職亦必為師。」[註133]訇之職為師是可信的。但似乎應是師訇為父，師酉為子[註134]。1器中前後皆稱師酉，2器中皆稱訇而不及其職，這與絕大多數冊命金文中前後稱呼相同的情形是一致的。3器中在冊命之前稱為「師克」、「克」，後則僅稱「克」。4器中邢侯在「侯于邢」之前已稱為「邢侯」。由1～4所見，並非如李氏所說「西周金文人名的體例相當謹嚴」。而〈班簋〉所稱的「公」，在此未必一定要視為爵稱，它完全可以與銘文中的「公告氒（厥）事于上」的「公」相同，是對長上的稱呼用語。[註135]（班為其後

〔註132〕參段紹嘉：〈陝西藍田縣出土弭叔等彝器簡介〉，《文物》1960年2期。

〔註133〕郭沫若：〈弭叔簋及訇簋考釋〉，《文物》1960年2期。

〔註134〕參夏含夷：〈父不父、子不子——試論西周中期詢簋和師酉簋的斷代〉，《古文字與古文獻》試刊號1999年10月，李學勤：〈西周青銅器研究的堅實基礎——讀《西周青銅器分期斷代研究》〉，《文物》2000年5期。

〔註135〕傅斯年、陳槃、楊樹達，皆有古代爵稱無定的說法，認為所謂的「公、侯、伯、子、男五等爵」，在西周其實並沒有真正的實施過。傅說見：〈論所謂的五等爵〉，《史語所集刊》2本1分，1930年。陳說見：《左氏春秋義例辨》，史語所專刊17，1947年初版，今據1993年2版。楊說見：《積微居小學述林·古爵名無定稱說》，中華書局1983年。即使是郭沫若也有類似的看法，說見：《中國古代社會研究·周代彝銘中無五服五等之制》，人民出版社1954年，《金文叢考·金文所無考·五等爵祿》，人民出版社1954年。

輩）所以郭、李二氏所提出毛伯即毛公的理由並不堅實可信。

　　其實，由銘文的內容來看，毛伯與毛公確爲一人，應是可以肯定的。楊樹達、黃盛璋都先後指出，「班拜稽首曰」的這段話，是班對毛公說的，〔註136〕黃文云：

　　　所謂「登于大服」即指銘文開頭「王令毛伯更虢諴公服」，所謂「廣
　　　成厥功」，就是銘文所述毛公「三年靜東國」。

這是十分正確的。據此可斷定這段話中所稱的「皇公」、「昭考」指的是同一人，而這對「惟乍邵（昭）考𣦓益曰大政」一句的理解也有相當重要的助益。

　　「惟乍邵（昭）考𣦓益曰大政」，各家多斷句作「惟乍邵（昭）考𣦓，益（諡）曰大政」，認爲「大政」是諡號。李學勤在上舉文中提出：大政爲執政大臣，「𣦓」訓爲「明」，「曰」訓爲「於」，句意是說「班請於大臣，爲其父作諡」。

　　按，「曰」訓爲「於」，「大政」指執政大臣，〔註137〕是頗具啓發性的說法，裴學海曾舉《國語‧楚語》：「四封不備一同，而至于是有畿，曰以屬諸侯，至于今爲今君。」《禮記‧禮運》：「其降曰命，其官於天地也。」指出「曰，於也」。〔註138〕至於銘文中的「乍」可訓爲「擔任」，銘文之用例如〈曶壺〉：「更乃且（祖）考乍家嗣土（徒）于成周八自（師）」。「邵」（昭）可訓爲「明」，《呂氏春秋‧任數》：「目之見也藉於昭，心之知也藉於理。」，高誘注：「昭，明也。」。〔註139〕「考」可以指生稱的父。〔註140〕𣦓，將〈二祀邲其卣〉：「遘

〔註136〕楊樹達：《積微居金文說》（甲文說合訂本）p255，大通書局1974年再版。黃
　　　　盛璋：〈班簋的年代、地理與歷史問題〉，《考古與文物》1981年1期。
〔註137〕《左傳‧襄公二十九》：「吾子爲魯宗卿，而任其大政，不慎舉，何以堪之？」
　　　　「大政」即國家政務或主持國家政務之人。
〔註138〕裴學海：《古書虛字集釋》卷二。
〔註139〕昭、明亦可構成同義複詞，過去認爲殷的先王有「昭明」，是錯誤的，鄭慧生
　　　　即指出「昭明」是古人不慎將之屬入《世本》，太史公不察，引入《史記‧殷
　　　　本紀》。蔡哲茂更指出，所謂「契生昭明」即「契生而昭明」，猶如《帝王世
　　　　紀》「帝嚳生而神靈」。都是十分正確的。鄭說見：〈從商代的先公和帝王世系
　　　　說到他的傳位制度〉，《史學月刊》1985年6期，復收於《甲骨卜辭研究》，
　　　　河南大學出版社1998年。蔡說見：《論卜辭中所見商代宗法》，東京大學東洋
　　　　史學博士論文，1991年。
〔註140〕林澐在〈琱生簋新釋〉中即指出，銘文中「我考我母」即是生稱，《古文字研
　　　　究》第3輯，中華書局1980年，復收於《林澐學術文集》，中國大百科全書
　　　　出版社1998年。

于妣丙彡日大乙🐦。」和「☐卜☐妣丙大乙奭」（合 27502）相參照，知🐦可釋爲奭。奭有「輔弼」、「輔弼之臣」一類的意思。[註141] 益，可訓爲「助」，如《呂氏春秋·觀世》：「與我齊者，吾不與處，無益我者也。」「大政」正與「登于大服」、「更虢䣁公服」相對應。整句的意思是說，班非敢覓（眛，求取），[註142] 希望能擔任昭考的輔弼之臣，助於「大政」。[註143] 此處的「邵（昭）考」正與「皇公」相對，黃氏在上舉文中已指出「皇公」亦是生稱。既然「班拜稽首曰」以下的一段文字都是班對毛公所說的，文中的「皇公」、「邵（昭）考」都是生稱，且「大服」、「大政」與篇首的「更虢䣁公服」相對爲文，那麼就可以肯定「更虢䣁公服」的毛伯，就是後來班所稱的「皇公」、「邵（昭）考」，也就是銘文中的毛公、毛父。

　　次就〈班簋〉中所伐的「瘆戎」稍做說明。瘆，唐蘭釋瘖，即厭字，以爲即徐偃王，[註144] 黃盛璋認爲从甘从月，以爲即〈孟簋〉中的「無需」[註145]（《集成》4163），李學勤釋瘆，訓爲亂。[註146] 按，此字釋「瘆」是較可信的。瘆从疒从🦴，🦴的上半顯然不从甘。李文指出《古璽文編》7.17 之瘆（瘆）與此同形，是正確的。另外，「骨」字作🦴（🦴）[註147] 形者，尚見於《古璽文編》4.4 骨字條，[註148] 信陽楚簡的䐗，其所从的骨亦作🦴。[註149] 由銘文中所述，穆王對這次「瘆戎」的亂事作了詳盡的「三軍」部署，若與戰爭類的銘文相比較（可參照下文所討論的〈史密簋〉、〈師袁簋〉），瘆戎的亂事恐怕規模不在小，

〔註141〕參張政烺：〈奭字說〉，《六同別錄》史語所 1945 年，復見於《史語所集刊》13 本。蔡哲茂：〈殷卜辭「伊尹龜示」考——兼論它示〉，《史語所集刊》58 本 4 分，1987 年。

〔註142〕參《金文詁林補》卷八覓字條，史語所專刊之 77。

〔註143〕「惟」在此表「目的」，參管燮初：〈甲骨文金文中「唯」字用法的分析〉，《中國語文》1962 年 6 期。

〔註144〕唐蘭：〈西周銅器斷代中的「康宮」問題〉，《考古學報》1962 年 1 期，復收於《唐蘭先生金文論集》，紫禁城出版社 1995 年。

〔註145〕同註 136 黃文。

〔註146〕同註 130 李文。

〔註147〕戰國時期月、肉之區別有兩種，一是肉字外廓作二筆（🅰），月作一筆（🅰），一是羡畫位置的不同，月作🅰，肉作🅰。參李裕民：〈古字新考〉、郝本性：〈壽縣楚器銘文新探〉、吳振武：《古璽文編校訂》，吉林大學博士論文，1984 年。（李、郝二文爲中國古文字研究會 1981 年年會論文，轉引自吳文）

〔註148〕《古璽文編》骨字所收錄的第 2 形體有誤，當爲「體」字所从的骨，參李家浩：〈信陽楚簡「澮」字及从「共」之字〉，《中國語文學報》第 1 期 1982 年。

〔註149〕參滕壬生：《戰國楚簡文字編》p340，湖北教育出版社 1995 年。

至少應是穆王極重視的一次動亂。𤸫戎的位置由「三年靜東國」來看，大約是在今山東一帶。〔註 150〕

二

〈史密簋〉，學者已指出與〈師寰簋〉有密切關係。今乃就二篇銘文相互參照，試發掘其中更多的歷史訊息。〈史密簋〉銘文已見上文，茲錄〈師寰簋〉銘文如下，再進行討論。

〈師寰簋〉：

> 王若曰：「師寰，□，（？）淮夷繇（舊）我員晦臣，今敢博（搏）氒（厥）眾叚（轄），反氒（厥）工吏，弗速（蹟）我東䧈（國）。今余令女（汝）達（率）齊㠯（師）、㠱、贅（萊）、棘，屌（殿）左右虎臣正（征）淮夷。即質氒（厥）邦獸（酋）：曰冉、曰䇂、曰鈴、曰達……」（《集成》4313，圖二、50）

劉釗指出，〈師寰簋〉和〈史密簋〉相比，「所記國族只多出一個㠱國。兩器時代相同或接近，所記事件極有可能是指同一次戰爭。」並根據曾侯乙墓竹簡之屍字作□，釋〈史密簋〉之屌、〈師寰簋〉之□爲屍，讀爲殿，意爲殿後的部隊。〔註 151〕都是非常正確的。曾侯乙墓竹簡 15、22、32、39、130、135 等有字作□、□，149 簡有字作□，簡文中的這個字，裘錫圭、李家浩釋爲屍（殿），云「屍或輾并當讀爲指殿後的兵車的殿。《左傳・襄公二十三年》：『大殿，商子游御夏之御寇，崔如爲右』，杜預注：『大殿，後軍。』」〔註 152〕

劉氏由二器的內容相關，認爲二者所記很可能是同一次戰爭的說法，應是可信的。且〈史密簋〉所記作亂邦國有四，〈師寰簋〉所「質」之邦酋亦有

〔註 150〕董楚平認爲金文中的東國主要是指山東地區，伊藤道治則認爲是山東、河南交界附近。董說見：《吳越徐舒金文集釋》p9，浙江古籍出版社 1992 年。伊藤說見：《中國古代國家の支配構造》p399，中央公論社。按，伊藤氏所說當爲周人之「小東」，董氏所說則爲周人之「大東」，二說皆有所本。

〔註 151〕劉釗：〈談史密簋銘文中的屌字〉，《考古》1995 年 5 期。

〔註 152〕裘錫圭、李家浩：〈曾侯乙墓竹簡釋文與考釋〉注 76，《曾侯乙墓》附錄一，文物出版社 1989 年。又，《集成》9718 首次著錄之〈㿽史屌壺〉，「屌」字亦當釋爲「殿」，《金文編》、董蓮池：《金文編校補》、陳漢平：《金文編訂補》皆未收此字。此器於 1968 年爲陝西洛南地區農民拾得，1986 年始交由洛南縣博物館收藏，參穆海亭：〈㿽史屌壺蓋銘文考釋〉，《周秦文化研究》，陝西人民出版社 1998 年。

四，當非偶然。

　　既然兩器所記爲同一次的戰爭，兩相參看之下，兩器銘文中有些過去不易明白或較有爭議的文句，或許就可以有較明確的解釋了。試說如下：

　　既然兩器所記應爲同一次的戰爭，那麼在兩器銘文的前段，其所述戰爭的原因應該是一致的。〈師寰簋〉中

　　　　今敢博（搏）乒（厥）眾叚（嘏），反乒（厥）工吏，弗迹（蹟）我
　　　　東郢（國）。

應即〈史密簋〉之

　　　　萑不悆，廣伐東或（國）齊自、族土、述（遂？）人，乃執啚（鄙）
　　　　寬亞。

「乃執啚（鄙）寬亞」，學者多認爲「啚」即邊鄙，亞爲武官。由於卜辭僅見「亞某」未見「某亞」，所以吳鎮烽認爲「寬」爲地名，〔註153〕應是可信的。此句意爲作亂者「執邊鄙寬地的亞」。「廣伐東或（國）齊自族土述（遂？）人」，學者多在「東或（國）」下斷句，是將齊自、族土、述人視爲「東國」的同位語，即所侵伐之東國，但由下文所說有「述（遂？）人」、「族土」來看，齊自應如吳鎮烽所云：「『齊自』是地名，即齊都城營丘。」〔註154〕「述（遂？）人」、「族土」，學者多謂「述（遂？）人」即遂土之人，或鄉遂之人，「族土」即族徒，〔註155〕恐不確。《春秋》中習見齊人、魯人、宋人等，松本光雄以爲這是指貴族而言，非某地之平民，其說云：

　　　　在古文獻中的晉人、宋人、鄭人、魯人、齊人是支配者，屬統治階
　　　　層，也就是在邑名附加上「人」。他們即是晉、宋、鄭、魯、齊等邑
　　　　中掌握祭政、軍事、外交等大事的階級，亦即以他們的核心邑爲代
　　　　表的所謂諸侯。〔註156〕

〔註153〕吳鎮烽：〈史密簋銘文考釋〉，《考古與文物》1989 年 3 期。
〔註154〕同註 153。
〔註155〕學者多謂「遂人」即「遂土之人」，「族土」即「族徒」。以「遂人」爲「鄉遂
　　　　之人」說見張懋鎔：〈史密簋與西周鄉遂制度〉，《文物》1991 年 1 期，李學
　　　　勤：〈史密簋銘所記西周重要史實考〉，《中國社會科學院研究生院學報》1991
　　　　年 2 期，復收於《走出疑古時代》，遼寧大學出版社 1994 年。又：〈趞盃〉（《集
　　　　成》10321）銘文有「使于述（遂？）土」，與簋銘之「述」可能爲同一方國。
〔註156〕松本光雄：〈中國古代社會に於ける分邑と宗と賦について〉，山梨大學學藝
　　　　學部研究報告第四號，昭和 28 年（轉引自蔡哲茂《論卜辭中所見商代宗法》，
　　　　東京大學東洋史學博士論文，1991 年）。

趙光賢亦指出《春秋》、《左傳》所見之「某人」，非指一般平民：

　　所謂人，不是國君，就是卿大夫，決不是一般國人或全國人民。
而是指諸侯、卿大夫、或小國之君或大夫。〔註157〕

　　蔡哲茂即指出，甲骨文中亦有類似的用法。〔註158〕據此，〈史密簋〉中的「述人」、「族土」應指述、族二小國的國君（或大夫）。李仲操認爲「族土」即「鑄土」，指武王封黃帝之後於鑄的鑄，〔註159〕應是值得考慮的意見，因爲唯有將「族土」視爲國名，才能與上下文之「東國」、「述人」取得一致性。「齊自」，如果按照習見的情況，認爲「自」即是「師」，「齊師」即「齊之軍隊」，這與「東國」的關係似乎不夠緊密。若依吳鎮鋒所釋，則銘文中的「自」與〈多友鼎〉中「用獫𤞤（狁）放（方）興（興），竇（廣）伐京自」（《集成》2835）的「自」的用法相同，皆是指「地」而非軍隊，這樣就與「東國」緊密結合了。「自」的這種用法，當與古人居丘之俗有關，〔註160〕「自」在《說文》中訓爲「小阜」，一般認爲是「堆」的古字，用爲堆的「自」和師旅之「自」，劉節、李學勤、裘錫圭等都已有詳盡的論述，蔡哲茂更指出，甲骨文中的地名加「自」，其實就是某地之意，〔註161〕在金文中也有這種情況，如：

　　〈作冊𡧊鼎〉：康侯在朾自（《集成》2504）

　　〈旅鼎〉：公在盩自（《集成》2728）

　　〈過甗〉：師雝父戌在由（？）自（《集成》948）

　　〈小臣謎簋〉：孚𠂤（厥）復歸在牧自（《集成》4238）

　　再者，將〈史密簋〉和〈師寰簋〉相參照，〈史密簋〉中被「廣伐」的「齊自、族土、述人」應即〈師寰簋〉中被「博（搏）」的「𠂤（厥）眾叚」。銘

〔註157〕趙光賢：〈《春秋》稱人釋義〉，《中華文史論叢》1986年4期，復收於《古史考辨》，北京師範大學出版社1987年。

〔註158〕蔡哲茂：《論卜辭中所見商代宗法》，東京大學東洋史學博士論文，1991年。

〔註159〕李仲操：〈史密簋銘文補釋〉，《西北大學學報》1990年1期、〈再論史密簋所記作戰地點〉，《人文雜志》1992年2期。

〔註160〕參胡厚宣：〈卜辭地名與古人居丘說〉，《甲骨學商史論叢初集》，大通書局1972年。

〔註161〕劉說見：《中國古代宗族移殖史論‧中國古代氏姓制度研究》，上海書局1996年。李說見：〈論西周金文的六師、八師〉，《華夏考古》1987年2期。裘說見：〈釋殷墟卜辭中與建築有關的兩個詞——「門塾」與「自」〉，《出土文獻研究續集》，文物出版社1989年，復收於《古文字論集，中華書局1992年。蔡說見《論卜辭中所見商代宗法》，東京大學東洋史學博士論文，1991年。

文中的搏，左旁所从的「十」爲象盾形的「丑」的簡化。〔註162〕「叚」學者或讀爲「暇」而多無說解，由銘文的上下文意來看，「叚」應與「工吏」有關，疑應讀爲「轄」，即管轄之人的意思。叚古音爲見紐魚部字，轄爲匣紐月部字，魚、月二部通假的例子如曾侯乙編鐘律名的「割肆」即文獻之「姑洗」，割古音爲見紐月部字，姑爲見紐魚部字。〔註163〕見、匣同爲舌根音，从叚之遐，即爲匣紐魚部字。〈師袁簋〉中被「反」的「工吏」，很可能即〈史密簋〉中被「執」的「啚寬亞」。

〈師袁簋〉之「弗速（蹟）我東鄹（國）」或應與〈史密簋〉之「蘿不恝」有關。「弗速（蹟）」學者多已指出即「不蹟」，

　　　《詩經・小雅・沔水》：「念彼不蹟。」

　　　　毛傳：「不蹟，不遁道也。」

據此，王輝、李學勤認爲「蘿不恝」即「讙不恝」，是「喧亂不敬上」之意，〔註164〕是可信的。

　　關於「南夷盧、虎」、「杞夷」、「舟夷」。〈史密簋〉「啟南夷盧、虎迨杞夷、舟夷」一句中的啟、迨，李學勤已指出二字皆讀爲「會」，前一字訓爲「値」、「逢」，後一字爲聯合之意。〔註165〕其中的杞、舟，各家無異說，認爲皆在今山東，杞，更是武王克殷後的封國，《史記・陳杞世家》：「周武王克殷紂，求禹之後，得東樓公，封之于杞，以奉夏后氏祀。」其被稱爲「夷」的原因，張懋鎔、李學勤都已有詳細的說明，在此就不贅述了。〔註166〕〈師袁簋〉將作亂者統稱爲「淮夷」，兩相參照，指的應該就是〈史密簋〉中的「南夷盧、虎」，張永山曾考證盧、虎是居於淮河中游一帶的蠻夷，〔註167〕而一稱「淮夷」，

〔註162〕參于省吾：〈釋盾〉，《古文字研究》第 3 輯，中華書局 1980 年。裘錫圭：〈也談子犯編鐘〉，《故宮文物月刊》1995 年 8 期。

〔註163〕參裘錫圭、李家浩：〈曾侯乙墓鐘、磬銘文釋文與考釋〉，《曾侯乙墓》附錄二，文物出版社 1989 年。裘錫圭：〈談談隨縣曾侯乙墓的文字資料〉，《文物》1979 年 7 期，復收於《古文字論集》，中華書局 1992 年。

〔註164〕王輝：〈史密簋釋文考地〉，《人文雜志》1991 年 4 期。李學勤：〈史密簋銘所記西周重要史實考〉，《中國社會科學院研究生院學報》1991 年 2 期。

〔註165〕同註 164 李文。

〔註166〕李文同註 164，張懋鎔、趙榮、鄒東濤：〈安康出土的史密簋及其意義〉，《文物》1989 年 7 期。

〔註167〕張永山：〈史密簋銘與周史研究〉，《盡心集》，中國社會科學出版社 1996 年 11 月。

一稱「南夷」，應是與西周中後期「淮夷」、「南淮夷」的遷徙有關（詳下文）。

綜上所述，這次戰役發生的原因和情形是：對周王朝有貢納之責的淮夷，聯合山東境內原本受齊、族、遂三國管轄的杞、舟等方國，共同作亂，「喧亂不敬上」，攻擊齊、族、遂三國的貴族，並「執邊鄙寬地的亞」。周王於是派遣師裏爲主帥，以左右虎臣爲前軍，師俗率領齊、遂的軍隊爲左軍，史密率領族、萊、焚等方國的軍隊爲右軍，對作亂的方國進行征討。

三

〈晉侯穌鐘〉是自山西天馬曲村晉侯墓地 M8 盜掘出土，〔註168〕1996 年馬承源首次公佈全套 16 枚編鐘的拓片、照片，並作了考釋，〔註169〕銘文中的器主晉侯穌，學界一致認爲即文獻中的晉獻侯。銘文中所記作戰的地名，皆在今山東境內，李學勤、裘錫圭、黃錫全在馬承源的考釋之後都有一些補充的意見。〔註170〕最具爭議的是此器所記的干支歷日和年代，在干支歷日方面，歷來所爭論的「四分月相說」和「定點說」再度成爲討論的焦點。在年代方面，則有宣王和厲王兩種說法，其中更牽涉到《史記・晉世家》所記晉侯年代的可靠性，和宣王紀年是否由共和元年計算起等問題。而經由碳十四和樹輪校正，M8 的年代約在公元前 808±8 年。〔註171〕這項經由科學測定的結果，當可供學界作爲較可靠的時間參考點。

對於歷日、年代的問題，在此不多作討論，主要是對銘文中各家無說的「償」字提出一點說明。

銘文中的「償」字，由金文中辥字可从臬，又可从𦣞（參《金文編》p975 辥字條），知鐘銘中的這個字與〈厚趠方鼎〉、〈狀𫘪觥蓋〉償、𫞐所从的偏旁是同一字的異體。唐蘭指出鼎、觥銘中償、𫞐所从的臬即自（堆）的繁體，實爲

〔註168〕盜掘的時間一般認爲是在 1992 年 8 月，然朱啓新：〈不見文獻記載的史實〉云此鐘於 1991 年即在香港出現，朱文見《中國文物報》1994 年 1 月 2 日 3 版。

〔註169〕馬承源：〈晉侯穌編鐘〉，《上海博物館集刊》第 7 輯 1996 年。

〔註170〕李說見：〈晉侯穌編鐘的時、地、人〉，《中國文物報》1996 年 12 月 1 日 3 版。裘說見：〈晉侯穌鐘筆談〉，《文物》1997 年 3 期。黃說見：〈晉侯穌鐘幾處地名試探〉，《江漢考古》1997 年 4 期，復收於《古文字論叢》，藝文印書館 1999 年。

〔註171〕仇士華、張長壽：〈晉侯墓地 M8 的碳十四年代和晉侯穌鐘〉，《考古》1999 年 5 期。

貴字的異構，銘文中的儥、遷有饋贈之意，可讀爲饋、遺。〔註172〕又，从賣的字尙見於望山、包山、天星觀一號墓、郭店等楚國竹簡中，在簡文中从賣的字多从疒、爿，《望山楚簡》考釋認爲是與疾病有關的字，可讀爲「癀」或「癑」。〔註173〕然據簡文之意，此字應是指病情往好的方面轉變的意思，或可讀爲退，可能是爲疾病的消退所造的專用字，在鐘銘中，可讀爲「遂」或讀爲「退」，「退」可訓爲「去」，如《禮記・檀弓下》：「君於大夫，將葬，弔於宮，及出，命引之，三步則止，如是者三，君退；朝亦如之，哀次亦如之。」鄭玄注：「退，去也。」「退」有離開、離去之意，在鐘銘中正與周王至成周時的「王入」相對。而包山與郭店簡中作爲買賣之義的儥、道則可讀爲賣。〔註174〕

四

　　〈史密簋〉銘文中作亂的是「南夷盧、虎迨（會）杞夷、舟夷」，而記同一次戰爭的〈師寰簋〉，則將作亂的統稱爲「淮夷」。由西周時對東夷、淮夷、南淮夷的稱謂，和東夷與淮夷的關係來看，〈史密簋〉中所說的「南夷」，與〈師寰簋〉所說的「淮夷」，仍然可以是指同一回事，二者並沒有太大的矛盾衝突。底下乃就淮夷、東夷、南夷的彼此關係稍做說明。

　　由淮夷與東夷的關係說起。學者對淮夷與東夷的關係，看法不盡相同，或認爲「東夷」是共名、大名，「淮夷」是別名、小名。如郭沫若認爲淮夷包括在東夷之中，其活動的範圍在黃河下游到江淮流域，其說云：

> 它辭言「在齊餗（次），隹王來征尸方」，則尸方當即東夷也。征尸方所至之地有在淮河流域者，則殷代之尸方乃合山東之島夷與淮夷而言。〔註175〕

逄振鎬從考古材料出發，認爲東夷是聚居在山東及其周圍地區的土著民族，淮夷則是由山東向南遷徙的一支。〔註176〕劉翔也有類似的說法，認爲東夷爲

〔註172〕唐蘭：〈論周昭王時代的青銅器銘刻〉，《古文字研究》第 2 輯 p27，中華書局 1981 年，復收於《唐蘭先生金文論集》，紫禁城出版社 1995 年。

〔註173〕參湖北省文物考古研究所，北京大學中文系：《望山楚簡》p96，中華書局 1995 年。

〔註174〕參何樹環：〈賈及从賈諸字補釋〉，《大陸雜誌》103 卷 3 期，2001 年。

〔註175〕郭沫若：《卜辭通纂》p462，第 569 片考釋，大通書局 1976 年。

〔註176〕逄振鎬：〈東夷及其史前文化試論〉，《東夷古國史研究》第 1 輯，三秦出版社 1988 年。

泛稱，淮夷則是具體的部族稱呼。〔註 177〕李白鳳則由古籍與金文往往將東夷、南淮夷並舉，認爲東夷、淮夷應該是不同的兩個概念。〔註 178〕

李白鳳的說法雖與其他三家不同，但〈禹鼎〉銘文云：「亦隹噩侯馭方率南淮夷、東夷廣伐南或（國）、東或（國）」（《集成》2833），則李說亦非無據。

張懋鎔則對上述的說法提出調和的辦法，認爲這些意見

> 各有所長，各有所短。其所長，在于他們的見解如果限制在一定的
> 時空範圍內，是正確的，一旦時空範圍延長，擴大到整個西周時期，
> 則其結論就靠不住了。〔註 179〕

這個說法是頗具啓發性的。由於淮夷與東夷的關係密切，至西周晚期仍有連稱並舉的情形，如上舉的〈禹鼎〉是南淮夷與東夷共同作亂，另外，〈馭鐘〉銘文記載：

> 南或（國）艮子敢臽（陷）虐我土，王臺伐其至，戡（搏）伐氒（厥）
> 都。艮子迺遣閒來逆卲（昭）王，南夷、東夷具（俱）見，廿又六
> 邦。〔註 180〕（《集成》260，圖二、51）

鐘銘所記屬王所伐的是「南國艮子」，而「南夷、東夷」皆因此來「見」，也說明西周晚期的南夷與東夷仍是有密切關聯的。故〈史密簋〉與〈師袁簋〉中一稱南夷，一稱淮夷，猶如二器中所述亂事的原因時文句稍異，只是敘事的重點不同，並不影響此二器所記爲同一事件的結論。

又，若從整個西周的歷史進行觀察，東夷、淮夷、南夷、南淮夷的情況或可概括如下。〈師袁簋〉銘文中有「淮夷緐（舊）我員晦臣」，類似的文句尚見於宣王時的〈兮甲盤〉「淮夷舊我員晦人」（《集成》10174）。而僅見於西周晚期的「南淮夷」，一般認爲是居於淮河以南的淮夷。配合前述淮夷、東夷、南夷的情形來看，很可能原居於山東至淮河流域一帶的東夷、淮夷，經過周初的東征、東進，有一部分仍居於原地受到當地封建諸侯的管轄，對周王朝有所貢納，也就是中晚期銘文所說的「舊我員晦臣」，另外有一部分，則繼續與西周對抗（或不臣屬於西周），也就是穆王時〈致方鼎〉等銘文中所見的「淮夷」、「淮戎」，而經過中期的征伐，部分淮夷南遷，成爲晚期所見的南淮夷，而另一部分則可

〔註 177〕劉翔：〈周夷王經營南淮夷及其與鄂之關係〉，《江漢考古》1983 年 3 期。

〔註 178〕李白鳳：《東夷襍考》，齊魯書社 1981 年。

〔註 179〕張懋鎔：〈西周南淮夷稱名與軍事考〉，《人文雜志》1990 年 4 期。

〔註 180〕此處「卲」當讀爲「昭」訓爲「見」，參孫詒讓：《古籀拾遺》；唐蘭：《唐蘭先生金文論集》p37。

能如前期時仍留居原地的淮夷相同，成爲〈兮甲盤〉所說「王令甲政𤔲成周四方責（積）至于南淮夷」中被徵收賦稅的「四方」的一部分。但由於淮夷與東夷有深厚的地緣與民族關係，所以，往往有南夷、東夷聯合並稱的情形出現。由西周時淮夷、東夷的情形，亦可見成康以後對東方經營情況之一斑。（〈史密簋〉中的「南夷虎」與〈中方鼎〉中的「虎方」應該不是指同一方國，參第四章第三節附記；又淮夷、南淮夷可統稱爲南夷，參第四章第四節）

本章結語

西周時期對東土、北土的經營，歷來學者多從封建的角度加以考慮，也提出了許多具體、寶貴的意見，如李亞農、伊藤道治、楊寬、杜正勝都曾指出，成康之世所分封的東土諸侯，都是佔據了平原、河谷等易於發展、耕種的地理環境，若由地理位置來看，則是周人向東發展，取得東方經濟資源的交通要道，並具有抵抗夷狄的軍事性作用。〔註181〕在本文中，則嘗試主要由戰爭的角度，對此一問題進行討論。

對東土總體經營架構的理解，許多學者對西周成王初年的東征和周公攝政、營建洛邑等事都以《尚書大傳》爲骨幹來理解，但事實上，《尚書大傳》是漢代人對古史的認識，並非完全是根據史實來說的。其所說的「一年救亂」並沒有可與之對應的史事，而「二年克殷，三年踐奄」的「二年」、「三年」，與相關史料比對後可知，指的是平定叛亂所耗費的時間，而不是如《尚書大傳》所說，指成王（或周公攝政）的二年、三年，所以《尚書大傳》的記載對了解西周初年史事的架構來說，並非完全可信。

在克殷、踐奄的東征戰役中，過去有一些分歧的說法，如克殷和踐奄是否應該歸併爲一次戰爭──「東征」，本文根據文獻中不同的記載加以分析歸納，認爲將殷、奄視爲東征時被討伐的對象，是較合理的說法，但對於各家由青銅器銘文來論證此事，則持保留的態度，由於青銅器的王世斷代仍具有一定程度的爭議性，而康王之世也陸續對東夷進行過征討，所以，要以銅器

〔註181〕李亞農說見：《西周與東周・周初諸民族的分佈》，上海人民出版社 1956 年。伊藤道治說見：《中國古代王朝の形成・姬姓諸侯封建の歷史地理的意義》，創文社，昭和 62 年 1 版 3 刷。楊寬說見：〈西周春秋時代對東方和北方的開發〉，《中華文史論叢》1982 年 3 期，復收於《西周史》，台灣商務印書館 1999 年。杜說見：《周代城邦》p24 注 6，聯經出版社 1998 年初版 4 刷。

銘文來論證東征的史事，或建構東征的路線，則存在因材料所附帶的局限性。

在東征問題的討論上，前輩學者多以「三監」的概念來理解亂事的參與者，並認為「三監」即是由周武王封諸侯「監」殷而來。在上一章中已說過，武王為「監」殷民所設的諸侯並不限於「三」之數，在本章中，則具體地由文獻中對亂事的前因、後果的記載加以比對，說明共謀作亂的也並不是「三」人，所以「三監之亂」的說法，並不能具體、真實地反映周初的史事。另一方面，過去也多未注意到亂事平定後對武庚、管叔、蔡叔、霍叔等人處置的情況，本文則對此略作一點補充。

營建雒邑為東都，是周初的一件大事，此事不但具有周人勢力在東土（相較於宗周）紮根的政治作用，也是周公攝政終止，成王親政的重要指標。歷來學者對此即有五年、七年，以及調和折衷的三種說法。經由對相關記載的討論，五年說是較可信的，但對於以〈㐭尊〉作為此說的主要依據，則持保留的看法。對此一問題的論證，除了同意「五年說」學者所提出的《尚書》為根據外，另外配合雒邑營建的情形，並以文王遷都豐邑的情形為參照，認為成王五年三月開始營建雒邑，至同年十二月正式以雒邑為東都是完全可能的。

對於成康之後周王朝對東土經營的情形，本文以戰爭銘文為討論對象，主要是藉由銘文中較為關鍵且具爭議的文句進行討論，增加更多可供建構歷史樣貌的環節。文中並對銘文中的若干文句提出個人的意見，包括：〈班簋〉中的「惟乍卲（昭）考𤔲益曰大政」應是「希望能擔任昭考的輔弼之臣，助於『大政』」。與〈史密簋〉有密切關聯的〈師㝮簋〉，文中經由兩器的比對，於〈史密簋〉銘文中的各種異說有所去取，同時也進一步對兩器所記應為同一次戰爭，進行更詳細的說明，並嘗試復原出更多的歷史情節。對〈晉侯穌鐘〉銘文的「王儥往東」，則嘗試做出較適當的解釋。文末經由銘文中對東夷、淮夷、南夷的稱謂，粗略地勾勒西周對東土經營的梗概。

在北土方面，周人是以「肅慎、燕、亳」為北土，對於「燕、亳」，歷來注疏雖是分讀，但對於「亳」並沒有具體的注解，本文以前人的研究為基礎，並配合對〈陳璋壺〉銘文的釋讀，參照其地理位置，提出「亳」可能為《國語·鄭語》中的「蒲」。燕是周人在北土的重要諸侯國，本文由琉璃河西周墓地的考古發掘，提出了燕侯旨為〈堇鼎〉中「大子癸」的看法，並對周人在北土的另一個重要諸侯國——邢的初封地是否在今河北邢台有所論述，對過去將〈長由盉〉的「井伯」視為「邢伯」的說法，也提出了修正。

西周時對東土、北土的經營情形，由於史料的不足，尚有許多問題是目前所無法進一步探究的。以東土的情形來說，〈史密簋〉、〈晉侯穌鐘〉都是近年出土的材料，若不是〈史密簋〉的出土，〈師袁簋〉銘文也很難發揮出較過去更高的史料價值。晉侯墓地的發掘更是為過去因材料缺乏所無法討論的西周時期的晉帶來許多寶貴的資料。北土的情形，在周成王以後，幾乎是完全空白。西周燕國墓地 1981 年以後的挖掘，待清理完畢，完整公佈之後，應可對成王以後「北土」的情形有更深的認識。本章僅就此範圍內的相關事件、材料提出一些個人的看法。西周成康以後對東土、北土的經營，仍有待新出土的材料提供更多的訊息。

附論二　周公稱王說考辨

周公是否曾經稱王，是西周史中極具爭議的問題，其涉及的範圍除了周初年代的問題之外，尚包括了《尚書》中幾篇誥辭的性質，以及東征銅器銘文的理解。許多學者由文獻進行考察，特別是依據《尚書》中關於周初幾篇誥辭的注疏，以及〈王在魯尊〉、〈濬嗣徒逨簋〉、〈班簋〉等，認為周公曾經稱王。〔註182〕另一方面，經由對出土資料的研究，透過「二重論證」的過程，有許多的學者根據銅器銘文中有王與周公同見一器的情形，主張周公不曾稱王。後者應是正確的，以下試由三個方面：一·文獻所載不足以證明周公稱王；二·青銅器銘文足證周公未曾稱王；三·周初的「新邑」，來對此問題進行討論。

一、文獻所載不足以證明周公稱王

先將相關文獻分成：周公相佐成王、周公攝政、周公稱王三類，再進行說明與討論。

第一類：關於周公相佐成王的記載，主要有：

（1）《逸周書·作雒》：「周公立，相天子。」

〔註182〕現代學者力主此說者，如顧頡剛（遺著）：〈周公執政稱王〉，《文史》23 輯，1984 年。杜正勝：〈尚書中的周公〉，原載《大陸雜誌》56 卷 3、4 期 1978 年，刪定後收於《古代社會與國家》，允晨文化 1992 年。宮長為：〈周公何以攝政稱王〉、郭偉川：〈周公稱王與周初禮治〉，後二者收於《周公攝政稱王與周初史事論集》，北京圖書館出版社 1998 年。

（2）《左傳・襄公廿一年》：「管蔡爲戮，周公右王。」

（3）《左傳・定公四年》：「昔武王克商，成王定之，選建明德以蕃屏周。故周公、召公相王室以尹天下，於周爲睦。」

（4）《墨子・貴義》：「故周公旦佐相天子，其修至於今。」

（5）《尚書・大誥序》：「武王崩，三監及淮夷叛，周公相成王，將黜殷，作大誥。」

第二類：關於周公攝政的記載，主要有：

（6）《逸周書，明堂》：「既克紂六（二）〔註183〕年而武王崩，成王嗣，幼弱，未能踐天子之位。周公攝政，君天下，弭亂六年而天下大治。乃會方國諸侯于宗周，大朝諸侯明堂之位。天子之位，負斧扆南面立，群公卿士侍於左右。〔註184〕三公之位，中階之前，北面東上；諸侯之位，阼階之東，西面北上；諸伯之位……諸子之位……此宗周明堂之位也。明堂者，明諸侯之尊卑也，故周公建焉，而朝諸侯於明堂之位，制禮作樂，頒度量，而天下大服，萬國各致其方賂，七年致政於成王。」

（7）《禮記・明堂位》：「昔者周公朝諸侯于明堂之位，天子負斧依南鄉而立……此周公明堂之位也。明堂也者，明諸侯之尊卑也。」

（8）《禮記・文王世子》：「成王幼，不能蒞阼，周公相，踐阼而治。……仲尼曰：昔者周公攝政，踐阼而治，抗世子，法於伯禽，所以善成王也。」

（9）《尚書大傳》：「周公攝政，一年救亂，二年克殷，三年踐奄，四年建侯衛，五年營成周，六年制禮作樂，七年致政成王。」

（10）《史記・周本紀》：「成王少，周初定天下，周公恐諸侯畔周，公乃攝行政當國……周公行政七年，成王長，周公反政成王，北面就群臣之位。」

（11）《史記・魯周公世家》：「其後武王既崩，成王少，在強葆之中。周公恐天下聞武王崩而畔，周公乃踐阼代成王行政當國……成王

〔註183〕六爲二之誤，參黃懷信：〈武王在位年數考——兼說文王受命及武王是否改元〉，《人文雜志》1998 年 3 期。

〔註184〕今本「群公卿士」作「率公卿士」，據王念孫：《讀書雜志》逸周書第三引《玉海》九十五作「群公卿士」改。台灣商務印書館人人文庫 p33，1978 年 12月台一版。

長，能聽政，於是周公乃還政於成王，成王臨朝。周公之代成王治，南面倍依以朝諸侯。及七年後，還政成王。」

（12）《史記・管蔡世家》：「武王既崩，成王少，周公旦專王室。」

（13）《史記・衛康叔世家》：「武王既崩，成王少，周公旦代成王治，當國。」

第三類：關於周公稱王的記載，主要有：

（14）《尸子》：「昔武王崩，成王少，周公踐東宮，祀明堂，假為天子。」

（15）《荀子・儒效》：「大儒之效：武王崩，成王幼，周公屏成王而及武王，以屬天下，惡天下之倍周也，履天子之籍，聽天下之斷，偃然如固有之，而天下不稱貪焉。」

（16）《荀子・儒效》：「武王崩，成王幼，周公屏成王而及武王，以屬天下，惡天下之倍周也，履天子之籍，負扆而坐，諸侯趨走堂下。」

（17）《韓詩外傳・卷三》：「周公踐天子之位七年。」

（18）《韓詩外傳・卷七》：「武王崩，成王幼，周公承文武之業，履天子之位，聽天下之政。」

（19）《韓詩外傳・卷八》：「文王之子，武王之弟，成王之叔父，假天子之尊位七年。」

（20）《淮南子・氾論》：「武王既沒，殷民叛之，周公踐東宮，履乘石，攝天子之位，負扆而朝諸侯……七年而致政成王。」

（21）《淮南子・氾論》：「武王崩，成王幼少，周公繼文王之業，履天子之籍，聽天下之政，……負扆而朝諸侯。」

由文獻證明周公稱王的另一途徑，則是由《尚書》的文句來推定周公曾稱王，主此說者所舉之例證主要有：

（22）〈金縢〉：「武王既喪，管叔及其群弟乃流言於國，曰：『公將不利於孺子。』周公乃告二公曰：『我之弗辟，我無以告我先王。』」

（23）〈大誥〉：「王若曰：『猷，大誥爾多邦，越爾御事。弗弔，天降割于我家，不少延。洪惟我幼沖人，嗣無疆大歷服。』」

（24）〈康誥〉：「王若曰：『孟侯，朕其弟，小子封。』」

（25）〈洛誥〉：「周公拜手稽首曰：『朕復子明辟，王如弗敢及天基命定命，予乃胤保，大相東土，其基作民明辟。』」

（26）〈洛誥〉：「在十有二月，惟周公誕保文武受命，惟七年。」

以上所列的 1～13，彭裕商由各書著成年代的考察，指出周公相成王（即 1～5）所反映的是戰國中期以前的情況，周公攝政代王（6～13），只是戰國晚期才開始產生而一直流傳到秦漢的一種說法。〔註185〕這個意見大致可信，尚可略作補充。

按，周公攝政代王之說，有相當程度的因素是來自於成王年幼的說法，歷來許多學者由文獻的異說梳理出武王崩逝的年齡當在中年（45～54），並依古人生子年齡的常態記算，認爲成王即位時即使尚未弱冠，也不會如〈魯世家〉所言「在強葆之中」。〔註186〕關於「孺子」一詞在文獻中的用法，錢大昕早已指出並非與「強葆之中」有關，其言云：

> 今人以孺子爲童稺之通稱，蓋本於《孟子》。考諸經傳，則天子以下，嫡長爲後者，乃得稱孺子。〔註187〕

王愼行亦云「孺子」非「成王年幼」之意，其引申爲「在襁褓中」，係戰國時人與漢代經師誤釋《尚書》「孺子」一詞所致。〔註188〕李學勤亦據〈晉公盧〉「我皇祖唐公膺（應）受大命，左右武王」指出，初封晉的唐叔爲成王之弟，時已能「左右武王」，則成王當時並不年幼，是可以肯定的。〔註189〕總之，以成王年幼作爲周公攝政乃至於稱王的的理由，是不能成立的。

另外，值得注意的是，在攝政（或稱王）中有關「負扆」的記載。明記此事者見於上舉之 6、7、16、20、21，間接與此有關者有 10、14、15、18。《逸周書・明堂》與《禮記・明堂位》的文句極爲相似，學者多已指出〈明堂位〉的前半乃是稍改〈明堂〉字句而來，〈明堂〉的時代，雖未必早至周初，〔註190〕但由其爲漢代的〈明堂位〉所抄襲來看，時代亦不會晚至於秦漢，其

〔註185〕彭裕商：〈周公攝政考〉，《文史》45 輯 1998 年。崔述：《考信錄・豐鎬考信錄卷四・周公相成王》。丁山：〈文武周公疑年〉，原載《責善半月刊》二卷 1、2 期 1941 年，復收於朱鳳瀚、張榮明編：《西周諸王年代研究》，貴州人民教育出版社 1998 年 2 月。

〔註186〕如王茂富：〈武王崩成王不幼考〉，《中華文化復興月刊》17 卷 5 期。楊朝明：〈文王、武王享年考〉，《求是學刊》1996 年 5 期。屈萬里：〈西周史事概述〉，《史語所集刊》42 本 4 分，1971 年。葉達雄：〈論成王〉，收錄於《西周政治史研究》，明文書局 1982 年。

〔註187〕錢大昕：《十駕齋養新錄等六種》p27，世界書局 1963 年 4 月初版。

〔註188〕王愼行：〈周公攝政稱王質疑〉，原載《河北學刊》1986 年 6 期，復收於《古文字與殷周文明》，陝西人民教育出版社 1992 年 12 月。

〔註189〕李學勤：〈晉公盧的幾個問題〉，《出土文獻研究》，文物出版社 1985 年。

〔註190〕黃懷信以爲文體與〈作雒〉相近，爲周初之作，見：《逸周書源流考辨》p115

他與「負扆」相關的記載，其時代亦無早於戰國晚期者，可以說《逸周書‧明堂》所記「負斧扆南面立」是這一類記載較原始的面貌。細觀〈明堂〉的前後文，自「天子之位」以下，有「三公之位」、「諸侯之位」、「諸伯之位」等，末了云「此宗周明堂之位也」，這段文字很明顯地是在說「明堂」之上，自王以至於三公、諸侯、諸伯等在「朝會」時所處的位置，並沒有「天子」是指周公或成王之意，〔註191〕而在此段文字之前也只說「周公攝政」，但後來卻將「負扆」的人直接說成是周公（16、18、20、21），這其中「層累造成」的意味是很濃厚的。〔註192〕

經由上述的討論可知，上文所舉的1～21，就時代的先後順序和其內容，周公的地位大致呈現如下的面貌：

　　　　輔相成王 ── 攝政 ── 稱王

若單就「負扆」的相關內容來看，也是由制度面的「王」，一變而落實為周公。所以周公稱王的說法，應是起於戰國晚期，為秦漢學者所承襲，西漢今文經學盛行，至清末今文經學復起，故晚近學者多有受此說影響者。必需說明的是，究竟周公當時是輔政抑或是攝政，這其中的界限很難嚴格地加以區分，故同主周公不曾稱王之馬承源、楊向奎，即有是否攝政的不同意見。〔註193〕但周公在成王時東征、營雒邑等大事上，確實有重要的貢獻，則是不容置疑的。〔註194〕

爭議最多的，還是《尚書》中的文句，試逐條討論如下。（徐復觀、屈萬

　　　　　～116，西北大學出版社1992年1月。

〔註191〕歷來注解都將此處的「天子」落實，或以為是周公，或以為是成王，參黃懷信、張懋鎔、田旭東：《逸周書彙校集注》p761，上海古籍出版社1995年12月。

〔註192〕童書業曾云：「春秋時人所以罕言周公攝政而但稱『相王室』者，則宗法禮制思想作祟。至戰國末年，古『宗法』制已解體，《荀子》等書即明言周公攝政踐阼矣。」《春秋左傳研究》p34，上海人民出版社1980年10月。按，由周初至戰國末年荀子之時已歷七、八百年，期間未嘗有周公踐阼稱王之記載，七、八百年後荀子所言反而是歷史的真相，這種說法顯然未可盡信。

〔註193〕馬承源認為周公未曾稱王亦未攝政，楊向奎則認為周公未曾稱王但有攝政。馬說見：〈西周金文和周曆的研究〉，原載《上海博物館集刊》1982年，復收於朱鳳瀚、張榮明編：《西周諸王年代研究》，貴州人民出版社1998年。楊說見：《宗周社會與禮樂文明》修訂本p141～166，人民出版社1997年11月。

〔註194〕Herrlee G. Creel認為周公不但沒有稱王，並且也沒有起過太多的歷史作用，說見《The Origins of Statecraft in China:The Western Chou Empire》p74，芝加哥大學出版社1970年。

里曾對〈大誥〉中的「王」是否爲周公的問題進行過論辯，已經討論過的部
分，在此即不再重複。）〔註195〕

A　〈金縢〉「我之弗辟，我無以告我先王」

在司馬遷的理解中是「我之所以弗辟（避）而攝行政者，恐天下畔周，
無以告我先王」（《史記・魯周公世家》）。唯杜正勝訓「辟」爲君，並以〈金
縢〉的這段文字作爲周公稱王之證，其文云：

> 周公告訴姜、召二位氏族長兼元老重臣説：「如果我不出來稱王，新
> 造邦一旦在風雨飄搖中摧毀，我即使有臉面見先王也無可交待了。」
> 周公自「辟」，因爲成王誦不足承擔這個亂局，《尚書》説得很清
> 楚。……辟，當作國君解，典籍不乏例子，釋作逃避之避，不但不
> 明當時的情勢，簡直把周公描繪成一個倖倖然的小人了。或引〈魯
> 世家〉「弗辟（避）而攝行政」，只攝政，不稱王，還是「自稱爲王
> 則不爲臣」的意識在作怪。〔註196〕

按，杜説多有可議。由〈金縢〉之「我之弗辟」説起。據相關文獻所見，「辟」
當讀爲「𤕫」，訓爲「治也」、「法也」，非杜説之意。《説文・九上辟部》

> 𤕫，治也，从辟从井。《周書》曰「我之不𤕫」。

僞孔傳訓「辟」爲「法也」，云：「我不以法法三叔，則我無以成周道，告我
先王。」郝懿行《爾雅義疏》云：

> 辟者，〈釋詁〉云：「法也」，歷者，（〈釋言〉「辟，歷也」），𤕫之假
> 借也。《説文》云：「𤕫，治也。」治，法義近，辟、歷聲近。凡聲
> 近之字，古人多以爲訓。

又《玉篇・辟部》：

> 辟，理也。《書・金縢》：「我之弗辟，我無以告我先王。」

「之」字在此訓爲「若」，《經傳釋詞》有説。〔註197〕則「我之弗辟」意爲

〔註195〕徐復觀：〈與陳夢家屈萬里先生商討周公旦曾否踐阼稱王的問題〉，《東方雜誌》
　　　　復刊號 6 卷 7 期 1973 年。屈萬里：〈關於所謂周公旦「踐阼稱王」問題敬復
　　　　徐復觀先生〉，《東方雜誌》復刊號 7 卷 7 期，1974 年。

〔註196〕杜正勝説，出處同註 182。又，以〈金縢〉爲周公稱王之證據者，尚有黃彰
　　　　健〈釋周公受命義——並論大誥、康誥「王若曰」的王字應指周公〉，《大陸
　　　　雜誌》46 卷 5 期，1973 年、〈四論周公受命稱王問題〉，《大陸雜誌》54 卷 3
　　　　期，1976 年。

〔註197〕《經傳釋詞》：「之，猶若也。《金縢》曰：『爾之許我，我其以璧與珪，歸俟
　　　　爾命！』言爾若許我也。又曰：『我之弗辟，我無以告我先王。』言我若弗辟

「我若弗治」，司馬遷將「弗辟」鋪衍爲「弗辟而攝行政者」，意謂居攝政之位而不避，故將「之」理解爲「之所以」，復又增「恐天下畔周」一句。而杜氏以「辟」爲君之意，雖常見於典籍，但在此處與歷來注解皆不合，〔註198〕又摻雜了過多的歷史想像，恐難令人信服。另一方面應注意的是，商周之時雖有異姓稱王之事實，這些稱王的異姓氏族長對商、周所採臣服的態度，〔註199〕似乎正好爲杜氏所說「自稱王則不爲臣的意識在作怪」提供了證明，但這些稱王的小邦國國君，皆爲異姓，並不存在同姓稱王的情形，所以，杜氏以「我之弗辟」爲周公稱王之證據，在訓詁上、在歷史情境上恐怕皆難以成立。

　　B 〈大誥〉：「王若曰：……洪惟我幼沖人，嗣無疆大歷服。」
　　郭偉川嘗就此文有一段「沖人」非成王姬誦的說明，云：

　　　　許多人都因爲內中有「惟我幼沖人」及「予惟小子」而誤認「王」
　　　　是姬誦，是沒有道理的。須知周初王者無論祀天祀廟，或龜卜時向
　　　　天禱告，皆得自稱「幼沖人」、「予沖子」、或「予小子」。試觀《逸
　　　　周書‧世俘》：「時四月旁生魄越六日庚戌，武王朝至燎於周。維予
　　　　沖子綏文。」

按，其說近是，猶可稍做補充。蓋古人祭祀時自稱「小子」、「幼沖人」，乃是祖先皇考之神靈在天，自己雖已貴爲天子，爲天下之「大子」，但對祖先皇考而言仍是後輩「小子」。況且〈大誥〉的這段話乃是對「多邦」、「御事」所言，與祭祀時稱「予沖子」並不相涉。「王若曰」就字句的意思來說，是「王如此說」，通常用於篇首，或史官首次宣達王命，其後若再起一段時可省爲「王曰」或「王」；〔註200〕就文體的形式而言，是「誥」這一類文章的用語。〔註201〕

〔註198〕辟字，蔡沈《書集傳》讀爲避，爲「退避」之意，此說爲屈萬里《尚書集釋》所採信，則此與《墨子‧耕柱》：「周公旦非關（管）叔，辭三公，東處於商蓋。」的「辭三公」若合符節，但既明商蓋即商奄，「東處於商蓋」即東征之事，則避去攝政位之意，似未能與下文「周公居東二年，罪人斯得」緊密聯結，故茲不取此說。關於對辟讀爲避的不合理，詳見高本漢注，陳舜政譯：《書經注釋》p546～547，國立編譯館1981年8月再版。

〔註199〕參蔡哲茂：〈商代稱王問題的檢討——甲骨文某王與王某身分的分析〉，《國立歷博物館館刊》3卷3期1990年。王明珂：〈西周矢國考〉，《大陸雜誌》75卷2期。又，關於西周諸侯稱王的討論詳第五章第三節。

〔註200〕參陳夢家：〈西周銅器斷代〉（二），《考古學報》10冊，1955年，于省吾：〈王

至於〈大誥〉是否爲周公代王佈命，或舉文中「肆予曷敢不越卬敉寧王大命
若兄考」之「兄考」，以爲當即周公之語氣。實亦不然，于省吾即指出古無「兄
考」連言，又漢（熹平）石經皇字或作兄，知此處之「兄考」當讀爲「皇考」，
〔註202〕其說甚是。故知〈大誥〉之「王」爲成王，宣達誥命者也可能爲史官，
如〈洛誥〉之「作冊逸誥」，不必如舊注所說，定以「周公稱成王命」（僞孔
傳）。故以〈大誥〉之文認爲周公稱王，也並不可信。

　　C　〈康誥〉:「王若曰:孟侯，朕其弟，小子封。」

　　歷來主周公稱王之說的學者皆以此爲證，茲舉趙光賢之說爲例:

> 〈康誥〉一篇是周公封康叔于衛時對康叔的訓話，開篇就說:「王若
> 曰:孟侯，朕其（訓「之」）弟，小子封」。後儒解說周公代成王誥
> 康叔，但此說顯然不通，成王怎能稱康叔爲弟？有人說，王應是武
> 王，但封康叔于衛明明是周公東征誅武庚後的事。〈康誥〉之前有〈大
> 誥〉，乃武庚叛亂，周公出師東征時的訓話，其事皆在武王死後，此
> 說亦不可通。這裏唯一正確的解釋是，兩篇的「王」都指周公。〈大
> 誥〉、〈康誥〉、〈酒誥〉、〈梓材〉四篇並無周公字樣，其它各篇則多
> 有「周公若曰」可爲旁證。〔註203〕

按，〈康誥〉中稱康侯封爲弟，則此誥辭中的王固然不能如僞孔傳和鄭玄所
言是周公代成王佈命，但也不能說一定就是周公自稱王的確證。誠如朱熹、
蔡沈所言，稱康叔爲弟者，也可以是武王〔註204〕（今之學者多主此說），問
題是〈康誥〉究竟是封康叔封於康，還是封於衛的誥辭？顧頡剛據篇中有「肆
汝小子封在茲東土」及多處提到「殷」、「殷民」，認爲必定是伐武庚後封衛
之事，〔註205〕但本文在上一章中已指出武王時分封的諸侯，其治下的人民
亦多爲殷民，故不能因爲提及「殷」、「殷民」就認爲必定是封於衛之事。至
於「在茲東土」，屈萬里已指出舊說康爲畿內諸侯未必正確，其地可能是在

　　若曰釋義〉，《中國語文》1966年2期。
〔註201〕參董作賓:〈王若曰古義〉，《說文月刊》4卷4期，1944年。屈萬里、李學勤
　　　　同此說。屈說見:《殷虛文字甲編考釋》第2504片，中研院史語所1961年6
　　　　月，李說見:《走出疑古時代》p11，遼寧大學出版社1994年3月。
〔註202〕于省吾:《雙劍誃群經‧諸子新證》合刊本p82，上海書店1999年4月。
〔註203〕趙光賢:〈關于周初年代的幾個問題〉，《人文雜志》1988年1期。
〔註204〕朱熹說見《朱子語類‧卷七十九》，蔡沈說見《書集傳》。
〔註205〕顧頡剛（遺著）:〈周公執政稱王〉，《文史》23輯1984年。

河南臨汝〔註206〕（今洛陽稍南，相對於宗周而言，可稱爲東土）。所以，據誥辭的內容也無法確證必定是封於衛之誥辭。至於趙氏所言篇次順序具判斷作用的問題，《尚書・周書》幾篇誥辭的篇次，是否與時間順序相對應，這個問題的答案顯然是否定的，如〈洛誥〉中有「惟周公誕保文武受命，惟七年」，指的是成王五年（詳下文），〈多方〉「臣我監五祀」，指的是成王三年，〔註207〕依篇次而言，〈洛誥〉尚在〈多方〉之前。故不能說〈康誥〉在〈大誥〉之後，其所記之事就不能在〈大誥〉之前。總之，要以〈康誥〉來證明周公稱王，其實並無切確的根據。

D 〈洛誥〉之「朕復子明辟」、「惟七年」

25、26 可合併討論。主張周公稱王的學者把「惟周公誕保文武受命，惟七年」，說是周公稱王的七年，並與「朕復子明辟」相對應。先就文句訓詁方面稍做說明。蔡沈、王國維已指出此處的「復」與《周禮・夏官・太僕》:「掌諸侯之復逆」的「復」相同，是「奏事」之意。〔註208〕至於「惟七年」應從何時算起？部分學者將此與周公稱王（或攝政）的七年相對應，認爲應從成王元年算起〔註209〕（許多主張周公攝政的學者亦同此說），但其文曰「誕保文武受命」，則「七年」顯然應與「文武受命」有關，王國維應該就是注意到此點，故將此視爲成王五年之事。〔註210〕彭裕商亦有相同的觀察，云「『誕保文武受命』猶同篇『誕保文武受民』，乃指周公自武王克商以來輔相王室之功德。」〔註211〕這是明白可信的。在上一章的附論中已經說過，文王受克殷之命，武

〔註206〕屈萬里：《尚書集釋》p144，聯經出版社1986年初版2刷。

〔註207〕此處的「監」訓爲「君」，意謂殷民臣服於我君至今五年，參李學勤：〈應監甗新說〉，原載《江西歷史文物》1987年1期，後收於《李學勤集》，黑龍江教育出版社1988年5月。唐蘭舉《尚書大傳》「三年踐奄」與〈多方〉之「惟五月丁亥，王來自奄」「今爾奔走臣我監五祀」相參照，云「這是包括武王克商後的二年說的，所以是五祀，從成王來說是三年。」這都是十分正確的。唐說見：〈西周銅器斷代中的「康宮」問題〉，原載《考古學報》1962年1期，復收於《唐蘭先生金文論集》，紫禁城出版社1995年。又，〈多方〉中周公對殷遺民說「今爾奔走臣我監五祀」，則周公之上尚有「監」（君），此正可作爲周公未稱王之證。

〔註208〕參蔡沈《書集傳》，王國維：《觀堂集林・洛誥解》。

〔註209〕（日）山田統由武王崩年算起，說見：〈周初的絕對年代〉，《大陸雜誌》第15卷5、6期，1957年。

〔註210〕王國維：《觀堂別集・周開國年表》

〔註211〕彭裕商：〈周公攝政考〉，《文史》45輯，1998年。

王承繼此天命克殷，所以這裏的「文武受命」指的應該就是受克殷之命，「惟七年」無疑地應從克殷之年算起，減去武王克殷後在位的二年（參第二章的附論——武王年代考），時爲成王五年。退一步來說，即使撇開文句的訓詁，並按照主張周公稱王說的學者的說法，將「復」視爲「還政」之意，其將「惟七年」與「朕復子明辟」相對應，仍然是矛盾的。如果按照他們的說法，〈洛誥〉所記是周公還政成王之事，如周公有稱王，那麼在宣佈還政之時，周公的地位究竟是君？還是臣？如果是君，〈洛誥〉所記就不應該是「周公拜手稽首」（應該有兩個王）；如果是臣，則爲臣子者說出「我還政於君」的話，這是很奇怪的，且不能與下文之「王如弗敢及天基命定命，予乃胤保，大相東土，其基作民明辟」相連接。再退一步來說，即使是設想此時因周公還政，所以周公已經不是「王」，故史官仍以「周公」稱之，但前面已經說過，「七年」不能由成王元年算起，那麼所謂「七年致政」的「七年」，就不能與此處的「惟七年」相聯繫，故知，其將「惟七年」與「朕復子明辟」相對應，以此來說周公稱王，其實是不可信的。

　　總之，對各家所提出《尙書》中周公稱王的文句加以分析討論，其中並無明確可信的證據可支持其說法。至於有的學者舉出《禮記·明堂位》中魯國使用周王禮樂制度的記載來說此必因於周公稱王之故，關於這點，即使是主張周公稱王最力的顧頡剛對此都予以批駁，認爲是「過分誇大」。〔註 212〕孫希旦亦云：

> 魯用天子禮樂蓋東遷以後之僭禮，惠公始請之，而僖公以後始行之者也。孔子曰：「魯之郊禘，非禮也，周公其衰矣！」（按《禮記·禮運》）使果成王所賜，孔子何以發此嗟乎，記者不知其非，而反盛誇之以爲美。〔註 213〕

綜上所述，文獻中時代最早的《尙書》，其中並無明確的證據可支持周公稱王的說法，戰國中期之前的文獻也只說是「周公相王室」，到了戰國晚期才出現周公踐阼稱王的說法，這種說法的出現是否與當時的政治環境有關，尙待進一步研究。但可以肯定的是，既然周公稱王的說法始於戰國晚期，若全盤接受此說法，並以此來否定戰國中期之前的文獻記載，在沒有明確證據支持的情況下，過於相信晚出的記載而否定較接近原始面貌的早期記載，以此方法

〔註 212〕顧頡剛（遺著）：〈周公執政稱王〉，《文史》23 輯，1984 年。
〔註 213〕孫希旦：《禮記集解》p769，文史哲出版社 1973 年 10 月再版。

得出的結論，無疑是很難令人相信的。

二、青銅器銘文與文獻足證周公未曾稱王

《國語・周語下》有一段述及周之始祖和周初王業的記載，對確認周公未稱王是很有幫助的，其文云：

> 自后稷之始基靖民，十五王而文始平之，十八王而康克安之。

由遠古之后稷至文王是否爲十五王，此點不易確知，但文王以降，除周公外，王世與王名是很清楚的，此處以文王爲「十五」，康王爲「十八」，顯然就是文、武、成、康的順序，其中完全沒有周公稱王的痕跡，也沒有插入周公稱王的空間。

復就金文方面的材料對此進行討論。先就主張周公稱王學者所提出的金文證據進行說明。吳其昌《金文麻朔疏證》中言金文有周公稱王之事最多，但其說多誤，爲學者所不取，且其中又雜有僞器，故略而不論。〔註214〕顧頡剛在〈周公執政稱王〉一文中（以下簡稱顧文）舉〈王在魯尊〉（即〈蔡尊〉），復採用楊樹達對〈濬嗣徒逯簋〉的說解，以作爲周公稱王的證明，其後劉起釪又採用徐中舒對〈班簋〉銘文中「咸王」爲周公的說法，〔註215〕另外，陳邦懷又舉〈成周鈴〉，杜正勝、黃彰健、王玉哲、徐喜辰舉〈冏尊〉，〔註216〕

〔註214〕吳其昌舉〈師旦鼎〉（共41字）爲周公稱王之證，吳闓生已疑此爲僞器，容庚亦定爲僞器，僞器之說已爲學界所公認（《集成》即不收此器）。吳其昌說見：《金文麻朔疏證》1.1，1936年商務印書館。吳闓生說見：《吉金文錄》1.11，樂天出版社1971年（《彞銘會釋》p447）容庚說見：《商周彞器通考》。

〔註215〕顧頡剛說見於：〈周公執政稱王〉，《文史》23輯1984年3期。楊樹達說見：〈關涉周代史實之彞銘五篇〉，《歷史研究》1954年2期，復收於《積微居金文餘說・卷一濬司土逯簋跋》p244～245，台灣大通書局（金文說、甲文說合訂本），1974年3月再版。徐中舒說見於：〈西周史論述〉上，《四川大學學報》1979年3期。又，徐中舒早在1931年即提出咸王爲成王的說法，見於：〈諆敦考釋〉，《史語所集刊》5本2分。該文復收於《上古史論》，天山出版社1986年。又，咸王爲成王之說實本於吳其昌《金文麻朔疏證》。劉起釪說見於：〈由周初諸誥作者論周公稱王的問題〉，原載《人文雜志》1983年3期，復收於《古史續辨》，中國社會科學出版社1991年8月。

〔註216〕陳邦懷說見：《嗣樸齋金文跋》p12，吳多泰中國語文中心1993年。杜正勝說見：〈尚書中的周公〉，《大陸雜誌》56卷3、4期，1978年，刪定後收於《古代社會與國家》，允晨文化1992年。黃彰健：《周公孔子研究》p18，中研院史語所1997年。王玉哲：〈周公旦的當政及其東征考〉，徐喜辰：〈「何尊」銘文中的「王」當指周公說〉，二文皆見於《西周史研究》，人文雜志叢刊第二

總計主周公稱王說的學者共提出了五件銅器銘文作爲根據，但其說法恐怕皆不能成立，試說如下：

（1）〈蔡尊〉：王在魯，蔡錫貝十朋，對揚王休，用作尊彝（《集成》5974，圖二、52）

（2）〈濬嗣徒逖簋〉：王來伐商邑，延（誕）令康侯啚（圖）於衛。濬嗣土（徒）罞（暨）啚（圖），乍毕（厥）考尊彝〔註217〕（《集成》4059，圖二、53）

（3）〈班簋〉：佳八月初吉在宗周。甲戌，王令毛白（伯）更虢馘（成）公服，粤（屏）王立（位），乍（作）四方亟（極），秉縣、蜀、巢令，易（錫）鈴、鏊，咸。王令毛公以邦家君、土（徒）馭、戜人伐東或（國）疒戎，咸。王令吳白（伯）曰：「以乃自（師）左比毛父。」王令呂白（伯）曰：「以乃自（師）右比毛父。」……（《集成》4341，圖二、44）

（4）〈成周鈴〉：A 王成周令（鈴）（《集成》416，圖二、54.1）

　　　　　　　　B 成周王令（鈴）（《集成》417，圖二、54.2）

以〈冏尊〉爲周公稱王之證，葉達雄已辯之甚詳，茲不贅述。〔註218〕4 器，陳邦懷於《嗣樸齋金文跋》云：

　　成周王者，蓋作鈴時周公攝政而居於成周，故時人因以號之，所以
　　區別於宗周之成王也……然則周公有成周王之號，原不足異，是猶
　　屬王曾居汾水之上又號汾王也。〔註219〕

按，陳說並不可信。此器今藏故宮博物院（台灣、北京各一件）。《故宮青銅器》云：「意爲『成周（洛陽）王室用鈴』」，〔註220〕由金文中「成王」有生稱之例來看，如〈獻侯鼎〉：「唯成王大柔，在宗周……」（《集成》2626），〈成周鈴〉中的成周王，比諸屬王稱汾王之例，完全有可能是指成王而非周公，所以，4 器並不能作爲周公稱王的有力證明。1、2 兩器，前舉顧、劉二氏的

　　輯，1984 年。

〔註217〕銘文中的「令」有「賜予」之義，「啚」讀爲圖，「罞」有「參與」之義，參彭裕商：〈濬司徒逖簋考釋及其相關問題〉，《于省吾教授百年誕辰紀念文集》，吉林大學出版社 1996 年；張桂光：〈沫司徒疑簋及其相關問題〉，《古文字研究》22 輯，中華書局 2000 年 7 月。

〔註218〕葉達雄：〈冏尊的啓示〉，《國立臺灣大學歷史學系學報》7 期，1980 年。

〔註219〕出處見註216。

〔註220〕《故宮青銅器》p157，紫禁城出版社 1999 年。

基本觀點都是成王年幼，並沒有親自東征，所以東征器中的王必定是周公。
對於成王年幼說法之不可信，在上文中已有所辨析，而對於王與周公同見一
器的現象，顧文是這樣解釋的：

> 爲了周公實際上不是真正的周王，所以當時固然有人稱他爲「王」
> 的，但也有人照舊稱他爲「周公」的，也有「王」和「周公」雜用
> 的稱呼的，記載中并不一律。……而〈禽簋〉銘云「王伐槲（奄）
> 侯，周公某禽祝」就可以證明這一點。

參下文所舉〈小臣單觶〉，〈禽簋〉中「王」與周公不會是指同一人，是顯然
易見的，顧說之誤不待辯而自明。〔註221〕

　　至於 3 器，徐氏云西周有「咸王」這個王號。夏含夷曾據〈史牆盤〉中
史牆歷數西周諸王並無「咸王」之名號，指出周公未曾稱王，這是十分正確
的。〔註222〕在此附帶說明銘文中的咸字。各家多作單字讀，認爲是「其事有
成」之意，並引《詩經・魯頌・閟宮》：「敦商之旅，克咸厥功」。我認爲詩中
的「咸」當如楊樹達、李學勤之說，訓爲「終訖」之意，表示事情到一個段
落的意思。〔註223〕另外，〈作冊令方彝〉（有同銘之尊）中「既咸令」的「咸」
應該也是「終訖」的意思，又同銘中過去句讀作「甲申，明公用牲于宗宮。
乙酉，用牲于康宮。咸既用牲于王，明公歸自王。」其中的「咸」亦應屬上
句，與〈班簋〉相同，作一字單句讀，「用牲于康宮，咸。既……」「咸」在
此表示甲申和乙酉用牲之事做完了的意思。

　　如上所述，這五篇銘文並不能作爲周公稱王的證據。相對地，金文中除
了上文中所說的〈史牆盤〉和〈禽簋〉可作爲周公未稱王的證據之外，王與
周公同見一器的尚有

　　　　〈小臣單觶〉：「王後𠂤克商，在成𠂤，周公易（錫）小臣單貝十朋，

〔註221〕又，杜勇認爲〈禽簋〉乃是周公致政後之器，故周公與王並見不能作爲周公
　　　　未稱王之證據。按，杜勇是以銘文的槲爲楚字，以此爲基礎來說的，此字釋
　　　　楚是諸說中最不可信的說法，茲不贅述。杜勇說見：《尚書周初八誥研究》p24，
　　　　中國社會科學出版社 1998 年 12 月。
〔註222〕夏含夷：〈周公居東新說——兼論〈召誥〉、〈君奭〉著作背景和意旨〉，原載
　　　　《西周史論文集》，陝西人民教育出版社 1993 年，復收於《溫故知新錄》，稻
　　　　禾出版社 1997 年 9 月。
〔註223〕楊樹達說見：《積微居小學述林・敦商之旅克咸厥功解》p223～224，中華書
　　　　局 1983 年。李學勤說見：〈嘗麥篇研究〉，原載《西周史論文集》，陝西人民
　　　　教育出版社 1993 年，復收於《古文獻叢論》，上海遠東出版社 1996 年 11 月。

用乍寶障彝。」（《集成》6512，圖二、55）（主周公未稱王的學者亦

多舉此銘爲證）

銘文中的「後」，各家已指出是指成王伐武庚，與之「前」的武王伐紂相對。

克的前一字，據〈曾侯乙編鐘〉反字作𠂇，〔註224〕知郭沫若、唐蘭釋此字爲

「反」是可信的，但郭沫若讀「反」爲「叛」，定此器爲武王時器，固然不可

信，唐蘭訓「反」爲「至」，亦有待商榷。〔註225〕此處的「反」或當訓爲「復」，

即重複、再一次之意，如《論語·述而》：「子與人歌而善，必使反之。」《荀

子·賦》「與愚以疑，願聞反辭。」楊倞注：「反辭，反覆敘說之辭。」「王後

𠂇（反）克商」即王再一次擊敗商的意思。這樣來解釋，正可與《逸周書·

作雒》所言成王伐商之文相參照：「二年，又作師旅，臨衛政殷，殷大震，潰

降。」「王後𠂇（反）克商」，「反」訓爲「復」，與此處的「又」正相對應。

　　另外，由周公後嗣作器祭祀周公時的稱謂，亦可見周公並未稱王。這樣

的例證有〈沈子它簋〉（《集成》4330）、〈邢侯簋〉（《集成》4241）、〈柞伯簋〉

（《文物》1998年9期）。〈沈子它簋〉銘文云

　　　沈子乍緻（祼）于周公宗……隹考敢又念自先王先公

馬承源即指出「沈」是周公之子的封國，唐蘭更明確地說，「周公宗」裏的先

王先公指的是文王、周公，這都是可信的。〔註226〕身爲周公後嗣的「沈子它」

對周公稱之爲公，而不稱王，也可作爲周公未稱王的旁證。又，〈邢侯簋〉（《集

成》4241）和新公布的〈柞伯簋〉銘文有「乍周公彝」、「柞白（伯）用乍（作）

周公寶尊彝」。邢是周公之子所封（《左傳·僖公廿四年》），銘文中的邢侯一

般認爲是周公之子，第一代的刑侯，〔註227〕「邢」已是別族分封出去的諸侯

國，據銘文周公之子仍稱其父爲周公（死稱）。〈柞伯簋〉，學者定爲康王或昭

〔註224〕𠂇字釋反，參裘錫圭、李家浩：〈曾侯乙墓鐘、磬銘文釋文與考釋〉收於《曾
　　　　侯乙墓》，文物出版社1989年2月1版。

〔註225〕郭沫若說見：《兩周金文辭大系》大通書局（《周代金文圖錄及釋文》III葉2），
　　　　1971年3月。唐蘭說見《西周青銅器銘文分代史徵》p36，中華書局1986年。

〔註226〕馬承源說見：《商周青銅器銘文選》IIIp57，文物出版社1988年。唐蘭說見：
　　　　〈論周昭王時代的青銅器銘刻〉，（《古文字研究》第二輯，中華書局1981年），
　　　　復收於《唐蘭先生金文論集》，紫禁城出版社1995年。

〔註227〕另外〈麥方尊〉銘文有「王令：辟刑侯出坅，侯於刑」唐蘭、郭沫若認爲是
　　　　第二代刑侯，學者多從之。唐說見：《西周青銅器銘文分代史徵》p161，中華
　　　　書局1986年。郭說見：《兩周金文辭大系》，大通書局（《周代金文圖錄及釋
　　　　文》III葉43，1971年3月。）

王器，〔註228〕「柞」即是《左傳・僖公廿四年》「周公之胤」的「胙」，李學勤認爲銘中的柞伯是胙國的始封君。〔註229〕且不論此器是康王或昭王器，器主是周公之後嗣是很明顯的，此二器與〈沈子它簋〉的情形相類，且皆屬西周早期器，距離周公的時代尚近，皆可做爲周公未稱王的旁證。

總之，銘文中王與周公同見一器，以及西周史官歷數周王世系不及周公，周公之後嗣不稱周公爲王，皆可作爲周公未稱王的有力證據。〔註230〕

三、由周初「新邑」可知周公未稱王

在西周銅器銘文與記載西周的相關文獻中都有「新邑」一辭，指的是成周雒邑，但這個辭彙使用的時間並不長，具有可供說明較短年代的特性，以下試就「新邑」一辭出現的情形，來說明周公未曾稱王。

《尚書》周初諸誥中有「新邑」、「新大邑」、「新邑洛」，分別見於：

(1)〈康誥〉：「惟三月，哉生魄，周公初基作新大邑于東國洛。」（篇首錯簡，學者多謂當屬之〈洛誥〉，其爲周初文字則無疑）

(2)〈康誥〉：「惟二月既望，越六日乙未，王朝步自周，則至于豐。惟太保先周公相宅。……厥既得卜，則經營。越三日庚戌，太保乃以庶殷，攻位于洛汭。越五日甲寅，位成。若翼日乙卯，周公朝至于洛，則達觀于新邑營，越三日丁巳，用牲于郊，牛二。越翼日戊午，乃社于新邑，牛一、羊一、豕一。」

(3)〈召誥〉：「知（䚿）今我初服，肆惟王其疾敬德。王其德之用，祈天永命。」

(4)〈洛誥〉：「周公曰：『王肇稱殷禮，祀于新邑，咸秩無文（紊），予齊百工，伻徒王于周。』……如予惟以在周工，往新邑。」

(5)〈洛誥〉：「戊辰，王在新邑，烝，祭歲；文王騂牛一，武王騂牛一。王命作冊逸祝冊，惟告周告其後……在十有二月，惟周公誕保文

〔註228〕此器公布於袁俊杰、姜濤、王龍正：〈新發現的柞伯簋及其銘文考釋〉，《文物》1998 年 9 期，該文定爲康王器。李學勤則定爲昭王器，說見：〈柞伯簋銘文考釋〉，《文物》1998 年 11 期。

〔註229〕同註 228 李文。

〔註230〕葉達雄亦曾舉〈澅嗣土送簋〉、〈宜侯夨簋〉作爲周公未稱王的證據，葉說見：〈西周文、武、成、康時代的文治與武功〉，原載《國立台灣大學歷史系學報》3 期，復收於《西周政治史研究》，明文書局 1982 年。

武受命，惟七年。」

　　（6）〈多士〉：「惟三月，周公初于新邑洛，用告商王士。」

以上是文獻中所出現的「新邑」。銅器銘文中的「新邑」除了劉啓益所舉的〈噂士卿尊〉、〈臣卿簋〉（有同銘之鼎）和〈柬鼎〉（即〈王奠新邑鼎〉）之外，[註231] 尚有〈新邑戈〉，銘文分別作：

　　（7）〈噂士卿尊〉：丁巳，王在新邑，初鑫，王易（錫）噂士卿貝朋，用乍父戊尊彝。（《集成》5985，圖二、56）

　　（8）〈臣卿簋〉：公違省自東，在新邑，臣卿易（錫）金，用乍父乙寶彝。（《集成》3948，圖二、57）

　　（9）〈王奠新邑鼎〉：癸卯，王來奠新邑，□二旬又四日丁卯，□自新邑，于柬（？）：王□貝十朋，用乍寶彝。（《集成》2682，圖二、58）

　　（10）〈新邑戈〉：新邑（《集成》10885，圖二、59）

　　西周時的「新邑」，學者多指出是成王時成周雒邑興建期間對此地的稱呼，待建成之後很短的時間裏，即改稱之爲「成周」。也就是說，使用「新邑」一辭指稱雒邑成周的時間不過只有一、二年，由於「新邑」一辭在可信的西周史料中具有標定時間的特性，所以陳邦懷據此將過去定爲穆王的〈王奠新邑鼎〉改定爲成王時器，爲學界所咸信。[註232] 今以此檢視《尚書》的記載，若按照主張周公稱王說學者的說法，那麼在雒邑建成之前（即尚稱之爲「新邑」時），「周公」與「王」的稱謂應該是不能同時並存的，更確切地來說，在明確「新邑」是指雒邑興建期間的情況下，周公如有稱王，則應該不會出現「周公」這個稱謂（或者說周公與王應該很難區分）。但事實並非如此，上舉 1 中的「基」，歷來皆訓爲「謀」，表示此時雒邑的興建尚在謀劃階段，而文中稱「周公」不稱「王」。2 首記「王至豐」之事，與金文「大事記年」頗爲相近。文中的「相宅」、「經營」、「攻位」、「位成」、「達觀于新邑營」，是指興建的過程。這段興建過程的記載有「王」見於篇首，周公見於其後，知周公與王並非一人。又，周公「達觀于新邑營」之事與周原甲骨之「視工于洛」（H11:102）是否有關，尚待進一步研究。[註233] 由 1、2 兩條記載來看，在

〔註231〕劉啓益：〈西周武成時期銅器的初步清理〉，《古文字研究》第 12 輯，中華書局 1985 年。

〔註232〕陳邦懷：〈金文叢考三則〉，《文物》1964 年 2 期，及《嗣樸齋金文跋・柬鼎跋》p24，香港中文大學吳多泰中國語文研究中心 1993 年 9 月。

〔註233〕周原甲骨 11 號窖穴 102 號卜甲刻文作「**ᙂ**工于洛」，**ᙂ**字當釋爲視，參裘錫

營建雒邑的過程中，周公是周公，王是王，周公未曾稱王是很明確的。3～6 的記載雖然並不能明確地知道此時的雒邑是否已經建成，但有一點是值得注意的，過去多數學者將〈宬尊〉定爲成王時器，其銘文有「隹王五祀」，更是具有斷代上「標準器」的意義，但是據尊銘所載，王誥宗小子宬的時間是在五年四月丙戌，但〈洛誥〉中成王五年十二月仍稱雒邑爲新邑，那麼在成王五年的四月，雒邑是否已有「成周」的稱法是應該要再認眞考量的。

結　語

　　關於周公是否稱王的問題，如果暫時先不看《尙書》和青銅器銘文的部分，僅由戰國中期以至秦漢的文獻加以整理，即可發現，周公稱王的說法，實始於戰國晚期，若由戰國中期以前的史料來看，《尙書》中過去被提出認爲是周公稱王的文句，其實並沒有足夠的理由可支持這個說法，相反地，經由有明確時間定點的「新邑」來檢討當時周公與王的關係，可明確地看出，在雒邑興建過程中，尙被稱之爲「新邑」的階段裏，周公是周公，王是王，絲毫沒有相混淆。青銅器銘文中「周公」與「王」同見於一器，且西周的史官乃至周公的子孫也都沒有把「周公」稱之爲「王」，《國語‧周語下》於西周初年王世的敍述中，「十五」爲文王，「十八」爲康王，顯然無法插入任何一王。那麼在周公稱王的文獻記載未可遽信，《尙書》、《國語‧周語下》和西周青銅器銘文都明確周公未曾稱王的情況下，若是根據較晚的材料來說周公稱王，顯然是不可信據的說法。總之，西周之世，周公未曾稱王的說法，應是符合歷史實情的。

主：〈甲骨文中的見與視〉，《甲骨文發現一百周年學術研討會論文集》，1998 年。

第四章　西周與南土

　　楚的先祖，據《史記·楚世家》所云，乃顓頊之後，屈原《離騷》亦云：
「帝高陽之苗裔兮，朕皇考曰伯庸」，則楚亦源於華夏。其居地或以爲原在山
東，後乃遷於江漢。〔註1〕至周初，楚的居地才有較明確可考的方位、地點。
其居地之所在，不但關乎到周人所說「南土」的範圍，亦與昭王南征之事的
性質和目的緊密關聯。學者又或以爲熊渠所伐的「鄂」爲〈鄂侯馭方鼎〉中
的鄂侯，學者多謂鄂侯是周人經營南土的重要諸侯國，則楚國疆域的發展亦
關乎到西周晚期對南方的經營。可以說楚國在西周時疆域的發展，牽涉到西
周經營「南土」的各各環節，對此問題加以釐清，是有其必要性。

　　周昭王南征，是西周向南發展的一件大事，1976 年出土的〈牆盤〉，其前
半歷數諸王功業，即云「宏（弘）魯邵（昭）王，廣㪟（答）楚荊（荊），隹
奐（貫）南行」，便是以昭王的南征爲其主要功績。過去多認爲昭王南征與奪
取江南的銅礦資源有關，但由江南古銅礦的分佈與楚人疆域的發展配合起來
看，即可以發現，楚人佔有江南古銅礦的時間約是西周中期後段的夷王之時，
則昭王所以伐楚荊的目的是否與銅礦資源有關，是應再仔細考慮的問題。另
外，〈牆盤〉所云之「隹奐（貫）南行」，有部分學者認爲所「貫」者即是「金
道錫行」，但「金道錫行」是以河南東南部的繁陽爲主要集散中心，此地附近
在周昭王以前已封建有姬姓的蔡、蔣等諸侯國，那麼昭王所「奐」的「南行」
是否即「金道錫行」，也有再檢討的空間。文中乃對昭王南征的目的和所征伐

〔註1〕　參胡厚宣：〈楚氏族源於東方考〉，《史學論叢》第 1 冊，1934 年，此據成文出
　　　　版社 1985 年。何光岳：〈荊楚的來源及其遷移〉，《求索》1981 年 4 期。莊春
　　　　波：〈楚族溯源〉，《江漢論壇》1986 年 1 期。

的對象進行重新的檢討。

　　昭王以後的銅器銘文和相關文獻中，在南方的征伐是以淮夷、南淮夷爲主要對象，在這些記載裏又反映出怎麼樣的一個歷史面貌？本章即以西周時楚國疆域的發展和周人南土的範圍作爲討論的起點，繼而對昭王南征之前的南土局勢進行了解，並以此作爲檢討昭王南征目的和對象的基礎，最後對昭王以後的南土情勢作初步的勾勒。

第一節　西周時楚的疆域及周人「南土」的範圍

一、西周時楚的疆域

　　先將作爲討論基礎的《史記・楚世家》抄錄如下：

　　　　楚之先祖出自帝顓頊高陽。高陽者，黃帝之孫，昌意之子也。高陽生稱，稱生卷章，卷章生重黎，重黎爲帝嚳高辛居火正，甚有功，能光融天下，帝嚳命曰祝融。共工氏作亂，帝嚳使重黎誅之而不盡。帝乃以庚寅日誅重黎。而以其弟吳回爲重黎後，復居火正，爲祝融。吳回生陸終。陸終生子六人……季連生附沮，附沮生穴熊。其後中微，或在中國，或在蠻夷，弗能紀其世。周文王之時，季連之苗裔曰鬻熊。鬻熊子事文王，蚤卒。其子曰熊麗。熊麗生熊狂，熊狂生熊繹。熊繹當周成王之時，舉文、武勤勞之後嗣，而封熊繹於楚蠻，封以子男之田，姓羋氏，居丹陽。楚子熊繹與魯公伯禽、衛康叔子牟，晉侯燮、齊太公子呂伋俱事成王。熊繹生熊艾，熊艾生熊䵣，熊䵣生熊勝。熊勝以弟熊楊爲後。熊楊生熊渠。熊渠生子三人，當周夷王之時，王室微，諸侯或不朝，相伐。熊渠甚得江漢閒（間）民和，乃興兵伐庸、楊粵，主于鄂。熊渠曰：「我蠻夷也，不與中國之號謚。」乃立其長子康爲句亶王，中子紅爲鄂王，少子執疵爲越章王，皆在江上楚蠻之地。及周厲王之時，暴虐，熊渠畏其伐楚，亦去其王。後爲熊毋康，毋康蚤死。熊渠卒，子熊摯紅立。摯紅卒，其弟弒而代立，曰熊延。熊延生熊勇。熊勇六年，而周人作亂，攻厲王，厲王奔彘。熊勇十年，卒，弟熊嚴爲後。熊嚴十年，卒。有子四人，長子伯霜，中子仲雪，次子叔堪，少子季徇。熊嚴卒，長

子伯霜代立，是爲熊霜。熊霜元年，周宣王初立。熊霜六年，卒，
三弟爭立。仲雪死，叔堪亡，避難於濮，而少弟季徇立，是爲熊徇。
熊徇十六年，鄭桓公初封於鄭。二十二年，熊徇卒，子熊咢立。熊
咢九年，卒，子熊儀立，是爲若敖。若敖二十年，周幽王爲犬戎所
弒，周東徙，而秦襄公始列爲諸侯。〔註2〕

楚在西周之前的居處地，目前還不是很清楚，至周初始居「丹陽」，然始居「丹
陽」的楚君是誰，文獻記載並不一致。《左傳・桓公二年》孔穎達《正義》引《世
本》：「楚鬻熊居丹陽，（楚）武王徙郢。」上舉〈楚世家〉在熊繹之前未記載居
地，至熊繹始云「居丹陽」。對此，學者多認爲鬻熊已受封居於丹陽，熊繹乃承
其祖所受封之地，仍居丹陽。今試與〈伯晨鼎〉相比較，此說可從。鼎銘云：

佳王八月辰才（在）丙午，王命鮭侯白（伯）晨曰：「舀（嗣）乃且
（祖）考侯于鮭。」……（《集成》2816，圖二、43）

鼎銘爲「冊命之典」，在冊命之前，伯晨已是「鮭侯」，此爲再次確認伯晨爲
鮭侯居於鮭的合法地位。鬻熊受封於丹陽，其後熊繹復受封於丹陽的情形正
與鼎銘所見情況相類。

將鬻熊至熊繹四代的居地加以比較，可粗略得知丹陽的位置。《墨子・非
攻下》云：「昔者熊麗始封此睢山之間。」熊麗爲鬻熊之子，熊繹爲熊麗之孫，
既然熊麗之父、孫皆受封於丹陽（「楚鬻熊居丹陽」、「熊繹當周成王之時…居
丹陽」），則熊麗所受封的「此睢山之間」，應當與《左傳・昭公十二年》所記
「昔我先王熊繹辟在荊山」之「荊山」相近。孫詒讓《墨子閒詁》引畢沅說：
「睢山即江、漢、沮、漳之沮。」陳槃亦云：「然睢、沮字通，則睢山當即沮
水之山。……而其地則當荊山東麓。然則沮山亦即荊山矣。」〔註3〕雖然文獻
所記周初的楚君封地不盡相同，然所指爲同一地或同一區域，則是可以肯定
的；「丹陽」、「荊山」、「睢山」、「沮水」，亦當相距不遠。

周初時楚所居之丹陽確切在那裏呢？歷來說法頗爲分歧，大致有 A 枝江
〔註4〕、B 秭歸〔註5〕、C 當塗〔註6〕、D 丹、淅兩河交會或淅川〔註7〕，以及

〔註2〕 〈楚世家〉中之「卷章」即《包山楚簡》中之「老僮」，「穴熊」即簡文之「鬵
　　　酓」，即《山海經・大荒西經》之「長琴」，「熊麗」即簡文之「酓鹿」。參李
　　　家浩：〈包山竹簡所見楚先祖名及其相關的問題〉，《文史》42 輯，1997 年。
〔註3〕 陳槃：《春秋大事表列國爵姓及存滅表譔異》（三訂本）葉 112。
〔註4〕 枝江說見於張守節《史記正義》引東漢穎容《傳例》之說，裴駰《集解》引
　　　徐廣之說。今人黃盛璋、俞偉超、高應勤等並同此說。黃說見：〈楚的起源和

E 由淅川而後遷秭歸、枝江的調和之說。〔註8〕五種看法中，C 之當塗在今安徽省，附近無荊山，亦與上舉〈楚世家〉「熊渠甚得江漢閒（間）民和」之漢水相距過遠，爲今之學者所不取。E 之遷移說，雖對了解西周晚期楚人勢力擴及長江之事實有所助益，但楚人在西周之時的都城曾有遷移，卻是於史無徵，且對探索周初丹陽的所在並無直接的助益，此二者可略而不論。A、B、D 三說去取之關鍵在於荊山、雎山、江漢之考定。〔註9〕前面已經說過，雎山爲沮山，應即荊山，爲沮水發源之山，而今所見之荊山、沮水雖皆在湖北省境，A 說之枝江在沮水入長江處，B 說之秭歸在其西之長江邊，二地除與「江漢」之「江」有關聯外，與荊山距離皆遠，故 A、B 二說的可信度是頗有疑問的。且「江漢」之「江」，古時並非是對「長江」的專稱，對此石泉曾有詳細的論述，〔註10〕段渝復舉下列文獻用例證明之。《國語・周語上》：

　　疆域發展〉，《地理知識》1979 年 1 期（與鈕仲勛合著）。俞說見：〈關于楚文化發展的新探討〉，《江漢考古》1980 年 1 期。高說見：〈談丹陽〉，《江漢考古》1980 年 2 期（與程耀庭合著）。

〔註 5〕秭歸說見於張守節《史記正義》引《括地志》、《輿地志》，今人楊寬、劉彬徽並同此說。楊說見：〈西周時代的楚國〉，《江漢論壇》1981 年 5 期，後收於《西周史》，台灣商務書局 1999 年。劉說見：〈試論楚丹陽和郢都的地望與年代〉，《江漢考古》1980 年 1 期。

〔註 6〕當塗說見於《漢書，地理志》。以及王玉哲：〈楚族故地及其遷移路線〉，《周叔弢先生六十生日紀念論文集》，龍門書店 1967 年。

〔註 7〕丹、淅兩河交會處，見《史記・韓世家》（宣惠王廿一年）：「與秦共攻楚，敗楚將屈丐，斬首八萬于丹陽。」司馬貞《索隱》：「故楚都，在今均州。」（此事亦見於〈楚世家〉懷王十七年）丹、淅之會於唐初地屬均州（參《唐書・地理志》卷三十九）。（清）宋翔鳳主此說，見：《過庭錄・楚鬻熊居丹陽考》（據陳槃《春秋大事表列國爵姓及存滅表譔異》葉 107～108）。呂思勉、顧鐵符、王光鎬、蒲百瑞等並同此說。呂說見：《先秦史》p163，上海古籍出版社。顧說見：〈周原甲骨文「楚子來告」引證〉，《考古與文物》1981 年 1 期。王說見：《楚文化源流新證》p308～359，武漢大學出版社 1988 年；蒲說見：〈探索丹陽〉，《江漢考古》1989 年 3、4 期。

〔註 8〕如蒙文通：《周秦少數民族研究》p45，上海龍門聯合書局 1958 年。石泉、徐懷寬：〈楚都丹陽地望新探〉，《江漢論壇》1982 年 3 期。劉信芳：〈楚都丹陽地望探索〉，《江漢考古》1988 年 1 期。

〔註 9〕馬世之有 13 項論證說明「淅川」說的合理性，徐少華、劉信芳亦由考古文化的比對，說明周初時的楚應在丹江流域，馬、徐、劉三氏已論證者，本文即不再重覆。馬說見：《中原楚文化研究》p65～80，湖北教育出版社 1995 年；徐說見：《周代南土歷史地理與文化》p248～254，武漢大學出版社 1994 年；劉說見：〈楚都丹陽地望探索〉，《江漢考古》1988 年 1 期。

〔註10〕石泉：〈古文獻中的「江」不是長江的專稱〉，《文史》第 6 輯，1979 年。

宣王既喪南國之師，乃料民于太原。(《史記·周本紀》「喪」字作「亡」)

韋昭注：「南國，江漢之間也。」

《史記·周本紀》《集解》引唐固曰：「南國，南陽也。」

段氏指出，既然南陽是位于漢、淮之間，所以此「江漢」是指淮河、漢水，〔註11〕依地理位置來看，這是可信的。其他較明確的例子如《詩經·大雅·江漢》：「江漢浮浮，武夫滔滔，匪安匪遊，淮夷來求。」〈江漢〉所誦爲征淮夷之事，則此之「江漢」與長江應無相涉，「江」當指淮河而言。又如《管子·封禪》有「(齊桓公) 南伐至召陵，登熊耳山，以望江漢」(爲《史記·封禪書》所採入)，熊耳山在河南西南部，在此可「望」者當爲湖北北部之漢水與河南南部之淮水，而非長江，故知此處「江漢」所指者，實當爲河南西南部及漢水流域一帶。熊耳山之南即丹水，則〈封禪書〉中之「江漢」，正與楚人得「江漢閒 (間) 民和」之「江漢」地域相合。所以，以「江漢」之「江」爲長江，將楚之居地「丹陽」向長江漢水一帶尋求，顯然是過於偏南了，故A、B二說皆難以成立(〈楚世家〉云封三子「皆在江上楚蠻之地」的「江」，指的則是漢水，詳下文)。

至於「荊山」的位置，今所見之荊山在湖北北部，丹水、漢水之南，不過古之荊山非僅一處，胡渭《禹貢錐指》即云：

荊山有三：一在雍域襄德，北條之荊，大禹鑄鼎處也。一爲荊豫界臨沮，南條之荊，卞和得玉處也。一在豫域。〔註12〕

胡渭所說的「北條之荊」，即陝西終南山系中有名爲「荊山」者，「南條之荊」，即今所見湖北之荊山，在「豫域」者，陳槃考訂即河南境內熊耳山北麓之陝縣附近。〔註13〕

綜上所述，與周初楚人居地有關的地名、方位，在漢水以北皆可以找到蹤跡，特別是河南淅川下寺春秋楚墓的出土，其位置正在歷來所說丹江、淅水會流之處 (參附圖一)，這更爲此說法提供了考古的實證。不過，如果保守一點來說，此處墓葬群尚無春秋中期之前者，〔註14〕而此區域目前又爲丹江水庫所淹，此處是否即爲西周時楚國所居之丹陽，仍尚待進一步證實。儘管

〔註11〕段渝：〈西周時代楚疆域的幾個問題〉，《中國史研究》1997年4期。
〔註12〕據陳槃：《春秋大事表列國爵姓及存滅表譔異》(三訂本) 葉109引。
〔註13〕陳槃：《春秋大事表列國爵姓及存滅表譔異》(三訂本) 葉109。
〔註14〕參《淅川下寺春秋楚墓》p314，文物出版社1991年。

如此，周初楚人所居之丹陽，應在漢水以北、河南省西南部一帶，則應是可以肯定的。

楚國自熊繹以下的疆域發展情形，目前並不清楚。約當西周夷、厲之時的熊渠時，楚的勢力已向南延伸至漢水流域。上舉〈楚世家〉云：「熊渠甚得江漢閒（間）民和，乃興兵伐庸、楊粵，主于鄂。」熊渠所伐的「庸」，一般認為即「牧誓八國」之「庸」，其地在今湖北省西北，地近陜西的竹山，為漢水支流堵河邊的方國。「楊粵」，一般認為即「楊越」，其地說法頗多，〔註15〕但學者多認為「楊越」是在楚人之前掌握長江中游銅礦資源的民族。「鄂」，大致有三種說法：A 武昌，B〈鄂侯馭方鼎〉中的鄂侯，其地在今河南南陽鄧縣附近，〔註16〕C 今湖北東部的鄂城。〔註17〕按，《史記集解》引《九州記》：「鄂，今武昌。」瀧川氏《史記會注考證》並同此說，武昌在漢水入長江處。鄂城在武昌稍東的長江邊。由〈楚世家〉所云，熊渠伐此三地之後分別封予三子，且是「皆在江上楚蠻之地」，說明此三地應與「江」有關，前面已經說過，古時所稱的「江」並非為長江之專稱，而「庸」很明確是在漢水流域，所以，此處之「江」當指「漢水」而言，「江」指「漢水」的例子尚見於《史記‧周本紀》：「昭王南巡狩，不返，卒于江上。」文中的「江」指的是「漢水」，歷來皆無異說。所以，「楊越」、「鄂」也應在漢水流域一帶，故「鄂」之所在應以 A 說較合理。

在上述楚國疆域的發展中，值得注意的是「楚」與「楚蠻」的關係，以及楚與長江中游銅礦產地的關係。先說前者。《史記‧周本紀》云：「伯夷叔齊聞西伯昌善養老，蓋（盍）往歸之。太顛、閎夭、鬻子、辛甲大夫之徒皆往歸之。」文中的「鬻子」，《集解》引劉向《別錄》：「鬻子名熊，封於楚。」鬻熊又稱「鬻子」，比照當時「某子」的稱謂，「鬻」為地名的可能性亦不能

〔註15〕「楊越」或以為在漢水中下游，如羅香林：《中夏系統中之百越》，中華文化出版事業公司 1961 年。或以為在大別山與桐柏山之間，如舒大剛：《春秋少數民族分佈研究》p284，文津出版社 1994 年。或以為是分佈在湖北漢水、長江一帶，延及江西的蠻夷，如張正明、劉玉堂：〈大冶銅綠山古銅礦的國屬——兼論上古產銅中心的變遷〉，《楚史論叢》p60～72，湖北人民出版社 1984 年；彭適凡：〈瑞昌銅嶺古礦遺址族屬考辨〉，《江西文物》1990 年 3 期。

〔註16〕如馬承源：《商周青銅器銘文選》IIIp281，文物出版社 1988 年。徐少華：《周代南土歷史地理與文化》p27，武漢大學出版社 1994 年。

〔註17〕如李先登：〈禹鼎集釋〉，《中國歷史博物館館刊》第 6 期，1982 年。顧鐵符：《楚國民族述略》p108，湖北人民出版社 1984 年。

完全排除。熊繹雖居丹陽（漢水以北、河南省西南部一帶），但實爲「楚蠻之地」（〈楚世家〉「封熊繹於楚蠻」），至熊渠封三子爲王，地處漢水流域，仍爲「江上楚蠻之地」（〈楚世家〉），這就說明以「楚荊」（楚）來稱漢水流域以北的區域，是起源於較早的。李學勤曾指出，古代聚居在今湖北荊山區的部族，被稱爲「荊蠻」或者「荊楚」，周代的楚國公室僅是荊蠻的一支，「荊蠻」這個名稱並不是從周成王封熊繹才存在的。〔註18〕現在看來，「荊楚」、「楚蠻」的區域不僅是適用於漢水以南的荊山一帶，其範圍尚包括漢水以北的河南部分地區。正由於「楚」可以是區域性的通稱，且「鬻熊」之「鬻」亦可能爲地名，那麼後來所稱的「楚」，在最初可能並不是以「楚」爲名的。反過來說，在商周之際，甚至西周時銅器銘文中所見的「楚」，亦未必皆是後來的「楚」〔註19〕（《詩經・商頌・殷武》「奮伐荊楚」的「荊楚」，即應是泛稱，非專指「楚」這個方國）。〔註20〕「楚」後來之所以稱爲「楚」，也可能與其地處「楚蠻之地」有關。〔註21〕

　　據《尙書・禹貢》，古時產「金」（銅）之地在「荊州」、「揚州」，即今湖北、湖南、江西、安徽、江蘇一帶，前三者屬古荊州，後二者屬古揚州。除此之外，在中原的黃河流域，〔註22〕及其北的內蒙，〔註23〕其西的河套地區

〔註18〕參李學勤、江鴻：〈盤龍城與商朝的南土〉，《文物》1976 年 2 期，復收於《新出青銅器研究》、李學勤：〈楚青銅器與楚文化〉，收於《綴古集》，上海古籍出版社 1998 年。

〔註19〕甲骨文中有作爲地名的「楚」，如「于楚又（有）雨」（合 29984，粹 1547），此處的楚，學者多已指出是河南楚丘。又有部分學者將「帚𣥹」釋爲「婦楚」，並進而認爲即爲後來的楚，楚在商時已立國，並與殷商有婚姻關係。按，以「𣥹」爲「楚」顯然不可信。又楚君之名每有「熊」字，在古文字材料中則作「酓」、「畬」，故董作賓以爲卜辭所見之「酓𤔲」爲鬻熊。然楚君之名在鬻熊之前很規律的爲「某熊」，故「酓𤔲」顯然不會是鬻熊。董說見：《殷曆譜》下編卷八葉 9。

〔註20〕參李學勤、江鴻：〈盤龍城與商朝的南土〉，《文物》1976 年 2 期，復收於《新出青銅器研究》。

〔註21〕歷來對「楚」之所以稱爲「楚」，及文獻中「荊」、「楚」有互用、連用的情形有各種不同的理解，本文只是提出一個假設。關於歷來的各種說法，可參王光鎬：〈荊楚名實綜議〉，《楚史論叢》p20～35，湖北人民出版社 1984 年。

〔註22〕黃河流域一帶，以位居山西省南部的中條山最爲重要，產地在垣曲、運城一帶，參李延祥：〈中條山古銅礦冶遺址初步考察研究〉，《文物季刊》1993 年 2 期。另外，距河南殷墟 20 公里左右的銅山鎮，以及河南境內的魯山、信陽、禹縣、登封等地亦有先秦古銅礦的開採，參石璋如：〈殷代的鑄銅工藝〉，《史語所集刊》第 26 本，1995 年、朱鳳瀚：《古代中國青銅器》p493，南開大學

亦有先秦古銅礦區的發現。〔註 24〕在此主要是談古荊州的銅礦與楚的關係。古荊州的古銅礦，主要有大冶銅綠山、陽新丰山港下（湖北）、麻陽（湖南）、及瑞昌銅嶺（江西），其中除麻陽銅礦屬戰國時期之外，其它皆可上溯至西周，瑞昌銅嶺銅礦遺址，更可上溯至商代中期，是目前所知中國最早的採銅冶銅遺址，〔註 25〕各銅礦產地皆在長江中游，距離相近，華覺明即指出此處爲商周時的銅礦採冶基地：

> 從實地考察可知，從湖北鄂州南部至大冶全境連接陽新北南縱軸，再到江西瑞昌，與得地獨厚的銅礦帶相應，先秦採銅遺址密集。其中銅綠山和丰山的直線距離不足 16 公里，實際是連成一片，成爲商周時期一處巨大的銅礦採冶基地。〔註 26〕

李天元復由開採技術加以分析，更精確地指出此處的發達應在西周中期以後：

> 在西周中期以前，鄂東古銅礦的開採處于初創階段，支護井巷的框架比較小，支護方法也比較原始，反映當時的生產規模還不大；從簡陋的生產工具看，開採的效率也相當低。〔註 27〕

配合上述楚國的疆域發展來看，古荊州銅礦的地理位置是在長江南岸，而楚人勢力進入漢水以南、長江一帶是在熊渠之時，時代約爲西周中期後段（夷、厲之時），在此之前，銅綠山和瑞昌銅礦所在的區域，學者多認爲是屬於被楚所伐的「楊越」，這樣看來，學者以楚人與楊越的戰爭是關乎長江中游銅礦資源爭奪的論斷，應是可信的。而正由於楚人掌握古銅礦資源的時間是在西周中晚期，

出版社 1995 年。

〔註 23〕 內蒙林西縣境大井遺址，參〈遼寧林西縣大井古礦井 1976 年試掘簡報〉，《文物叢刊》7。

〔註 24〕 寧夏中衛縣照壁山，參華覺明、盧本珊：〈長江中下游銅礦帶的早期開發和中國青銅文明〉，《自然科學史研究》15 卷 1 期，1996 年。

〔註 25〕 參〈湖北銅綠山春秋戰國古礦井遺址發掘簡報〉，《文物》1995 年 2 期；〈大冶銅綠山古礦冶遺址近年來的考古發掘及其研究〉，《江漢考古》1981 年 1 期；夏鼐、殷瑋璋：〈湖北銅綠山古銅礦〉，《考古學報》1982 年 1 期；《銅綠山——中國古礦冶遺址》，文物出版社 1980 年；〈江西瑞昌銅嶺商周礦冶遺址第一期發掘簡報〉，《江西文物》1990 年 3 期；華覺明、盧本珊、周衛健：〈瑞昌銅嶺古礦產冶遺址的斷代及其科學價值〉，《江西文物》1990 年 3 期；〈湖南麻陽戰國時期古銅礦清理簡報〉，《考古》1985 年 2 期；〈湖北陽新港下古礦井遺址發掘簡報〉，《考古》1988 年 1 期。

〔註 26〕 華覺明：《中國古代金屬技術——銅和鐵造就的文明》p47，大象出版社 1999 年。

〔註 27〕 李天元：〈楚的東進與鄂東古銅礦的開發〉，《江漢考古》1988 年 2 期。

那麼昭王南征的對象和目的，如果按照一般的說法是爲了要掠奪銅礦資源，依上文所述，此時銅礦產地仍「楊越」的活動區域，則其所征伐的對象「楚」，是否即後來的「楚」，就有重新考慮的必要。如果昭王所代的「楚」確實是後來的「楚」，既然昭王之時楚人尚未掌握長江中游的古銅礦，那麼昭王征伐「楚」的目的又是爲何？（關於昭王南征的目的與對象，詳本章第三節）

　　綜上所述，楚、荊楚、楚荊、楚蠻的稱法，並非始於周文王封鬻熊於丹陽，而是源於更古的時代，這個稱法起初應是一種泛稱，指的是河南南部以南至長江流域一帶的廣大區域，後來出現專稱性的用法，指的是後來的楚國，專稱性的用法，大概是始於鬻熊或是成王時的熊繹，〔註28〕在專稱性的用法出現之後，泛稱性的用法仍然繼續延用。後來所稱的楚，在西周初年受封於丹陽，其地在漢水以北的河南西南部丹水流域一帶，西周中晚期約夷王、厲王之時，楚王熊渠得漢水、淮水間之「民和」，將勢力擴展至漢水以南及長江一帶，而自漢水入長江之後的長江流域，正是先秦古銅礦的重要分佈區。將楚人掌握銅礦資源的時間與楚、荊楚的兩種用法配合起來看，說明西周昭王南征的對象與目的是有再檢討的必要。另外，明確了楚國在周初時的地理位置，對掌握西周時所稱的「南土」，也起了積極的作用。

二、周人「南土」的範圍

　　關於「南土」的範圍，徐少華曾有詳盡的描述，今試以其說爲討論之起點。徐文云：

> 周代南土，既是一個時代的概念，也是一個空間範圍。從時代上講，它包括西周、春秋和戰國三個時期，起於公元前 11 世紀周武王滅商，迄於公元前 221 年秦統一六國，前後經歷 800 餘年。從空間上看，它包括南陽盆地和淮水上中游兩個地區，西起秦嶺南坡的漢水支流丹江流域，東至淮河中游今安徽壽春一帶，南以漢水和桐柏大別山脈爲限，北抵汝、穎、渦諸水上游的今河南汝陽、禹縣、太康、永城一線，即文獻所載的周王朝南部境土。〔註29〕

〔註28〕李學勤認爲周原甲骨中的「楚子」爲熊繹，即是以成王時才有「楚子」的稱謂爲根據。李說見：〈周原卜辭選釋〉，《古文字研究》第 4 輯 p254，中華書局1980 年。

〔註29〕徐少華：《周代南土歷史地理與文化》p1，武漢大學出版社 1994 年。

徐氏所說的「南土」範圍，在時間上包括了東周，在地域上包括安徽的中北部。桐柏、大別二山脈在今河南、湖北之交界，漢水則在湖北境內，其與長江之交會處，更已南及湖北東南，則西周之「南土」究竟是否延伸至湖北境內呢？如果已延伸至湖北境內，是否達於長江呢？另一方面，多數學者又根據「漢陽諸姬」及申、呂、謝、蔣等諸侯國的位置，認為西周之「南土」主要是指南陽盆地、淮河中上游地區，〔註30〕即今之河南、湖北交界及安徽北部一帶地區。然考古發掘已證實西周時的南土可達於長江，那麼是否以南陽盆地、淮河中上游為西周「南土」的說法錯誤了呢？以下即針對上述的問題進行討論。

周時對南方疆域的稱法有「南土」、「南國」〔註31〕、「南邦」、「南疆」〔註32〕等，如：

1. 《左傳・昭公九年》：「及武王克商、蒲姑、商奄，吾東土也。巴、濮、楚、鄧，吾南土也。」

2. 《詩經・大雅・常武》：「赫赫明明，王命卿士，南仲大祖，大師皇父，整我六師，以脩我戎。既敬既戒，惠此南國，王謂尹氏，命程伯休父，左右陳行，戒我師旅，率彼淮浦，省此徐土，不留不處，三事就緒。」

〔註30〕 此說與上文所舉《國語・周語上》韋昭注並同。另外伊藤道治、董楚平、李朝遠都有類似的說法。伊藤道治：《中國古代國家の支配構造》p399，中央公論社。董楚平：《吳越徐舒金文集釋》p9，浙江古籍出版社1992年。李朝遠：〈青銅器上所見西周文化在南方影響的遞衰〉，《中原文物》1997年2期。

〔註31〕 〈宜侯夨簋〉銘文有「丁未，王眚（省）珷王、成王伐商圖，徣（遂？）眚（省）□或（國）圖」（《集成》4320），「省」的下一字殘泐過甚，一般多推測為「東」字，唐蘭認為「省」字與「國」字之間容不下一個「東」字，且隱約尚可看見一些橫畫，懷疑是「三」字。董楚平從地理方位考量，懷疑也可能是「南」字。今從唐。唐說見：《西周青銅器銘文分代史徵》p154，中華書局1986年。董說見：《吳越徐舒金文集釋》p9，浙江古籍出版社1992年。

〔註32〕 「南疆」見於〈余冉鉦鍼〉（《集成》428），為東周器，銘文中有「余以伐徐」、「余處此南疆」。此器之國別尚無一致性的看法，大致不外乎吳、楚、越三國，其中又以吳的可能性較大。參董楚平：《吳越徐舒金文集釋》p369～372，浙江古籍出版社1992年。于鴻志：〈吳國早期重器冉鉦考〉，《東南文化》1988年2期。王輝：〈徐銅器銘文零釋〉，《東南文化》1995年1期。以「南疆」稱「南土」僅見於此器，其時代又為春秋中晚期，與本文所討論的西周時期的「南土」無涉，故略而不論。又，新公布的〈吳虎鼎〉亦有「南疆」，指的是賜予「吳虎」的土地的南邊疆界，與周人「南土」的範圍無涉。〈吳虎鼎〉的相關討論文章見於《考古與文物》1998年3期，及中國文物報1998年5月13日3版等，不具列。

3. 《詩經・大雅・崧高》：「亹亹申伯，王纘之事，于邑于謝，南國是式，王命召伯，定申伯之宅，登是南邦，世執其功。王命申伯，式是南邦，因是謝人，以作爾庸……王遣申伯，路車乘馬，我圖爾居，莫如南土，錫爾介圭，以作爾寶，往近王舅，南土是保。」

4. 《詩經・小雅・四月》：「滔滔江漢，南國之紀。盡瘁以仕，寧莫我有。」

5. 〈中鼎〉：隹王令南宮伐反虎方之年，王令中先眚（省）南國，貫行，埶（設）〔註33〕王应在麗（？）陟眞（？）山。中乎歸生鳳于王，埶于寶彝。（《集成》2751，圖二、62）

6. 〈中甗〉：王令中先眚南或（國），貫行，埶（設）应在嘗（繒）。史兒至，以王令曰：「余令女（汝）史（使）小大邦，乎（厥）又舍女（汝）彔（糧），至于女（汝）庸小多□。」中眚（省）自方……（《集成》949，圖二、63）

7. 〈靜方鼎〉：隹七月甲子，王才（在）宗周，命師中眔靜省南或（國）相。靜埶（設）应。……〔註34〕（《文物》1998年5期，圖二、64）

8. 〈禹鼎〉：亦唯噩侯馭方率南淮夷、東夷，廣伐南或（國）、東或（國）（《集成》2833，圖二、65）

9. 〈㝬鐘〉：王肇遹省文武堇（勤）疆土，南或（國）艮子敢陷虐我土，王臺伐其至，戡伐乎（厥）都……（《集成》260，圖二、51）

10. 〈太保玉戈〉：六月丙寅，王才（在）豐，令大空（保）眚（省）南或（國），帥（率）漢，徃（遂？）殷（殷）南，令鍖侯辟用鼄走百人。〔註35〕（圖三、1）

11. 〈晉侯穌鐘〉：隹王卅又三年，王親（親）遹省東或（國）、南或（國）。（圖二、46）

據3所云「南國是式」、「式是南邦」、「南土是保」，知「南國」、「南邦」、「南

〔註33〕「埶」可讀爲「設」，參裘錫圭：〈釋殷墟甲骨文裏的「遠」、「狱」（邇）及有關諸字〉，《古文字研究》12輯，復收於《裘錫圭自選集》，河南教育出版社1994年，及《古文字論集》。

〔註34〕參徐天進：〈日本出光美術館收藏的靜方鼎〉，《文物》1998年5期。李學勤：〈靜方鼎考釋〉，《第三屆國際中國古文字學研討會論文集》1997年。此器首次著錄於日本出光美術館《館藏名品選》第三集67號，1996年。

〔註35〕「省」的下一字稍殘，尚可見「㞢」之筆畫，各家釋「或」（國），可信。

土」，指的是同一個概念，應即周王朝政治力量所及的區域。在此區域的諸侯國可區分為二類，一是周王所分封出去的諸侯國，如 3 所云之「申」，以及「漢陽諸姬」等；另一類是臣服於周的各地土著諸侯國，如 1 所云的巴、濮、楚，以及上文所提及的「鄂」等。由於第二類諸侯存在「叛服無常」的特性，這也就意味著「南土」的範圍會隨著第二類諸侯的「叛」、「服」而時有增減，但另一方面，「南土」的範圍也應該具有相對穩定性的一面。

　　10 的時代為成王或可晚至康王，〔註36〕為目前所見提及「南國」時代最早的原始材料。銘文中「侯」的前一字多釋為「厲」，恐不可信。玉戈銘云大保省南國的路線是「帥（率）漢」，即循著漢水而行，說明漢水在「南國」的範圍之內，這與前文所說居於漢水中游一帶的「庸」，正可以互相參照。〔註37〕1 之「鄧」，歷來文獻有兩種說法，或謂在今河南鄧城，或謂在今湖北漢水中下游襄樊附近的「古鄧城」。〔註38〕在後者附近的山灣一帶墓葬中挖掘所得的鄧國銅器，如〈鄧公乘鼎〉等，和徵集所得的〈鄧公牧簋〉等，都說明西周時的鄧應在今襄樊一帶。〔註39〕5、6 為「安州六器」，一般都定為昭王器，銘文中所提及的地名，歷來存有許多爭議，但各家皆認為所指之地當在河南、湖北境內。7 與 5、6 之事類、人名相關，學者以為亦當為昭王器，〔註40〕可信。總之，在昭王南征不返之前，西周時南土的範圍已擴及湖北，是可以肯定的。

　　問題在於昭王南征之前，南土的範圍是否達於長江？又昭王南征之後，

〔註36〕 龐懷靖：〈跋太保玉戈——兼論召公奭的有關問題〉，《考古與文物》1986 年 1 期。李學勤：〈太保玉戈與江漢的開發〉，《楚文化研究論集》第二集，湖北人民出版社 1991 年。蔡運章：〈論太保玉戈銘及相關問題〉，收於《甲骨文金文與古史新探》p119～125，中國社會科學出版社 1996 年。

〔註37〕 「牧誓八國」中的「蜀」，長期以來學者多有認為與四川的蜀不是同一回事，李伯謙更認為蜀是在漢水上游的漢中盆地（陝西），此處所出土的「城固銅器群」與蜀有密切關係。這樣看來，太保沿漢水由陝西進入湖北，至少到漢水中游應該是不成問題的。李說見：〈城固銅器群與早期蜀文化〉，《考古與文物》1983 年 2 期，復收於《中國青銅文化結構體系研究》p260～267，科學出版社 1998 年。

〔註38〕 文獻中的說法，參黃有漢：〈古代鄧國、鄧縣地望考〉，《史學月刊》1991 年 6 期。

〔註39〕 參石泉：〈古鄧國鄧縣考〉，《江漢論壇》1980 年 3 期。楊權喜：〈襄陽山灣出土的鄀國和鄧國銅器〉，《江漢考古》1983 年 1 期、〈湖北襄樊市揀選的商周青銅器〉，《文物》1982 年 9 期。

〔註40〕 參李學勤：〈靜方鼎考釋〉，《第三屆國際中國古文字學研討會論文》1997 年。張懋鎔：〈靜方鼎小考〉，《文物》1998 年 5 期。

湖北是否仍在南土的範圍之內？關於前者，商代南土的範圍及於長江，已由湖北黃陂盤龍城商代中期城址的發現，及鄰近地區出土為數甚多帶有「🉂」、「🉂」等習見於殷商青銅器的「族氏徽號」銅器，以及商王室窖藏銅器所證實。〔註41〕在距此不遠的黃陂魯台山亦發現西周昭王以前（含昭王）的西周時期貴族墓，〔註42〕其中魯台山 M30 墓所出土的方鼎和〈長子狗鼎〉特別引人矚目。M30 號墓有 8 米長的單墓道，出土成套禮器，有圓鼎一、方鼎四、簋二、甗二、卣二、爵二、觚一等，方鼎銘作：

> 公大史乍姬𡨥寶障彝（《集成》2370、2371）

圓鼎銘作：

> 長子狗乍文父乙障彝（《集成》2369）

楊寶成、劉森淼曾對考古發掘出土有方鼎的墓葬進行考察，其結論是：

> 大型方鼎多配對出土，凡出土大型方鼎的墓，墓主多屬商代的國王及其配偶。中型方鼎或單件或配對出土，凡出土中型方鼎的墓，墓主均為高中級貴族。其中出土二件中型方鼎者，多屬方國國君；出土一件中型方鼎者多數為王室重臣；少數為方國國君。小型方鼎配置形式多樣，或一件，或二件，或四件。除出土四件或三件（兩型）小方鼎的墓主為方國國君或其夫人外，其它出土一、二件者，多屬中小貴族。〔註43〕

上舉銘文中的「公」，學者指出，若不是畢公高之子就是召公奭之子，銘文所記即姬姓女子嫁予「長子」的媵器。〔註44〕復由禮器的組合型式和「長子」之稱謂來看，該墓為與周人有婚姻關係的中級諸侯墓，應是可以肯定的。黃錫全更進一步推測「長子」與甲骨文中向商王進貢龜甲的「長子」有關，認為「周王室與之聯婚，為的是加強對南方長江中游的控制，魯台山遺址的內

〔註41〕 參李學勤、江鴻：〈盤龍城與商朝的南土〉，《文物》1976 年 2 期，復收於《新出青銅器研究》。黃錫全：《湖北出土商周文字輯證》，武漢大學出版社 1992年。〈湖北蘄春新屋壪西周青銅器窖藏〉，《文物》1997 年 12 期。李學勤：〈談盂方鼎及其他〉，《文物》1997 年 12 期。

〔註42〕 〈湖北黃陂魯台山兩周遺址與墓葬〉，《江漢考古》1982 年 2 期。陳賢乙：〈黃陂魯台山西周文化剖析〉，《江漢考古》1982 年 2 期。張亞初：〈論魯台山西周墓的年代及族屬〉，《江漢考古》1984 年 2 期。

〔註43〕 楊寶成、劉森淼：〈商周方鼎初論〉，《考古》1991 年 6 期。

〔註44〕 參張亞初：〈論魯台山西周墓的年代及族屬〉，《江漢考古》1984 年 2 期。王光鎬：〈黃陂魯台山西周遺存國屬初論〉，《江漢考古》1983 年 4 期。

涵及其周圍商周遺址，以及魯台山西周墓銅器銘文多以日爲名的作風等，基本能夠反映這一歷史的延續性。」〔註45〕另外，在今湖北省沙市周梁玉橋遺址的西周早期灰坑出土的西周卜甲，也可作爲周初「南土」範圍延伸至此的物證。〔註46〕綜上所述，商代的「南土」及於長江中游，而周初南土亦達於此，可以說，周初基本上承襲了商代已達於長江中游的南土範圍。至於商周時的南土是否已越過長江向更南的區域延伸，仍有待進一步研究。

其次來看關於西周中晚期湖北是否屬南土的問題。上舉之 3、8、9 皆爲西周中晚期之事，3 爲宣王事，9 爲厲王事，8 則有夷王、厲王二說。其中 3、8 之「申」、「鄂」都明確是在河南境內，說明學者以桐柏、大別二山脈以北的河南南陽盆地爲西周「南土」的說法並非無據，但若將〈㝬鐘〉與上舉〈楚世家〉所記熊渠「畏厲王伐楚」配合起來看，湖北在西周晚期是否仍屬「南土」的範圍，答案應該是趨向於肯定的。

先對〈㝬鐘〉銘文略作疏解，再討論南土範圍的問題。銘文中的「㠱子」或以爲即「牧誓八國」之「濮」，或以爲與「百濮」有關，尚無定說，不過各家多將「㠱」讀爲「濮」，上舉〈楚世家〉有「叔堪亡，避難於濮」，《正義》引劉伯莊「濮在楚西南。」又引孔安國「庸、濮在漢之南」，則西周晚期之「濮」在湖北境內，是大致不錯的。首句之「王肇遹省文武堇疆土」，「肇」，過去多認爲與「肇」爲同一字，可訓爲「始」，〔註47〕恐不確。肇、肇二字皆从「肀」聲，二字有音義皆近乃通用無別的關係，〔註48〕肇在此當爲語詞性的用法。〔註49〕遹，過去多釋爲語詞「聿」，陳永正對此提出質疑，他認爲

> 西周時所謂「動詞的前加成分」還不多見，「遹」字在這裏仍是動詞，
> 與後邊的動詞「省」，構成複合謂語，「遹」字還可以獨用，例「王
> 親令克遹涇東至于京師」（克鐘），「遹」字有出行之意，「遹省」，義

〔註45〕黃錫全：〈黃陂魯台山遺址爲「長子」國都蠡測〉，《江漢考古》1992 年 4 期，復收於《古文字叢論》，藝文印書館 1999 年。

〔註46〕〈湖北沙市周梁玉橋遺址試掘簡報〉，《文物資料叢刊》10 輯，文物出版社 1987 年。

〔註47〕參朱鳳瀚：〈論周金文中「肇」字的字義〉，《北京師範大學學報》2000 年 2 期。

〔註48〕參拙著：〈肇、肁、肇三字構形研究〉，第十一屆中國文字學全國學術研討會論文，2000 年 10 月，台南。

〔註49〕參楊樹達：《積微居小學述林》，中華書局 1983 年。

爲巡視。〔註50〕

陳氏以爲「遹」並非語詞「聿」，由此句前已有語辭「肇」來看，應是可信的，但他以「遹」有「出行」之意，則沒有提出文獻的根據。按，「遹」可訓爲「循」，《爾雅・釋詁上》：「遹，自也，循也。」郭璞注：「自，猶從也，又爲循行。」「循」有「順」之意，「循行」即「順行」，〈克鐘〉之「遹涇東至于京自」，即「順涇水之東而行，至于京師」之意，其意與上文所舉〈大保玉戈〉之「帥（率）漢」可相參照。「遹省」一辭尚見於〈大盂鼎〉，鼎銘云：

> 王曰：盂，迺召夾死（尸）嗣戎，敏諫罰訟，夙夕召我一人烝（丞）
> 四方。雩我其遹省先王受（授）民受（授）疆土，易（錫）女（汝）
> 鬯一卣、冂、衣、市、舃、車馬……。（《集成》2837，圖二、66）

鼎銘在「遹省」之下是「先王」如何如何，這點與〈㝬鐘〉「遹省」之下爲「文武堇疆土」（文武即先王）是一致的，說明「遹省」一詞所指的應是時王與先王之作爲的關係。前面已經說過，「遹」可訓爲「循」，循有遵循之意，在文獻中，亦有以「遹」爲遵循之例，如《尙書・康誥》：「今（治）民將在祗，遹乃文考。」〔註51〕僞孔傳：「今治民將在敬循汝文德之父。」「省」可訓爲「善」，《爾雅・釋詁上》：「省，善也。」郝懿行《義疏》：「省者，察之善也。明察審視，故又訓善。」所以「遹省」有「循善」之意，即是時王審察先王之善行而遵循之。此猶〈單伯昊生鐘〉：「余小子肇帥井朕皇且考懿德」（《集成》82）是後輩遵行、效法前人一類的意義。（又，蔡哲茂師見告，「遹省」猶《國語・齊語》：「管子對曰：『昔吾先王昭王、穆王，世法文、武遠績以成名』」之「世法」，有「效法」之意。）故鼎銘之「雩我其遹省先王授民授疆土」當即「（康）王遵循先王授民授疆土之善而思效法」之意。鐘銘之「王肇遹省文武堇疆土」，其意當爲「（㝬）王遵循文王武王堇疆土之善而思效法」。

〔註50〕陳永正：〈西周春秋銅器銘文中的語氣詞〉，《古文字研究》19 輯，中華書局1992 年。又，11 銘中亦有「遹省」，陳雙新亦認爲是「巡視」之意。按，11 的句法雖與9、〈大盂鼎〉同爲動賓結構，但後兩者是以「子句」作爲賓語，與 11 銘略有不同，且以 11 銘之「遹省」爲「巡視」之意，即是以「遹」訓爲「巡」，此於古書無證，故 11 銘的「省」仍當是「巡省」之義，而「遹」當如 9 銘之語辭「肇」，也可能「遹」仍應訓爲「循」，指遵循先王之行，或循先王所行之道路去巡省東國、南國。陳說見：〈樂器銘文考釋〉，《古文字研究》22 輯，中華書局 2000 年 7 月。「子句」的稱法參楊伯峻、何樂士：《古漢語語法及其發展》p74～76，語文出版社 1992 年。

〔註51〕《十三經注疏・校勘記》：「古本民上有治字。」

「菫疆土」之「菫」，學者多讀爲「勤」，黃盛璋曾提出質疑，他認爲「『疆土』又不能勤，與勤勞文意上無法關連成句」，故黃氏讀「菫」爲「觀」，並云：

「觀」即巡視考察，亦即巡狩意。王巡狩疆土……至南疆從而發現南國服子「陷處我土」，即佔居周之疆土，所以「王敦伐其至」。〔註52〕

按，黃氏以「觀」爲巡視考察，於典籍中並無此例，但他以爲「菫疆土」與「巡狩」有關，則是值得重視的意見。由〈大盂鼎〉「適省先王授民授疆土」之後緊接著具體記錄授民授疆土的內容來看，說明在時王「適省」先王作爲的文句之後，很可能是與先王作爲有關的文句。就王的作爲而言，「巡狩」與「勤勞於疆土之事」，其意義和實際內容是很相近的。《尚書・舜典》：「歲二月，東巡守，至于岱東，柴。」僞孔傳：「諸侯爲天子守土，故稱守。巡，行之。」又《孟子・梁惠王下》：「天子適諸侯曰巡狩。」巡狩有視察邦國諸侯之意。故「菫」仍可依舊說讀爲「勤」，「勤疆土」即勤勞於疆土之事。

若由西周中期諸王的情勢來看，「懿王之時，王室遂衰」（《史記・周本紀》），至夷王時更有「下堂見諸侯」之事（《禮記・郊特牲》），而厲王時，由〈㝬簋〉及幾件厲王時對外戰爭的銅器銘文來看，厲王顯然是頗思振作，欲有所作爲的王，這點也正可爲〈㝬鐘〉所言之「王肇適省文武菫（勤）疆土」，提供背景上的說明。

透過對〈㝬鐘〉銘文的討論可以知道，厲王是有振興西周王朝的想法與作爲的周王，雖然目前對鐘銘中的「艮子」尚無法具體落實爲今之何地，但厲王「勤疆土」（巡狩）時發現南國的「艮子」侵佔周王朝的領土，立即「敦伐其至，戡伐厥（厥）都」，這種情形對已明確佔有原本周人南土屬國的楚王熊渠來說，應該才是真正「畏其伐楚」的原因。而楚人所佔的土地，由上文的討論已知是在湖北境內，南可達於長江邊的武昌，這就說明了遲至西周晚期的厲王時代，至少在周人的觀念中，湖北仍在「南土」的範圍之內。

綜上所述，雖然在《詩經》、《國語》等文獻中所說的「南土」、「南國」是指河南南部的南陽盆地，淮水上、中游一帶地區，但這些記載都是宣王時的事蹟，如果僅根據這些宣王時的事蹟來認定西周的「南土」並未越過桐柏山、大別山進入湖北境內，甚至可南達於長江，則顯然與出土文物所反映的歷史事實不相符合。由於西周時的南土包括了周王分封出去的諸侯國，和叛服無常的土著諸侯國，其中又沒有像封在東土的齊、魯這樣重要的姬姓國，

〔註52〕黃盛璋：〈朴君述鼎國別、年代及其相關問題〉，《江漢考古》1987年1期。

且西周中期曾有一段「王室遂衰」的時期，而這段時期正是南方楚日漸壯大的時期（不排除二者間存在因果關係），可以說周人南土的範圍，在觀念上承襲了商代南土的範圍，是可南達於長江的，實際上，由出土文物及墓葬的發掘，也證實了周初的南土確實是延伸至此，但在中期以後，「實際」的南土，是有所縮減的。晚期的厲王雖然力圖振作，但漢水流域以南已漸爲楚人所掌握，厲王晚年被流放於彘，其後又經歷了共和時期，至宣王時雖號稱中興，但由文獻和銅器銘文來看，宣王時投入相當多的心力與西北玁狁對抗，「南土」的範圍乃更縮減至漢水、桐柏山、大別山一線，而此一區域，相對於實際上不斷有所變化的「南土」而言，是相對穩定的區域。可以說，西周時的「南土」，在觀念上始終包括了漢水流域以南的區域，但實際的「南土」範圍，卻是隨著國勢的強弱而時有消長。

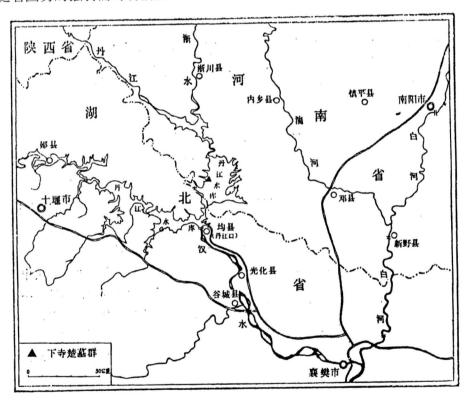

附圖一　淅川下寺春秋楚墓位置圖

摘自《淅川下寺春秋楚墓》文物出版社 1991 年

第二節　西周經營南土的起始年代及昭王南征之前的南土局勢

一

　　西周何時開始對南土進行經營，學界有不同的看法，如徐中舒在〈殷周之際史蹟之檢討〉一文中認爲，始自太王居岐以後（以下簡稱徐文），〔註53〕周書燦認爲文王、武王之世，周人的政治、軍事勢力僅限於西土及中原部分狹小區域，至昭王之世始對江漢地區進行經營。〔註54〕郭人民則認爲周人勢力達于江漢，是武王滅商，周朝建立之後，逐步從事南國的經營。〔註55〕另外經學家則有始自文王的說法。此四說之中，應以郭說最爲可信。但郭氏在同文中又說「周人經營江漢，疆理南國，從昭王開始。」則前後有些矛盾，今重新董理如下。

　　《詩經・魯頌・閟宮》：「后稷之孫，實維大王，居歧之陽，實始翦商。」春秋時之吳，每自稱爲姬周之後，如《左傳・哀公十三年》黃池之盟「吳晉爭先，吳人曰：『於周室我爲長』，晉人曰：『於姬姓我爲伯』。」故徐文以爲

　　　　吳爲姬姓，與周人所居之歧山相去遙遠，太伯仲雍何緣而至？……
　　　　以歷史慣例言，太伯仲雍所以能立國於吳者，於下列二原因必居其
　　　　一：一・太伯仲雍必帥周人遠征之師以經營南土，爲周人之遠戍軍，
　　　　二・太伯仲雍或不見容於季歷而逃於商，受殷商之卵翼而立國於
　　　　此。……以此余疑太伯仲雍之在吳，即周人經營南土之始，亦即太
　　　　王翦商之開端。《史記》謂太伯仲雍逃荊蠻者，或二人所至，即江漢
　　　　流域，其後或因楚之興盛，再由江漢而東徙於吳。

按，《史記》所言太伯、仲雍奔吳，此吳是否即春秋之吳，歷來多有爭議，近之學者或以爲所奔之「吳」是文獻中在陝西境內的「虞」，後來的「吳」是「虞」的分支，〔註56〕或以爲即銅器銘文中所見之「強」，〔註57〕又或以爲是「矢」，

〔註53〕徐中舒：〈殷周之際史蹟之檢討〉，《史語所集刊》7本2分，1936年。
〔註54〕周書燦：〈由員卣銘文論及西周王朝對南土經營的年代〉，《考古與文物》1999年3期。
〔註55〕郭人民：〈文王化行南國與周人經營江漢〉，《河南師大學報》1980年2期。
〔註56〕過去多從唐蘭「虞」是「吳」的分支之說，今之學者則認爲「吳」是「虞」

〔註58〕這個問題尚無較一致性的看法。故以《史記·吳太伯世家》「太伯仲雍二人乃奔荊蠻」之「荊蠻」，認爲「吳」在江漢地區的說法，也只是一種可能性，而以「奔荊蠻」爲根據，進而認爲太王時即有經營南土之事，則未可深信。

以西周經營南土始自文王的說法，是本於〈詩序〉和鄭玄《詩譜》〈周南·漢廣〉之小序云：

> 文王之道被于南國，美化行乎江漢之域。

〈召南·摽有梅〉之小序云：

> 召南之國被文王之化。

〈召南·野有死麕〉之小序云：

> 天下大亂，彊暴相陵，遂成淫風，被文王之化，雖當亂世，猶惡無禮也。

《詩譜·周南召南譜》云：

> 商王帝乙之初，命其子王季爲西伯，至紂又命文王典治南國江、漢、汝旁之諸侯，於時三分天下有其二，以服事殷，故雍、梁、荊、豫、徐、揚之人咸被其德而從之。

另外，錢穆亦有類似的說法，錢氏論述文王翦商之事云：

> 一路由關中東出潼關……，一路由關中東南出武關，經營漢水上流。

論西周建國之形勢云：

> 魯齊諸國皆伸展東移，鎬京與魯曲阜，譬如一橢圓之兩極端，洛邑與宋則是其兩中心。周人從東北東南張其兩臂，抱殷宋於肘腋間，這是西周的一個立國形勢。〔註59〕

的分支，如董楚平：《吳越徐舒金文集釋》p19～23，浙江古籍出版社 1992 年。顧孟武：〈從宜侯矢簋論周初吳的戰略地位〉，《學術月刊》1992 年 6 期。唐說見於〈宜侯矢簋考釋〉，《考古學報》1956 年 2 期，復收於《唐蘭先生金文論集》，紫禁城出版社 1995 年。

〔註57〕如尹盛平：〈關于太伯仲雍奔荊蠻問題〉，《吳文化研究論文集》，中山大學出版社 1988 年，梁曉景、馬三鴻：〈論弢、矢兩國的族屬與太伯奔吳〉，《中原文物》1998 年 3 期。

〔註58〕如劉啓益：〈西周矢國銅器的新發現與有關的歷史地理問題〉，《考古與文物》1982 年 2 期，沈長雲：〈談銅器銘文的「天王」及相關歷史問題〉，《考古與文物》1989 年 6 期。按，矢非姬姓，此說不可信，詳第五章第三節。

〔註59〕錢穆：《國史大綱》（修訂版）上冊，國立編繹館 1980 年。

按，將上舉〈周南〉、〈召南〉之詩屬之於文王，爲今之學者所不取，（清）崔述《考信錄》已發其端：

> 先儒說二南者，皆謂文王徙都于豐，分岐故地爲周公召公之采邑，使周公爲政於國中，而召公宣布於諸侯，於是德化大成於內，而江、沱、汝、漢之間莫不從化。余按經傳，二公皆至武王之世始顯，適成王朝始分陝而治。當文王時，二公年皆尚少，況有虢叔、閎夭之屬親舊大臣在朝，必無獨任二公分治內外而反不任舊臣之理，況分故國之地，不以與諸弟、諸大臣而獨賜二公乎！蓋由說者誤以二南爲文王時詩，故曲爲之解耳。今不采。〔註60〕

至於〈詩序〉之未可信，郭人民在上舉文中認爲，「一則是出于董仲舒『教化行，習俗美』的王道政治指導思想……，一則是出于今古文經師爭立學官，將儒家所指崇的先王和先王的仁政教化，盡量連掛起來，以迎合封建統治者的要求。」此說仍待進一步證實。

關於《詩譜》之說，個人懷疑可能是將《論語‧泰伯》：「三分天下有其二，以服事殷」落實來看的結果。與〈泰伯〉類似的記載尚可見於《逸周書》

〈程典〉：「文王合六州之眾奉勤於商。」

〈太子晉〉：「如文王者，其大道仁，其小道惠，三分天下而有其二，敬人無方，服事于商。」

〈程典〉、〈太子晉〉均爲春秋（或之後）的作品，〔註61〕與孔子的時代較爲接近，「三分天下有其二」的說法大概源於此時。以當時天下爲九州的想法而言，「六」雖爲「九」的三分之二，但若如鄭玄所云，將之落實來看，則禹貢九州之中，商只佔冀、兗、青三州，約當今山西、河南省黃河以北，及山東、河北，此時文王已「三分天下有其二」，就當時位居陝西的周而言，這樣的形容無疑是過當的。若再進一步以爲此時周人之勢力已延伸至江蘇（「徐、揚之人咸被其德而從之」），不論是就甲骨文或西周金文來看，都是不合適的。

從商代卜辭和周初銘文所呈顯的情況來看，「三分天下有其二」不應過於落實，而該以虛指的態度有看待。商五期卜辭有在「洛」貞卜的記錄

〔註60〕崔述：《考信錄‧豐鎬考信錄》卷一，世界書局 1989 年 4 版。

〔註61〕〈太子晉〉云「晉平公使叔譽于周見大子晉」，據《史記‧十二諸侯年表》，晉平公元年爲魯襄公十六年，知此篇之時代不得早於春秋晚期。〈程典〉，黃懷信考訂爲春秋之作品，見《逸周書源流考證》p98，西北大學出版社 1992 年。

癸丑⍁洛貞王⍁亡⍁（合36959（殷合331、甲346）＋合41776（英2536）〔註62〕圖一、24）

癸丑⍁在洛⍁師貞⍁畎王⍁吉（合36960，續存2.974，圖一、25）

「洛」不論是視爲地名之洛（今洛陽），或水名之洛水，〔註63〕「洛」在黃河以南是可以確定的，此地古屬豫州（〈禹貢〉「荊、河惟豫州，伊、洛、瀍、澗，既入于河。」）。且此地當非周文王勢力所及之地。〈宜侯夨簋〉銘文云：

隹三（四）月辰在丁未，王眚（省）珷王、成王伐商圖，祉（遂？）眚（省）□（四？）或（國）圖。王卜于宜。（《集成》4320，圖二、42）

「省」的下一字殘泐過甚，一般多推測爲「東」字，唐蘭認爲「省」字與「國」字之間容不下一個「東」字，且隱約尙可看見一些橫畫，懷疑是「三」（四）字，董楚平則從地理方位考量，懷疑也可能是「南」字。〔註64〕不論所缺者爲「東」字，或者是「三」（四）字、「南」字，將虞侯封於宜，是省視「珷王、成王伐商圖」和「□國圖」之後的決定，說明宜地屬周應是成王伐商之後的事。此器出土於江蘇丹徒之土墩墓，此地古屬揚州。由這兩個例子即可以知道，「三分天下有其二」是不應該過於落實來看的。〔註65〕

至於錢穆所述西周建國之形勢，雖是以「中原地區」爲主來說的，然若是與其翦商之說相參看，則其所說「東南之臂」當包括漢水。此說對了解西周何時開始對南土進行經營，是有所助益的。武關在丹江流域，今河南、陝西、湖北三省交界附近，徐中舒在上舉文中即根據《史記·楚世家》中秦、楚搆兵多出武關，和〈高祖本紀〉中劉邦由武關入關中的情形指出，此處是陝西與湖北、河南間的交通要道，這是十分正確的（秦東有函谷關、南有武關、西有散關、北有蕭關）。由武關沿丹江而行，即是丹江、淅水之交會處，此處應即西周時鬻熊、熊繹所居之丹陽（參第一節），《史記·周本紀》云：「伯夷、叔齊聞西伯昌

〔註62〕本片綴合參《殷曆譜》下卷八葉八。

〔註63〕夏含夷認爲「洛」即洛陽，姚孝遂則認爲是指洛水。夏說見：〈簡論「保卣」的作者問題〉，《上海博物館集刊》第5輯1990年，復收於《溫故知新錄》，稻禾出版社1997年。姚說見：《甲骨文字詁林》Ⅰp780，中華書局1996年。

〔註64〕唐蘭：《西周青銅器銘文分代史徵》p154，中華書局1986年。董楚平：《吳越徐舒金文集釋》p9，浙江古籍出版社1992年。

〔註65〕虛指之說可參陳昌遠：〈釋《論語》「三分天下有其二」——周初周人地理觀念探索〉，《人文雜志》1983年5期。

善養老，蓋（盍）往歸之。太顛、閎夭、鬻子、辛甲大夫之徒皆往歸之。」文中的「鬻子」爲鬻熊，歷來無異議，則周人的勢力範圍進入此區域是否與翦商有一定的關聯或尚可再討論，但文王時，雖不能說有刻意經營南土的意圖，但近於周人的南土土著諸侯國與周結盟，卻也是不爭的事實。

武王伐紂時有「牧誓八國」，即庸、蜀、羌、髳、微、盧、彭、濮，其中除「庸」在今湖北省西北竹山無異說之外，其餘各國的地望說法頗多，儘管如此，區域則不外陝西、漢中、湖北、河南近周人之地，據之仍可稍見未克商之前，周人與南土土著諸侯結盟情形之梗概。又《禮記‧樂記》云：

且夫武，始而北出，再成而滅商，三成而南，四成而南國是疆，五成而分周公左召公右，六成復綴，以崇天子。

文中的「三成而南，四成而南國是疆」，楊寬突破舊注以「三成而南」爲「南返」的說法，認爲是對南土諸侯國的征伐。參照武王時的史事，應是較合理的說法，[註66] 但他據此認爲《逸周書‧世俘》中周人所征伐之方國皆爲殷的南國諸侯，則未可盡信 [註67]（參第二章第二節）。武王克商之後的情形，在第二章第三節中已經說過，武王封蔡叔即有接收南土的意味，所以「南國是疆」也不能完全排除有封建的因素。[註68]

綜上所述，西周經營南國的時間，如認爲始自太王居岐是失之過早；認爲始自昭王則是失之過晚。經學家所提出「文王化行南國」的說法，未可深信。文王時雖已開始有與南土的土著諸侯國結盟，但此時周人尚且只是商之諸侯國，將此結盟關係視爲周人對南土的經營，恐怕是不合適的。武王在克商前延續了這種結盟關係，克商後，武王又分封諸侯至南土的區域（主要是河南南陽盆地）至此，周人的政治、軍事力量正式在南土紮根，可以說，此

〔註66〕鄭玄注：「三奏象克殷有餘力而反也。」孔穎達《正義》：「象武王克紂而南還也。」又孫希旦《禮記集解》云：「象武王既克商而旋師南向也。南國，謂青、兗二州之諸侯，在紂都之南，未服於周者也。四成而南國是疆者……象旋師而因定南國之未服者。」楊寬或即受此說之啓發。

〔註67〕楊寬：《西周史》p479～483，台灣商務印書館 1999 年。

〔註68〕郭人民在上舉文中對「三成而南」仍從舊注之說，「四成而南國是疆」則認爲是「表示武王對殷都城以南諸侯國的征服和分封，如封姜尚于呂（南陽），封周公于魯（魯山），封召公于郾（郾城）等。」其所說分封之地本於傅斯年之〈大東小東說〉，近之學者對此有新的不同意見，新說未必可信（參第二章第四節），但傅氏所說齊、魯、燕之初封地，亦尚非定論，故文中未引之爲據。而郭氏以「南國是疆」中包含封建的因素，則與本文之觀點相同。

時才是西周經營南土的開始。

二

　　西周的早期和晚期，在南土的區域都有封建諸侯國之事，如《國語・鄭語》記載史伯的一段話「當成周南者，南有荊蠻、申、呂、應、鄧、陳、蔡、隨、唐。」其中的申、呂都是宣王時徙封至此，其事亦見於《詩經》，關於昭王之後的事，將在本章第四節中做進一步的討論。本節中主要討論昭王南征之前的南土局勢，並以此作爲後面章節中，進一步討論昭王南征史事相關問題的基礎。

　　周初封於南土的諸侯國，以及與周有結盟關係（或受封於周）的土著諸侯國的歷史，在青銅器上也多有反映，以下即以銅器銘文與文獻相參照，對昭王南征之前的南土局勢略作探討。

> 《左傳・僖公廿四年》：「管、蔡、郕、霍、魯、衛、毛、聃、郜、雍、曹、滕、畢、原、酆、郇，文之昭也。邘、晉、應、韓，武之穆也。凡、蔣、邢、茅、胙、祭，周公之胤也。」

文中這些諸侯國都是明確爲昭王之前所分封的，掌握這些諸侯國的位置，對了解昭王南征前的南土局勢，無疑是有其明確、積極的作用。

　　上述的諸侯國在南土範圍者有：

　　A 蔡：

　　武王封蔡叔度於蔡，在今河南上蔡（見《史記・管蔡世家》，《集解》引《世本》）。成王初年的動亂之後，復封蔡叔之子胡，胡遷於新蔡（見〈管蔡世家〉《正義》引宋忠語）。新蔡亦在河南省，其地尚在上蔡之東南，更近於安徽省，可能是成王平亂的過程中，周的疆域在此亦有所擴張，所以蔡的位置更向東南延伸。又〈蔡尊〉銘文云：「王在魯，蔡錫貝十朋，對揚王休，用作尊彝。」（《集成》5974），徐少華疑銘文中的「蔡」即是蔡叔之子胡，[註69]恐怕沒有較明確的跡象可支持這個說法。

　　B 鄧：

　　〈盂爵〉銘文云：「佳王初桒于成周，王令盂寧登（鄧）白（伯），賓貝，用乍父寶障彝。」（《集成》9104）此器陳夢家定爲成王器，唐蘭、郭沫若雖

〔註69〕徐少華：《周代南土歷史地理與文化》p165，武漢大學出版社 1994 年（以下簡稱《周代南土》）。

同樣認爲銘文中的「盂」與〈盂鼎〉之盂爲同一人，然唐氏定爲康王器，郭氏定爲昭王初年器。〔註 70〕且不論其具體的王世，昭王南征前即有鄧國，是可以肯定的。其地望在文獻中有二種說法，或以爲在今河南鄧城，或以爲在湖北襄樊。據襄樊附近的山灣墓葬出土不只一件的鄧國國君銅器來看，當以後說爲是（參本章第一節註 38、39）。

C 應：

西周時期的應國銅器，徐錫台、徐少華、周永珍都曾做過整理，〔註 71〕張光裕並將陝西藍田出土的〈應侯見工鐘〉和日本書道博物館的一件鐘，二件銘文連讀，組合成一篇完整的銘文。〔註 72〕在二徐與周氏整理之後，新出土的應國銅器尚有〈應侯再盨〉〔註 73〕、〈應國再簋〉〔註 74〕等。應國銅器多出於河南平頂山，說明周初時的應國當即在此或附近。〔註 75〕

D 蔣：

上舉《左傳・僖公廿四年》所封諸侯中有「文之昭」、「武之穆」和「周公之胤」，齊思和認爲「凡、蔣之封在周公之後，決非一時之事」，〔註 76〕然《漢書・王莽傳》有「成王廣封周公庶子六人，皆有茅土。」大概凡、蔣之封是在成王後期。銅器銘文中有以「𤔲」爲人名、氏族名，如〈𤔲子爵〉（《集成》8826、8827）、〈𤔲兒簋〉（《集成》4168），此皆傳世之西周器，吳其昌認爲「𤔲」即姬姓之蔣，〔註 77〕于省吾並指出「𤔲」即《詩經・周頌・我將》

〔註 70〕陳夢家：《西周銅器斷代》二，《考古學報》10 冊，1955 年。唐蘭：《西周青銅器銘文分代史徵》p131～132，中華書局 1986 年。

〔註 71〕徐少華：《周代南土》p210～213，徐錫台：〈應、申、鄧、柞等國銅器銘文考釋〉，《容庚先生百年誕辰紀念文集》廣東人民出版社 1998 年。周永珍：〈西周時期的應國、鄧國銅器及地理位置〉，《考古》1982 年 1 期。

〔註 72〕張光裕：〈藍田新出土的應侯鐘與書道藏器的復合〉，《東方文化》15 卷 2 期，1977 年，復收於《雪齋論文集》，藝文印書館 1989 年。

〔註 73〕見〈平頂山應國地 84 號墓發掘簡報〉，《文物》1998 年 9 期。

〔註 74〕見李家浩：〈應國再簋銘文考釋〉，《文物》1999 年 9 期，復見於《保利藏金》嶺南美術出版社 1999 年。

〔註 75〕陳槃據文獻考訂應國地望在今河南魯山，魯山在平頂山稍西。周永珍則認爲是平頂山稍西的滍陽鎮。陳說見：《春秋大事表列國爵姓及存滅表譔異》（三訂本）葉 338，史語所 1997 年影印四版。（以下簡稱《譔異》）周說見：〈西周時期的應國、鄧國銅器及地理位置〉，《考古》1982 年 1 期。

〔註 76〕齊思和：〈西周地理考〉，《中國史探研》河北教育出版社 2002 年。

〔註 77〕吳其昌：《金文世族譜》葉 36，史語所 1936 年。

「我將我享」之「將」的古文。〔註78〕蔣地在今河南東南部固始附近的期思城。〔註79〕

　　E 隨：

　　《左傳‧桓公六年》有「漢東諸國隨爲大。」歷來皆以「隨」在今湖北漢水之東、溠水之畔的隨州，傳世和在此地考古出土的器物皆稱「曾」，而歷來亦未見「隨侯」之器，學者遂有銅器之「曾」即文獻之「隨」的說法（目前對曾、隨是否爲一國，尚無完全一致性的看法）。周永珍、劉彬徽、黃錫全都曾對曾國銅器進行過整理，〔註80〕茲不贅述。值得注意的是，在隨州安居羊子山出土有周初的〈鄂侯弟曆季尊〉，同出的獸面紋鼎、簋、爵等，都是典型的西周前期器〔註81〕（昭王或昭王前），說明同在南土的隨、鄂彼此之間是有所交往的，類似的情形亦見於鄧、應二國之間（鄧國所作媵器出土於平頂山）。〔註82〕另一方面，也證明昭王南征之前的隨國當即在此。

　　F 唐：

　　商周之際的唐非僅一處，《史記‧晉世家》：「成王立，唐有亂，周公誅滅唐。」《正義》：「《括地志》云：『至周成王時，唐人作亂，成王滅之，而封大叔，更遷唐人子孫于杜，謂之杜伯，即范訧所云『在周爲唐杜氏』按……今隨州棗陽縣東南一百五十里上唐鄉故城即是。』」而《左傳‧襄公十七年》：「（楚武王）克州、蓼，服隨、唐，大啓群蠻。」知在南土區域內有「唐」，歷來學者對此皆無異辭。對於唐與杜的關係，以及始封於晉的唐叔何以亦稱「唐」仍有必要略加說明。關於前者，李學勤推衍孫詒讓之說，認爲唐杜爲一國而非兩國，《左傳‧襄公廿四年》所載范宣子所述世系「在周爲唐杜氏」，唐杜即賓組卜辭「貞：作大邑于唐土」（《英》1105，《金璋》611）之「唐土」，即《史記‧秦本紀》（憲公）二年、三年所伐之蕩社，可能即是西安老牛坡商代

〔註78〕于省吾：《甲骨文字釋林‧釋**㣿**》，台灣大通書局1971年。

〔註79〕《謏異》葉347。

〔註80〕劉彬徽：〈湖北出土兩周金文國別年代考述〉，《古文字研究》13輯，中華書局1986年。黃錫全：《湖北出土商周文字輯證》，武漢大學出版社1992年。周永珍：〈曾國與曾國銅器〉，《考古》1980年5期。

〔註81〕張劍：〈洛陽市博物館館藏的幾件青銅器〉，《文物資料叢刊》第3輯。《中國青銅器全集》第6卷p18，文物出版社1997年。

〔註82〕鄧國所作媵器曾出土於平頂山，參〈河南平頂山市發現西周銅器〉，《考古》1981年4期。〈河南平頂山市又出土一件鄧公簋〉，《考古與文物》1983年1期。〈平頂山市出土周代青銅器〉，《考古》1985年3期。

遺址所在，〔註83〕這是在陝西境內的唐（實即唐杜）。〈晉公盎〉銘文云：「我皇祖唐公，膺（應）受大命，左右武王……」（《集成》10342）晉的始封君是唐叔虞，始封在成王時，比照康叔封衛，唐叔於封晉之前當有封地在唐，而上舉〈晉世家〉言「唐有亂，周公誅滅唐」，則唐叔初封之唐似與此無關，周公所誅滅之唐或為陝西境內之唐。也可能周公誅滅唐之後，以此地封予唐叔虞，繼而徙封至晉。又，山西曲沃晉侯墓地 31 號墓所出土的〈文王玉環〉銘文云：「玟王卜曰：我罙（暨）貪人弘戔（戰）呂人。」〔註84〕（圖三、10）「罙」的下一字與〈晉公盎〉唐公的「唐」字形相近，李學勤釋讀為「唐」，〔註85〕可信。周初唐叔所封之唐，或與此有關。位於南土的唐，在今湖北隨州略北的溠水畔。

除了上述各國之外，在南土的諸侯國尚有：

a 厲：在今湖北隨州稍北的厲山。〔註86〕

b 黃：陳槃據文獻推考，認為在河南光州，〔註87〕1983 年河南光山寶相寺發掘出黃國國君夫婦的墓葬，〔註88〕李學勤認為可能是黃國最晚的國君的墓葬〔註89〕（黃在西元前 648 年（魯僖公十二年）被楚所滅）。1986 年又公布了考古學家在光山稍北的潢川縣隆古鄉發掘的西周至春秋的城址和墓葬群，出土有黃國銅器，〔註90〕西周至春秋時的黃國應即在此。

c 許：在今河南許昌。

d 鄂：在今河南南陽附近，歷來無異說。

e 長：1977 年 10 月至 1978 年元月，考古學家在湖北黃陂魯台山清理古墓 35 座（西周墓 5 座，東周墓 30 座），西周墓的年代下限大約是穆王或昭王，其中 M30 號中型墓出土〈長子狗鼎〉（《集成》2369），同墓尚出 4 座方鼎，學者指出方鼎所記即周王室重臣畢公高之子或召公奭之子嫁女于「長子」所作的媵器，時代約在康、昭之時（參本章第一節）。此地與商代中期的盤龍城遺

〔註83〕 李學勤：〈蕩社、唐土與老牛坡遺址〉，《周秦文化研究》，陝西人民出版社 1998年。老牛坡遺址見〈西安老牛坡商代墓地的發掘〉，《文物》1988 年 6 期。

〔註84〕 見於：〈天馬──曲村遺址北趙晉侯墓地第三次發掘〉，《文物》1994 年 8 期。

〔註85〕 李學勤：〈文王玉環考〉，《華學》第 1 輯，1995 年。

〔註86〕 參《譔異》葉 306～310。

〔註87〕 參《譔異》葉 216。

〔註88〕 〈春秋早期黃君孟夫婦墓發掘報告〉，《考古》1984 年 4 期。

〔註89〕 李學勤：〈光山黃國墓的幾個問題〉，《考古與文物》1985 年 2 期。

〔註90〕 〈春秋黃國故城〉，《中原文物》1986 年 1 期。

址位置相近。

　　d、e 為南土區域內與周有結盟關係或婚姻的方國。〔註91〕上述的方國地理位置參附圖一。

　　在上述的諸侯中，蔡、應、蔣屬成康之時所分封，是很明確的，鄧、許，雖不能確知受周之冊封是在何時，但以地理位置相近來看，屬成康之世的可能性亦不能完全排除。位於湖北長江邊的「長」，在昭王之時已與周人有婚姻關係，表示周人對此地已有所關注，那麼在昭王之前有分封隨、唐等國之事，是完全可能的。

　　透過對上述諸侯國地理位置的掌握，有一個現象是值得注意的。在蔡（新蔡）略北的繁陽，此地名曾在〈繁陽之金劍〉、〈曾伯霥簠〉、〈晉姜鼎〉和新公布的〈戎生編鐘〉出現：

　　　　劍銘作「繁澡（陽）之金」（《集成》11582，圖二、67）

　　　　簠銘云「克狄（逖）淮夷，印（抑）燮鄉（繁）湯（陽），金夒（道）鐊（錫）行，具（俱）既卑（俾）方。……」（《集成》4632，圖二、68）

　　　　鼎銘云「劫遣我，易（錫）鹵賚（積）千兩（輛），勿澧（廢）文侯顯命，卑（俾）𡎤（貫？）涌（通），弘（？）征絲（繁）湯（陽）□，取毕（厥）吉金……」（《集成》2826，圖二、69）

　　　　鐘銘云「劫遣鹵賚（積），卑（俾）譖（潛？參？）征繁湯（陽），取毕（厥）吉金……」（圖二、70）

上舉銘文中的「繁陽」應為同一地。〔註92〕〈晉姜鼎〉和〈戎生鐘〉的文句頗為相似，是否為同時器或指同一次戰爭，仍有待進一步研究。〔註93〕其時

〔註91〕徐少華：《周代南土歷史地理與文化》一書中，除了楚之外，尚列舉 26 個諸侯國，本文僅擇要予以討論。

〔註92〕屈萬里認為〈晉姜鼎〉之繁陽在澶淵附近，此說恐不可信。陳連慶辨之甚詳。屈說見：〈曾伯霥簠考釋〉，《史語所集刊》33 本，1962 年，復收於《書傭論學集》，開明書店 1980 年。陳說見：〈晉姜鼎銘新釋〉，《古文字研究》13 輯，中華書局 1986 年。

〔註93〕李學勤、裘錫圭、馬承源都曾對〈戎生鐘〉作過考釋，但有許多意見是相反的，如李氏認為鐘銘的「劫」字，可視為鼎銘「劫」字舊釋為「嘉」的佐證（劫為嘉之省體），鐘銘與鼎銘所記為同一件事，據此可將鐘的年代定為春秋早期，鐘之器主戎生為晉國之臣。而裘氏則認為鐘銘的「劫」正可說明過去釋鼎銘的「劫」為嘉是錯誤的，二器所記並非同一事，鐘的器主戎生是山西

代爲春秋早期，或可早至西周晚期。兩器都說征繁陽之後「取厥吉金」，配合簋銘來看，繁陽在「南金」北運的過程中，佔有重要的地位。簋銘中的「金道錫行」，郭沫若指出即「金錫入貢或交易之路」，〔註94〕此說爲學界所認同，而「繁陽」與「金道錫行」的關係，學者亦指出，繁陽在〈曾伯霥簋〉的年代（春秋早期），「從北方來講，是最近南方水陸通運的樞紐」，是南金北運的重要集散地點。〔註95〕銘文之「具（俱）既卑（俾）方」，即「皆已使它如常」之意。〔註96〕也就是說，在〈曾伯霥簋〉的年代之前，這條南金北運的「金道錫行」曾經有一度不通暢，不通暢的原因，據銘文的意思應該是淮夷佔據了這個重要的集散地。目前雖然無法確知這條「金道錫行」是在何時形成的，但配合上文所述周初南土的封建形勢來看，如果昭王南征之前已有「金道錫行」的存在，而成康之世在繁陽附近封建有蔡、應、蔣等諸侯，那麼就表示在成康之時，「金道錫行」應是在周人的控制之中，也可能將這些諸侯國分封至此，就是爲了掌握「金道錫行」；如果依部分學者所說「金道錫行」是昭王「佳奠南行」的結果，但成、康時既已在此附近封建諸侯國，就表示自宗周至此區域之道路已經存在，那麼昭王「佳奠（貫）南行」是否是值得作爲其主要功績來稱頌，就值得懷疑了。且昭王南征的區域應是在漢水流域，而不是河南東南部的繁陽一帶，所以部分學者認爲昭王「佳奠（貫）南行」與「金道錫行」有關係的說法，其實並沒有太多的根據。

最後對出土於江蘇的〈宜侯夨簋〉作一些必要的說明。簋銘云：

佳三月辰在丁未，王省斌王、成王伐商圖，徦（遹？）省□或（國）圖，王卜于宜，入（？）土南鄉，王令虞侯夨曰：「甽（？）侯于宜。易（錫）𩫖鬯一卣、商（璋）瓚一□、彤弓一、彤（彤）矢百、旅弓十、旅矢千。易（錫）土，氒（厥）川（甽？）三百□，氒（厥）□百又廿，氒（厥）宅邑卅又五，氒（厥）□百又卌，易（錫）在

的小國國君，鐘的年代定爲屬王中晚年之器。李說見：〈戎生編鐘論釋〉，《文物》1999 年 9 期，復收於《保利藏金》。裘說見：〈戎生編鐘銘文考釋〉，《保利藏金》p365～374，嶺南美術館出版社 1999 年。

〔註94〕《大系》（《周代金文圖錄及釋文》）葉 186，台灣大通書局 1971 年。

〔註95〕陳公柔：〈曾伯霥簋銘中的「金道錫行」及相關問題〉，《中國考古學論叢》，科學出版社 1995 年。裘士京：〈江南銅材和「金道錫行」初探〉，《中國史研究》1992 年 4 期。馬承源：〈戎生鐘銘文的探討〉，《保利藏金》，嶺南美術館出版社 1999 年。

〔註96〕參註 92 屈文。

宜王人□又七里，易（錫）奠七白（伯），乎（厥）盧（虜）□又五
十夫。易宜庶人六百又□六夫。」宜侯矢揚王休，作虞公父丁障彝。
（《集成》4320，圖二、42）

首先對文字的隸定和文意略作說明。省的後一字恐非「東」字，在前面已說過
了。「王卜于宜」的「卜」字，或釋「立」，李學勤在〈宜侯矢簋與吳國〉一文
中云：「從拓本、照片都可看出其左側沒有另一筆，不能釋『立』。直筆下端有
的拓本似有分歧，細看原器及照片可能是殘泐，右邊還有坼裂。」〔註97〕（以
下簡稱李文）。其後的「入」字，拓本僅餘似「入」字的筆劃作「∧」，其與下
一字的空間甚大，中間又有殘泐，李文缺而無釋，是較謹慎的。「曰」的下一字
或釋「絲」，李文釋爲「鄭」，拓片漫汎，未知確否。「易（錫）」在宜王人□又七
里」的「里」字頂部有泐痕，學者或釋「生」，李文云「筆勢和『生』字顯然不
同」，然僅就字形而言，此理由並不充分，雖然商代甲骨文至西周早期的生字多
作「𡴘」，但也有例外，如〈𠭯方彝〉中「百生（姓）」的「生」作「𡴘」（《集
成》9892，圖二、71），與簋銘此處的字形相近，但據文意仍以釋「里」較爲妥
當（詳下文）。

其次在文意上，以「卜」爲「立」的說法，是以「宜」爲祭祀時「社」
中的處所來說的，但這種用法未見於甲骨文與典籍之中，董楚平即指出「即
使猜測本銘此宜字，是社中的一個處所，則應先入社，後立（位）宜，而銘
辭是宜在社先。」所以從文意上仍以釋「卜」爲是，〔註98〕這無疑是正確
的。其次在賞賜的項目中，裘錫圭已指出「奠七伯」是被「奠」的七個被征
服的族，「七伯」就是他們的首領，「盧」字應讀爲「虜」，指俘虜，與〈大
盂鼎〉中的「人鬲」大概是同一類人。〔註99〕「王人」尚見於〈曶鼎〉和
《尚書》、《春秋》，孫常敘指出「王人」並非僅《公羊傳》所說「王人者何？
微者也」一種意思，〈曶鼎〉之「在王人迺贖用」，《左傳・僖公廿九年》之
「會王人、晉人、宋人、齊人、陳人、蔡人、秦人盟于翟泉。」以及《春秋・
莊公六年》之「王人子突救衛。」「王人」並非僅是「微者」，也有指身份較

〔註97〕見於《文物》1985年7期。

〔註98〕董楚平：《吳越徐舒金文集釋》p10，浙江古籍出版社1992年。

〔註99〕裘錫圭：〈說僕庸〉，《古代文史研究新探》p384，江蘇古籍出版社1992年、〈說
殷墟卜辭的「奠」──試論商人處置服屬者的一種方法〉，《史語所集刊》64
本3分p681，1993年。

高的。〔註 100〕孫氏之說可從，西周銅器有〈王人召輔甗〉（《集成》941），即是「王人」所作之器。所以，總的來說，「王人」約如劉心源所說是「王朝之人」。〔註 101〕既然「王人」是指「王朝之人」，那麼「在宜王人」（在宜地的周人），若說有「□又七生（姓）」，顯然是不合理的。裘錫圭對「王人」以「里」來計算，並提出了解釋：「『在宜王人□又七里』一項，應指在宜地的周族人……簋銘所記的『王人』不以族為單位而以里為單位來計算，大概是為里君所統轄的平民。」〔註 102〕此說可從。「庶人」則是指賞賜給宜侯的「庸」。〔註 103〕

對〈宜侯矢簋〉最有爭議的是與其相關的歷史地理問題，以下談談個人的想法。對於〈宜侯矢簋〉是否與吳國有關，筆者贊同唐蘭、李學勤、董楚平的說法，〔註 104〕持肯定的態度，但出土地是否即宜侯封地，則比較傾向於陳邦福、黃盛璋、馬承源等人的想法，認為江蘇丹徒並非西周時宜侯所封的宜。〔註 105〕其中值得注意的是劉建國對整個江蘇丹徒及其附近區域文化屬性的觀察，其文云：

> 迄今為止在丹徒及其附近，甚至擴大到大江南北，都未見到一座真
> 正屬于周文化的遺址，而土著居民的遺存例是普遍存在。〔註 106〕

也就是說〈宜侯矢簋〉雖出土於江蘇丹徒，但在這裏卻找不到「在宜王人」（在宜地的周人）的蹤跡。另一方面，在江蘇一帶雖然也出土了幾件西周時期典型中原型式的青銅器，如 1982 年母子墩出土的〈伯簋〉，〔註 107〕1985 年丹陽訪仙橋出土的獸面紋銅尊（無銘文），〔註 108〕但經由銅、錫、鉛的化學分析證

〔註 100〕孫常敘：《孫常敘古文字學論集》p239～240，東北師範大學出版社 1998 年。

〔註 101〕劉心源：《奇觚室吉金文述・智鼎》

〔註 102〕裘錫圭：〈關于商代的宗族組識與貴族和平民兩個階級的初步研究〉，《古代文史研究新探》p329～330，江蘇古籍出版社 1992 年。原載《文史》17 輯，1983 年。

〔註 103〕參裘錫圭：《古代文史研究新探》p371。

〔註 104〕李學勤、董楚平同註 97、98，唐蘭：〈宜侯矢簋考釋〉，《考古學報》1956 年 2 期。復收於《唐蘭先生金文論集》，紫禁城出版社 1995 年。

〔註 105〕黃盛璋：〈銅器銘文宜、虞、矢的地望及其與吳國的關係〉，《考古學報》1983 年 3 期。陳邦福：〈矢簋考釋〉，《文物參考資料》1955 年 5 期。馬承源：《商周青銅器銘文選》Ⅲ p34，文物出版社 1988 年。

〔註 106〕劉建國：〈宜侯矢簋與吳國關係新探〉，《東南文化》1988 年 2 期。

〔註 107〕〈江蘇丹徒大港母子墩西周銅器墓發掘簡報〉，《文物》1984 年 5 期。

〔註 108〕引自劉興：〈江蘇丹徒、安徽屯溪兩地西周墓試析〉，《江漢考古》1987 年 2

明，其成分與南方銅器成分不合，而與中原銅器成分吻合，說明這些中原形制的青銅器並非在當地鑄造，〔註109〕目前雖未見〈宜侯夨簋〉的科學成分分析，然〈宜侯夨簋〉亦為典型的中原青銅器，推測〈宜侯夨簋〉應與〈伯簋〉等的情形相同。在江蘇出土近百件的西周時期青銅器中，中原式青銅器僅有少數的幾件，這個現象是值得注意的。李學勤曾有「宜侯夨簋等有銘器物，也有可能是輸入品」的說法，〔註110〕此不失為合理的解釋。其「輸入」的時代，李學勤以〈宜侯夨簋〉為穆王時器的說法，或許對此有所幫助。由萬全文、張正明執筆的《長江文化史》第二章承襲了李氏的觀點，並由歷史形勢加以闡述，其文云：

> 此簋的形制、紋飾所反映的時代特徵姑且不論，西周直至穆王時才取得擊破淮夷聯盟的勝利，才可能將其勢力伸展至江南，在淮夷的後方，「封諸侯，建藩衛」，使淮夷腹背受敵。〔註111〕

然多數學者是將〈宜侯夨簋〉定為康王或昭王。將上文所述銘文的意思與考古學家依實物所得出的結論相對照，並考慮到銘文與器形所反映的年代應以康昭之說較為可信，那麼是不是有可能封宜侯和作器的時代是在康王、昭王之時，至穆王或穆王之後才由周人的諸侯帶入江蘇的呢？總之〈宜侯夨簋〉的歷史地理，及與之相關的西周時的吳國等問題，仍有待學界的共同努力，以上只是根據銘文的內容配合考古的實際情形所提出的初步推測。

　　綜上所述，在昭王南征之前，雖然對周人的勢力是否已延伸至東南的江蘇一帶，仍無法有明確的答案，但透過成、康時封建諸侯的地理位置的討論，可以知道，如果當時「金道錫行」已經存在的話，這條「金道錫行」於成康時在周人的控制範圍內，這點是很明確的，所以，如果昭王南征與南進掠銅有關的話，不論是就地理位置（南征是在漢水流域），或者是歷史延革來說，都應與這條以繁陽為「集散中心」的「金道錫行」沒有太大的關聯。

　　　　　　期。
〔註109〕 同註108。
〔註110〕 李學勤：〈從新出青銅器看長江下游文化的發展〉，《新出青銅器研究》p262，文物出版社 1990 年，原載《文物》1980 年 8 期。不過李氏在其後發表的〈宜侯夨簋與吳國〉（出處見註 97）和〈宜侯夨簋的人與地〉中則認為江蘇丹徒即宜侯受封之地。末一文見於《傳統文化研究》（二），古吳軒出版社 1993 年，復收於《走出疑古時代》，遼寧大學出版社 1994 年。
〔註111〕《長江文化史》p149，江西教育出版社 1995 年。李學勤說見：《新出青銅器研究》p263。

附圖一　周初南土封建諸侯地理位置及相關地名圖（河南、湖北）

第三節　昭王南征史事檢討

〈史牆盤〉所記昭王的主要功績爲「宖（弘）魯邵（昭）王，廣敝楚荊
（荊），隹寏南行」，其中的「廣敝楚荊」當與文獻中所說的昭王南征有關。
昭王南征的目的，過去多認爲與周人掠奪南方的銅礦資源有關，所以部分學
者把「隹寏南行」認爲是與「金道錫行」有關，但是就前面兩節所討論的結
果來說，結合昭王南征之前的南土形勢，以及楚荊與以繁陽爲集散中心的「金
道錫行」的地理位置來看，即可以發現，「隹寏南行」的「行」，顯然並非「金
道錫行」。另一方面，將西周時楚國的疆域發展和長江中游古銅礦的位置配合
起來看，亦可以發現，楚人掌握此地銅礦的時間是在西周的中晚期（夷、屬
之時），所以昭王南征的對象和目的究竟爲何？以及「隹寏南行」的具體所指
爲何？都有進一步再檢討的必要，以下即以〈史牆盤〉銘文的釋讀爲起點，

對昭王南征的史事進行討論。（盤銘見圖二、72）

首先就盤銘記錄昭王功業的兩句中的「𣎴」、「奧」該如何釋讀進行討論。盤銘中的𣎴字，學者或讀爲能，訓爲「親善」之意（猶「柔遠能邇」之「能」），〔註112〕唐蘭則認爲：

> 即貔（豼）字，與能字不同。能從**竹**，此從**比**。舭當與故字通，見《方言六》。此借爲批，《廣雅・釋詁三》：「㩧，擊也」，㩧即批。〔註113〕

陳世輝從聲韻考量，認爲態从能聲，態古音爲透紐蒸部字，與懲音近（懲从徵聲，徵古音爲知紐蒸部），故讀此从能聲之字爲懲，猶《詩經・魯頌・閟宮》之「荊舒是懲」。〔註114〕裘錫圭認爲：

> 此字从「攵」，「能聲」。《說文》謂「能」从「㠯」聲，三台星的「台」，《史記・天官書》等作「能」，可證「能」、「台」古音極近，故釋此字爲「笞」。〔註115〕

按，盤銘中的「𣎴」字作𣎴，與西周金文、戰國文字中的「能」字或从能的字相比較，〔註116〕此字分析爲从攵能聲，無疑是正確的。復就金文中的相關辭例來看：

〈禹鼎〉：亦唯鄂侯馭方率南淮夷、東夷，廣伐南或（國）、東或（國）（《集成》2833，圖二、65）

〈多友鼎〉：用嚴（玁）娹（狁）放（方）嬹（興），寳（廣）伐京𠂤（《集成》2835，圖二、73）

〈不嬰簋〉：馭方嚴（玁）允（狁）廣伐西俞（隅）（《集成》4328，

〔註112〕如李學勤：〈論史牆盤及其意義〉，《考古學報》1978 年 2 期，復收於《新出青銅器研究》p73～82。徐中舒：〈西周牆盤銘文箋釋〉，《考古學報》1978 年 2 期。戴家祥：〈牆盤銘文通釋〉，《上海師範大學學報》1979 年 2 期。以上皆收於《西周微氏家族青銅器群研究》，文物出版社 1992 年（以下簡稱《微氏家族》）。

〔註113〕唐蘭：〈略論西周微史家族窖藏銅器群的重要意義——陝西扶風新出墻盤銘文解釋〉，《文物》1978 年 3 期，復收於《唐蘭先生金文論文集》p209～223 及《微氏家族》p111～128。

〔註114〕陳世輝：〈墻盤銘文解說〉，《考古》1980 年 5 期。

〔註115〕裘錫圭：〈史墻盤銘解釋〉，《文物》1978 年 3 期，復收於《古文字論集》，中華書局 1992 年，及《微氏家族》。

〔註116〕參《金文編》（四版）p688 能字條，《楚系簡帛文字編》p771 能字條、熊字條，頁 305 羆字條。

圖二、74）

「廣伐南或（國）、東或（國）」、「竇（廣）伐京自」、「廣伐西俞（隃）」，三者與「廣敵楚荊（荊）」相對照，把盤銘中的「敵」字視爲與攻伐一類意義相關的字，應該是較爲合適的。所以讀「敵」爲「能」，顯然並不妥當。唐蘭在意義的方向上沒有太大的問題，但將字形隸定爲「狱」卻未可信據。而「能」與「懲」的古音雖然接近，但不若「能」、「台」異文之說來得直接有力，且「荊舒是懲」與「廣敵楚荊（荊）」在文句上也並不接近，故「敵」當從裘錫圭之說讀爲「笞」，笞，《說文・五上竹部》：「擊也，从竹台聲。」

夋，過去依較不清楚的拓片，或釋爲「狩」，于省吾、趙誠曾見到原器，指出此爲夋字，〔註117〕今由《集成》10175 所收的拓片來看，隸定爲夋，無疑是正確的。〔註118〕夋字或讀爲「貫」，與〈中方鼎〉等之「貫行」有關；〔註119〕或讀爲「奐」，訓爲「大」、「盛」，認爲是形容昭王南征時軍容之壯盛而諱言其「不返」；〔註120〕或以「夋」通「患」，爲昭王南征遭患之意；〔註121〕或認爲通「完」，是南進從此告終之意，有諱言其敗的文飾意味。〔註122〕

上述對「夋」字的說法可歸納爲兩類，一是正面的稱頌其功績，一是帶有負面因素的文飾性意味。從銘文的前後文意，以及昭王時相關銅器銘文的記載，將之視爲正面性質的稱頌，應是較合理的。盤銘前半段歷數文王至穆王的功業，其中有些文句的具體含義雖然還不是很清楚（如「左右綏劂剛緜」、「昊炤亡斁（斁）上帝司（？）𬗋卪保」等），但總的來說，都是以簡短的文句來概括歷代周王的功業，且由已可掌握意思的文句來看，都是正面性的稱頌。如果將「夋」讀爲「奐」，訓爲「大」、「盛」，盤銘在此特別形容昭王出兵南征時軍容的壯盛，則與其一生功業的關聯性似乎並不是很緊密。至於昭王南征，據典籍所載至少有十六年和十九年兩次（事實上可能不止），從昭王時南征銅器銘文往往「俘金」、「有得」，至少在十六年的那一次征討

〔註117〕于省吾：〈牆盤銘文十二解〉，趙誠：〈墻盤銘文補釋〉，二文皆見於《古文字研究》第 5 輯，中華書局 1981 年。于文並收於《微氏家族》。

〔註118〕據唐復年所述，「夋」字是後來別鑄才看清筆劃，說見《西周青銅器銘文分代史徵》p459。

〔註119〕同註 115。

〔註120〕同註 117 之于文，于豪亮：〈牆盤銘文考釋〉，《古文字研究》第 7 輯，中華書局 1982 年，復收於《于豪亮學術文存》，中華書局 1985 年。

〔註121〕同註 112 徐文。

〔註122〕同註 112 戴文。

是取得勝利的。至於十九年的那一次征討，昭王卒於渡漢水之時，其成敗如何尚有待進一步研究，但是如果昭王的「不返」是周人所諱言的，那麼盤銘中總述昭王事蹟時，是否會隱喻此人人盡知的不甚光榮之事，就值得再考慮了。

　　另一方面，昭王時代的銅器銘文，屢次提及「貫行」，這對理解盤銘之「佳奐南行」，應是有所幫助的。〈中方鼎〉（《集成》2571）、〈中甗〉（《集成》949）銘文皆云「王令中先眚（省）南國貫行」，此句過去有兩種讀法，或讀爲「王令中先，眚（省）南國貫行」，或讀爲「王令中先眚（省）南國，貫行」，不論是那一種讀法，都把「貫行」理解爲貫通道路之意。最近李學勤認爲應作一句讀，「貫行」是道路名〔註123〕（此說恐不可信，詳下文。又，據〈中觶〉銘文「用先」，及「貫行」的詞性，可知此句當讀爲「王令中先，省南國，貫行」），值得注意的是，「貫行」一詞僅見於昭王時的〈中方鼎〉、〈中甗〉，且「貫行」與「南國」的經營有明確且直接的關係。這樣看來，盤銘中對昭王的頌辭出現「佳奐南行」，就應該不是偶然的。所以「奐」應從裘錫圭之說讀爲「貫」。

　　綜上所述，「廣敵（答）楚荆（荊）」是指對楚荆的征伐，「佳奐（貫）南行」則與貫通南方的道路有關，這兩件事在昭王時的銅器銘文中都有所反映，如：

1. 〈啓尊〉：啓從王南征，**𣥚**山谷，〔註124〕在洈水上，〔註125〕啓乍且（祖）丁旅寶彝。（《集成》5983，圖二、75）

2. 〈啓卣〉：王出獸（狩）南山，**𪊨**迣〔註126〕山谷至于上侯**𣥚**（滰）川

〔註123〕李學勤：〈靜方鼎考釋〉，《第三屆中國古文字學研討會論文集》1997年。

〔註124〕**𣥚**字，《金文編》列於附錄下074，一般多釋爲从辵从旁。按，此字釋爲从旁，可疑。《中國青銅器全集》西周2之89所附拓片較《集成》之筆劃更爲清晰，故此字雖與旁字作**𣥚**形近，然即使將該字下半視爲「人」形的類化，但多出的筆劃仍然不好解釋，宜存疑待考。

〔註125〕洈字本作**𣥚**（全篇銘文皆爲左右反書），或可釋爲覆，參第三章第一節註36。「上」在此爲「旁」、「側」之意，如《左傳‧僖公廿四年》：「瑕甥、郤芮不獲公，乃如河上。」《論語‧子罕》：「子在川上曰：『逝者如斯夫，不舍晝夜。』」《史記‧孔子世家》：「唯子贛廬於冢上。」

〔註126〕**𪊨**字，甲骨文有字與之形近，或釋爲寇，或釋爲宧（廑）。迣字，黃錫全、何琳儀讀爲「迹」，訓爲「蹈」或「循」，可備一說，文見〈啓卣啓尊銘文考釋〉，《古文字研究》第9輯，中華書局1984年，復收於黃錫全：《古文字論叢》，藝文印書館1999年。

上，〔註127〕啓從征，董不霙，乍且（祖）丁寶旅障彝，用匄魯福，用夙夜事。（《集成》5410，圖二、76）

3. 〈小子生尊〉：隹王南征，才（在）□，王令生辨（徧）事□公宗，〔註128〕小子生易（錫）金，鬱𧥏（卣？），用乍簋寶障彝，用對揚王休，其萬年永寶，用鄉（饗）出入（納）史（使）人。（《集成》6001，圖二、77）

〔註127〕林澐曾疑𣲵字當釋爲「順」、「順川上」即沿川而上之意。按，以此字爲「順」，是以「川」爲聲符，其右半，林氏無說，以字形文意來看，恐不可信。此字左旁從川，川與水字形字義相近，作爲偏旁時有互用之例，註126黃、何之文曾舉朝字可從水，亦可從川（參《金文編》p460、461）。另外尚可舉「瀕」字（參《金文編》p742）。此字右半與「竟」字形近，其下與陵字所從之㚄（㚄）又可作䇂相類（參《金文編》p937、938）故齊文濤將此字釋爲「滰」，可從。滰川上即滰川之旁的意思，與〈啓尊〉之「在洍水上」，註125所舉之「河上」、「川上」文例相合。齊說見：〈概述近年來山東出土商周青銅器〉，《文物》1972年8期。林說見：〈新版《金文編》正文部份釋字商榷〉，中國古文字學第八屆年會論文，1990年。

〔註128〕依前後文意，此時昭王南征在外，故「公宗」之「宗」可能不是指宗廟，而是指放置「神主」之處。新公布的〈華山玉牘〉銘文記載秦國的貴族「駰」（李學勤認爲即是惠文王），得病後對四方山川神明和華山的祝禱辭，其對於四方則云「欲事天地、四亟（極）、三光、山川神祇、五祀祖先，而不得厈（厥）方」，其後有「東方又（有）土姓爲刑法氏（民？）⋯⋯吾敢告之，余無辠（罪）也，使明神智（知）吾情，⋯⋯小子駰敢以芥（玠）圭，吉璧吉丑（紐）以告于嶧（華）大山。」玉牘銘中的「東方又（有）土姓爲刑法氏（民？）」一句，李零、李學勤皆在「姓」字下斷句，由前後文意來看，此句似與華山神的「姓名」有關，或可讀爲「東方有土（社），姓爲刑法氏（民？），其名曰陘⋯⋯」。而對天地四極山川等神明的祭祀，有類於甲骨文中的「□其𠣾（徧）又于小山，又（有）大雨」（《合》30456）。也就是說，古時的神明可能各自有其「姓名」。又，南方（湖南）青銅器往往出土於山中和河邊，高至喜認爲可能與祭祀有關，所以〈小子生尊〉的「辨（徧）事□公宗」可能是指對山川神祇的祭祀。李學勤於湖北境內的情形亦有所補充，見：〈談長江流域的商代青銅文化〉，《長江文化論集》第1輯，湖北教育出版社1995年，復收於《比較考古學隨筆》，廣西師範大學出版社1997年。又，吳闓生釋「公」前一字爲「厥」，並云：「辨、徧同字。《書》：『禋于六宗，徧于群神。』此言徧有事于群望也。」華山玉版之公布見於李零：〈秦駰禱病玉版的研究〉，《國學研究》第6卷1999年。李學勤說見：〈秦玉牘索隱〉，《故宮博物院院刊》2000年2期。上舉甲骨文之𠣾釋讀爲徧及「辨」可讀爲「徧」，參裘錫圭：〈殷墟甲骨文字釋（七篇）〉，《湖北大學學報》1990年1期。高說見：〈「商文化不過長江」辨——從考古發現看湖南的商代文化〉，《求索》1981年2期。吳說見：《吉金文錄》（《彝銘會釋》p646），樂天出版社1971年。

4. 〈鼄簋〉：鼄從王伐荊，孚（俘），用乍餴簋。(《集成》3732，圖二、78)

5. 〈過伯簋〉：過白（伯）從王伐反荊（荊），孚（俘）金，用乍宗室寶障彝。(《集成》3907，圖二、79)

6. 〈瑪叔鼎〉：瑪叔從王南征，唯歸，隹八月在䧹应，諆乍寶鬲鼎。〔註129〕(《集成》2615，圖二、80)

7. 〈瑪叔簋〉：唯九月瑪叔從王鼎（遠？）〔註130〕征楚荊，在成周，諆乍寶簋。(《集成》3950，圖二、81)

8. 〈犾駿簋〉：犾駿（馭）從王南征伐楚荊（荊），又（有）得，用乍父戊寶障彝。(《集成》3976，圖二、82)

9. 〈中方鼎〉：隹王令南宮伐反虎方之年，王令中先，眚（省）南或（國），貫行。埶（設）王应在夔（？）隣眞（？）山。中乎歸生鳳于王，埶于寶彝。(《集成》2751，圖二、62)

10. 〈中甗〉：王令中先，眚（省）南或（國），貫行，埶（設）应在𤔲（繒）。史兒至，以王令曰：「余令女（汝）史（使）小大邦，氒（厥）又舍（捨）女（汝）芻（芻？）糧（糧），〔註131〕至于女（汝）庸小多□。」中眚（省）自方、鄧、洀□邦，在□自（師）師。白（伯）買氒（厥）□□氒（厥）人□漢中州，曰叚、曰旋，氒（厥）人□廿夫，氒賈䇫言曰：賓□貝，曰傳於王□（？）休，緯尸（肩、夷）〔註132〕又（有）羞，余□羌用乍父乙寶彝。(《集成》949，圖二、

〔註129〕據7同人所作之簋可知，過去或釋爲「唯叔」是錯誤的。

〔註130〕此「員」字也可能爲虛詞，與石鼓詩〈車工〉「君子員邋，員邋員斿」之「員」用法相同。

〔註131〕「槀」可讀爲「糧」，裘錫圭指出，在上古，「糧」字的意義并不像今天所說「糧食」那樣廣泛，而是專指「行道」所用的乾糧而言的。芻，劉釗認爲是苑字的誤摹，苑，即苑圍，唐蘭釋作「芻」，即牧地。由於此器僅存摹本，疑在此或可釋爲「芻」，「芻」爲牲口所吃的乾草，「芻糧」猶後來軍隊之「糧草」。「芻糧」一詞於後代仍有延用，如宋梅臣之詩有云「連日道路費芻糧」等（參《漢語大詞典》Ⅱp190）。由於王令中「使小大邦」，所以賜予所需糧草。裘說見：〈西周糧田考〉，《周秦文化研究》，陝西人民出版社1998年，復收於《胡厚宣先生紀念文集》，科學出版社 1998 年。劉說見：〈釋金文中從夗的幾個字〉，《中國文字》新十九輯，藝文印書館1994年。唐說見：《史徵》p286。

〔註132〕「肩」可讀爲「夷」，用爲語助詞，參于豪亮：〈陝西省扶風縣強家村出土虢

63）

11.〈靜方鼎〉：惟十月甲子，王在宗周，令師中眔靜省南國相，埶（設）
应。八月初吉庚申，至，告于成周。月既望丁丑，王在成周大室，
令靜曰：「嗣女（汝）采，嗣在曾噩（鄂）自（師）。」王曰：「靜，
錫女（汝）鬯、旂、巿、采霍，曰：用事。」靜揚天子休，用乍父
丁寶障彝。〔註133〕（圖二、64）

12.〈員方鼎〉：唯征（正）月既望癸酉，王獸（狩）于眂㸚（麇？），王
令鼎（員）執犬，休善，用乍父甲障彝。〔註134〕（《集成》2695，
圖二、83）

13.〈令簋〉：隹王于伐楚白（伯）才（在）炎，隹九月既死霸丁丑，乍冊
矢令障宜于王姜＝，（王姜）商（賞）令貝十朋、臣十家、鬲百人……
（《集成》4300，圖二、84）

14.〈員卣〉：鼎（員）從史旟伐會（鄶），鼎（員）先內（入）邑。鼎（員）
孚（俘）金，用乍旅彝。（《集成》5387，圖二、85）

另外，文獻所記昭王南征之事有：

15.《左傳·僖公四年》：「昭王南征而不復，寡人是問，對曰：『貢之不入，
寡君之罪也，敢不共給。昭王之不復，君其問諸水濱。』」

16.《古本竹書紀年》：「昭王十六年伐楚荊，涉漢，遇大兇。」「十九年，

季家族銅器銘考釋〉，《古文字研究》第9輯，中華書局1984年，復收於《于
豪亮學術文存》，中華書局1985年。

〔註133〕〈靜方鼎〉銘文拓片、照片見於《文物》1998年5期p86、p87，但照片與拓
片有多字不清楚，上文之隸定與斷句係參照徐天進、李學勤、張懋鎔之文，徐
文見：〈日本出光美術館收藏的靜方鼎〉，張文見：〈靜方鼎小考〉，二文皆見於
《文物》1998年5期；李文見：〈靜方鼎考釋〉，《第三屆國際中國古文字學研
討會論文集》，1997年，〈靜方鼎與周昭王曆日〉，《光明日報》1997年12月
23日，〈靜方鼎補釋〉，後二文收於《夏商周年代學札記》，遼寧大學出版社1999
年10月。

〔註134〕簋銘中的首句或讀作「隹王于伐楚，伯在炎」，或讀作「隹王于伐楚伯，在炎」，
斷代則有成王、昭王二說，其中又牽涉到「王姜」是成王或康王或昭王之后的
問題，而其所伐的「楚」或以為是在河南之楚（即楚丘，即甲骨文《合》29984，
《粹》1547「于楚又（有）雨」之楚）又，14〈員卣〉銘文中所伐的會（鄶），
地在今河南密縣（洛陽之東南東方），〈員方鼎〉銘云「執犬」，此三器銘所記
是否與昭王南征有關，學界看法分歧，故暫列於此，不擬作深入討論。

天大曀，雉兔皆震，喪六師于漢。」「昭王末年，夜清，五色光貫紫微，其年王南巡不反。」

17.《呂氏春秋·音初》：「周昭王親將征荊。辛余靡長且多力，爲王右。還反涉漢，梁敗，王及祭公隕於漢中。辛余靡振王北濟。」

18.《史記·周本紀》：「昭王南巡狩不返，卒於江上。其卒不赴告，諱之也。」

《正義》引《帝王世紀》：「昭王德衰，南征，濟于漢，船人惡之，以膠船進王，王御船至中流，膠液船解，王及祭公俱沒于水中而崩。其右辛游靡長臂且多力，游振得王，周人諱之。」

19.《史記·齊太公世家》：「昭王南征不復，是以來問。楚王曰：『貢之不入，有之，寡人罪也，敢不共乎！昭王之出不復，君其問之水濱。』」

《集解》引服虔：「周昭王南巡狩，涉漢未濟，船解而溺昭王，王室諱之，不以赴，諸侯不知其故，故桓公以爲辭責問楚也。」

20.《漢書·嚴朱吾丘主父徐嚴終王賈傳》：「及其衰也，南征不還，齊桓救其難。」

顏師古注：「謂昭王也。謂楚所溺也。」

21.《楚辭·天問》：「昭后成遊，南土爰底，厥利惟何，逢彼白雉。」

銘文中所記征討的對象有虎方、荊（楚荊）。關於昭王時代的荊（楚荊），歷來即有非後來之楚的說法，如上舉《左傳》之「君其問諸水濱」，杜預注：「昭王時漢非楚竟，故不受罪。」唐蘭亦據此認爲昭王所伐之楚荊並非後來之楚。〔註135〕伍仕謙由歷史形勢復有所補充，其文云：

直到周平王三十一年楚武王即位，國勢漸強。周桓王十年（即春秋魯桓之二年）蔡、鄭會於鄧，始懼楚。在此之前，楚未能與中原諸侯敵也（引按，《左傳·桓公二年》：「蔡侯、鄭伯會于鄧，始懼楚也。」楊伯峻《注》：「此年爲楚武王之二十一年，中原諸國患楚自此始。」）……由此看來，楚國之興，初始於熊繹，而強於熊通（武王）、熊貲（文王）。昭王之南征楚荊，喪六師於漢。此時之漢，尚非熊繹之後人所有……其實楚荊之名，在殷商甲骨及西周甲骨都已經發

<hr />

〔註135〕唐蘭：〈論昭王時代的青銅器銘刻〉，《古文字研究》第 2 輯 p114，中華書局 1981 年，復收於《唐蘭先生金文論集》，紫禁城出版社 1995 年。

現，如『于楚又雨』（粹 154）、『甲申卜舞楚 』（粹 1315）、西周甲骨有『𡥃𣪊𣘙』『𣘙𣊟耒告』（引按，告字當屬下讀）。由這些例子都可以證明殷周之際即有楚名。昭王所征之楚、荊，決非熊繹之後裔所建的楚國。〔註136〕

按，西周初年，楚居於丹陽，在今河南西南部丹水流域一帶，其疆域的發展，至熊渠（約當夷王、厲王之時）始明確擴及漢水流域一帶（參第一節），故杜預所說「昭王時漢非楚竟（境）」，是可信的，伍氏所言「此時之漢，尚非熊繹之後人所有」，亦符合歷史之真實情況。但伍氏所舉《粹》1547（《合》29984）中的「楚」，指的應是河南楚丘，〔註137〕《粹》1315（《合》32986）中的「楚」，則應讀為「胥」，〔註138〕兩者皆與後來的楚無關。而周原甲骨中的「楚子」，一般認為是鬻熊或熊繹，所以伍氏欲以商周之際有一不同於後來之楚的楚存在，來說明昭王所伐者非後來之楚，並不可信。由於古時對漢水南北一帶的土著居民皆可稱「楚」、「楚荊」，故由地理形勢和歷史發展來看，昭王所伐之「荊」、「楚荊」，應是泛稱，指的並不是後來的楚。

銘文所見征伐的另一方國－虎方，亦見於商甲骨文。歷來皆認為是南土的方國，商之虎方即〈中甗〉之虎方，但具體位置則有不同的看法。鐘柏生認為在河南南部的息縣、商城之間，淮河附近，丁山認為在今安徽壽縣東南，〔註139〕李學勤則將甲骨文和金文聯繫起來，認為虎方應在漢水東岸一帶。卜辭中有：

　　☐貞：令望乘眔眔途（？）虎方，十一月。（佚 498、綴 278、合 6667，圖一、26）

　　乙未□貞：立事于南，右比我、中比眔、左比𠁥。（掇 2.62、合 5504，圖一、27）

李氏將此與〈中方鼎〉、〈中甗〉之虎方、𠤷、漢中州相參照，認為𠤷（曾）即是隨，在今湖北隨縣，甲骨文中的眔即古璽中的旗字所從的與，是「舉」字的古體（引按，旗字見於《古璽彙編》3430，作 𡴞），漢東有舉水，故虎方

〔註136〕伍仕謙：〈王子午鼎、王孫誥鐘銘文考釋〉，《古文字研究》第 9 輯 p286～287，中華書局 1984 年。
〔註137〕參本章第一節註 19、註 21。
〔註138〕郭沫若：《殷契粹編》1315 片考釋。
〔註139〕鐘柏生：《殷商卜辭地理論叢》p223，藝文印書館 1989 年。丁山：《甲骨文所見氏族及其制度》p150，中華書局 1988 年。

亦應在此一帶。〔註140〕

　　按，李氏所云虎方在漢東一帶的說法大致可信。伐虎方與南征之事有關，上舉之銘文與文獻中，都將昭王南征的對象總其名爲「荊」、「楚荊」，則虎方當是南征過程中被攻伐的一個方國，其位於漢東一帶，亦合於泛稱之「楚荊」。不過〈中甗〉中的「𤖔」是否爲湖北的「隨」，則有進一步考慮的必要。由〈中甗〉所記，「中」本在「𤖔」地設「应」，如果此處之「𤖔」即是隨，隨是姬姓親附於周的諸侯國，周王在諸侯國中是否仍需攻治臨時性居所「应」，是頗令人懷疑的。由金文中周王所在之「应」來看，除了上舉 6 之「𤖔应」，9 之「应在𤔲（？）隓眞（？）山」之外，尚有

　　　　「上侯应」〈不栺方鼎〉（《集成》2735）

　　　　「㭉应」〈小臣夌鼎〉（《集成》2775）〔註141〕

　　　　「邁应」〈智鼎〉（《集成》2838）

　　　　「減应」〈元年師旋簋〉（《集成》4279〜4282）

並無一處的「应」是明確可與某諸侯國之國名相對應的。且據〈中甗〉銘文所記「中」的巡省路線，甗銘中的「𤖔」應該不在湖北境內。因爲銘文所記「中」受命「使小大邦」的路線是由「方」經「鄧」，〔註142〕鄧在今湖北襄樊，方，一般認爲即「方城」，在今河南中南部，〔註143〕這樣看來，「中」的路線是由河南南行入湖北，所以此處的「𤖔」應與「方」位置相近。黃錫全認爲

〔註140〕參李學勤：《殷代地理簡論》p99，科學出版社 1959 年；〈盤龍城與商朝的南土〉，《文物》1976 年 2 期，復收於《新出青銅器研究》；〈靜方鼎考釋〉，《第三屆國際中國古文字學研討會論文集》，1997 年。

〔註141〕〈小臣夌鼎〉中尚有「𢓊应」，指的應是周王所「𢓊」之应，「𢓊」可讀爲「屯」或「陳」與「在某应」之某爲地名的情形不同，參何樹環：〈說迖〉，《第二屆國際暨第四屆全國訓詁學學術研討會論文集》1998 年。

〔註142〕郭沫若、黃錫全將甗銘之「𦥯邦」、「在迗師師」補作「鄧邦」、「在靈」，未知確否，僅記於此，文中不多作討論。郭說見：《大系考釋》（《周代金文圖錄及釋文》葉 19，台灣大通書局 1971 年）。黃說見：《湖北出土商周文字輯證》p26，武漢大學初版社 1992 年。（以下簡稱《輯證》）

〔註143〕李學勤則認爲「方」在今湖北竹山東南，若結合李氏以「𡩋？」（李釋夔）在湖北秭歸，並以「貫行」爲道路名的說法，則此時由漢水南至長江，似皆已在周人的掌握之中，而「貫行」這條道路乃可由隨州西北行至襄樊，復沿漢水湖江而上，至竹山，既而又南可達長江邊之秭歸，則此路線幾乎是繞行湖北一周，故不取李氏以「方」在竹山東南和「貫行」爲道路名之說。李說見於註 140 末二文。

此「𫶕」應是指方城之外的「曾」（繒關）〔註144〕（按，《左傳，哀公四年》「致方之外於繒關。」楊伯峻《注》：「據江永《考實》，繒關在今河南方城縣。」），此應是較合理的說法。〔註145〕而〈靜方鼎〉中「嗣在曾鄂師」一句中的「曾」，指的仍應是湖北之「隨」。「在曾鄂師」可能與隨縣出土的鄂國銅器有關。隨縣安居羊子山出土〈鄂侯弟曆季尊〉，其銘文作

　　鄂侯弟曆季乍旅彝（《集成》5912，圖二、86）（有同銘之簋見於

　　《集成》3668，上海博物館並收藏有同銘之卣，見於《集成》5325）

　　　〔註146〕

此為西周前期器。「旅彝」一辭金文習見，據黃盛璋的研究，總的來說，旅彝是指「可以移動、挪用之器，既可用于內，也可用于外，既可用于宗廟祭祀，也可攜帶用于行旅與征伐。」〔註147〕「旅」亦有「寄處」、「客處」之意，如《左傳‧莊公廿二年》：「羈旅之臣，幸若獲宥，及於寬政，赦其不閑於教訓，而免於罪戾，弛於負擔，君之惠也。」杜預注：「旅，客也。」將「旅彝」的意思配合鄂侯弟曆季所作器物出土於隨縣的情形來看，鄂侯弟曆季可能就是周初時「在曾鄂師」的將領。

　　總之，昭王兩次南征的對象是地處湖北漢水流域一帶泛稱的「楚荊」，與後來的楚國並無直接的關聯，而虎方很可能是十六年這一次南征所討伐的方國之一，其是否如尹盛平所說，虎方就是這次征伐的主要對象，〔註148〕依目前的材料仍難以判定。

　　接著試由相關銘文排序的討論來看「佳奐（貫）南行」及其相關的問題。與南征史事排序相關的銅器銘文尚有下列諸銘：

〔註144〕黃錫全：《輯證》p28，武漢大學出版社1992年。又，陳振裕、梁柱認為繒關一帶即古曾國之所在，是否正確，仍有待進一步研究，其文見：〈試論曾國與曾楚關係〉，《考古與文物》1985年6期。

〔註145〕丁山認為是在今河南新鄭、密縣之間的溱水一帶。按，此地據「方城」較遠，與〈中甗〉之「中」在「𫶕」，然後自「方」「使小大邦」未完全密合，故不從此說。丁山說見：《甲骨文所見氏族及其制度》p106，中華書局1988年。

〔註146〕參王少泉：〈隨縣出土西周青銅單鋬尊〉，《江漢考古》1981年1期。馬承源：〈記上海博物館新收集的青銅器〉，《文物》1964年7期。

〔註147〕黃盛璋：〈釋旅彝──銅器中旅彝問題的一個全面考察〉，《中華文史論叢》1979年第2輯，復收於《歷史地理與考古論叢》，齊魯書社1982年。

〔註148〕尹盛平：〈金文昭王南征考略〉，《陝西歷史博物館刊》第2輯，三秦出版社1995年。

22.〈中觶〉：王大省公族于庚（唐），振旅，王易（錫）中馬自𤲷侯四𩦯，南宮貺，王曰：「用先。」中𩪧王休。用乍父乙寶障彝。（《集成》6514，圖二、87）

23.〈中齋〉：隹十又三月庚寅，王在寒𠂤，王令大史貺福土，王曰：「中，茲福人入事易（錫）于珷王乍臣。今貺𤰔（畀）〔註149〕女（汝）福土，乍乃采。」中對王休令，𪔛父乙障。隹臣尚中臣，七八六六六六、八七六六六六。〔註150〕（《集成》2785，圖二、88）

24.〈作冊𣝅觥〉：隹五月，王在庠，戊子，令乍冊𣝅貺望土于相侯，易（錫）金、易（錫）臣。揚王休。隹王十又九祀。用乍父乙障，其永寶。（《集成》9303，圖二、89）（有同銘之尊、方彝，見於《集成》6002、9895）

25.〈趙卣〉：隹十又三月辛卯，王才（在）庠，易（錫）趙采曰趙，易（錫）貝五朋。趙對王休，用乍姞寶彝。（《集成》5402，圖二、90）（有同銘之尊見於《集成》5992）

26.〈不栺方鼎〉：隹八月既望戊辰，王在上侯應，𢎥𢦏（祼？），不栺易（錫）貝十朋，不栺拜頴首，敢揚王休，用乍寶𪔛彝。（《集成》2735、2736，圖二、91）

李學勤、黃錫全對這段時間史事的排序皆有所討論，今以二者之說爲基礎進行討論。李文云：

> 昭王南征在其十六至十九年。以前引銘文推排，王命南宮伐虎方，隨後命中、靜省南國，貫行設居，當在十七年的十月。十八年八月，靜至成周，王在大室命靜錫采。同年十三月（閏月），王錫采於中、趙。十九年五月，王在庠，後又錫土於相侯。其間先後是不好再移動的。

〔註149〕　𤰔舊或釋爲里，不確。〈永盂〉之「易畀」與〈中齋〉之「貺畀」辭例相近，唐蘭、裘錫圭先後指出即「畀」字，訓爲「付與」，唐說見：〈永盂銘文解釋〉，《文物》1972年1期；〈永盂銘文解釋的一些補充〉，《文物》1972年11期，二文並收於《唐蘭先生金文論集》。裘說見：〈畀字補釋〉，《語言學論叢》第6輯，1980年，復收於《古文字論集》，中華書局1992年。

〔註150〕　「隹臣尚中臣」，李學勤認爲是指「福人于武王時入事爲王臣，今其地爲昭王轉賜給中，其人隨之成爲中的臣……這一句意爲福人會臣服于中，是筮辭裏的命辭。」說見：〈中方鼎與周易〉，《文物研究》第6輯，復收於《周易經傳溯源》p200～209，麗文文化1995年。銘文末之符號，張政烺指出即是卦象，李學勤在上舉文中復原爲「遇剝之比」，有「大吉大利」之意。張說見：〈試論周初青銅器銘文中的易卦〉，《考古學報》1980年4期。

李文於同文之訂補復云：

> 相爲地名，即折（引按，即「斤」）尊等器「相侯」之相……根據上
> 述改動，王命中、靜省南國相和命中省南國貫行可能不同時日，但
> 仍應在同一年。所有改動都不影響曆日的推算。〔註151〕

黃錫全云：

> 昭王從成周出發，越過嵩山腳下的上侯、潁川南下。昭王命令先省
> 視南國，爲南下打通行道。中首先在方城之外的曾（繒關）地爲王
> 安排了行帳，然後始出省南國。先到達方城，而後到鄧國、洧（汜）
> 水，北返至鄧國，最後在西鄂駐紮，迎接緩緩南行的昭王。中省視
> 鄧國時，看中了鄧南邑嬰（鄾）的障眞山（離漢水不遠），在那兒爲
> 王設置了下一步的行帳。白買父在漢水一帶尤其是在漢水中的幾個
> 洲佈置了防線，爲昭王繼續前進作好了充分的準備。昭王征虎方勝
> 利後，班師於隨州北面的唐國，在那兒大省同姓諸侯，賞賜了中來
> 自歷地的四匹良馬，以表彰中的「先行」。〔註152〕

按，上舉銘文中的曆日紀時有：

A〈靜方鼎〉之「十月甲子（1）王在宗周」（數字表示干支的排序）

「八月初吉庚申（57）告行成周」

「月既望丁丑（14）王在成周大室」

B〈不栺方鼎〉之「八月既望戊辰（5）王在上侯应」

C〈中觶〉之 「十三月庚寅（27）王在寒師」

D〈趞卣〉之 「十三月辛卯（28）王在序」

由曆日紀時和相關銘文內容加以觀察，昭王到南國的次數，或許不應僅限於
文獻所言的十六年與十九年兩次而已。C、D同在閏月，干支僅差一日，兩
者都屬於昭王時「王在序組」銅器，時間爲昭王十八年是較爲肯定的。A之
「（八月）既望丁丑」與B之「八月既望戊辰」，二者月份相同，月相相同，
干支差九日，說明二者當非同年之事。B之「上侯」亦見於上舉之2，黃錫
全認爲「上侯」之「侯」即「緱氏」，在今河南偃師縣東南伊洛平原東嵩山

〔註151〕李學勤：〈靜方鼎考釋〉，《第三屆國際中國古文字學研討會論文集》，1997年。

〔註152〕黃錫全：《輯證》p28。又，文中的「屬」，黃文是依李學勤之說，然此字釋「屬」
未可深信。李說見：〈盤龍城與商朝的南土〉。

口，〔註153〕此地距成周不遠。李氏在〈訂補〉中懷疑「中省南國」和「靜省南國」是不同的兩次巡省，由其地理位置來看，此說是對的。前面已經說過，「中」巡省的路線是由河南向西南行至湖北，而〈作冊𣄴觥〉中的「相」，「相」作爲地名亦見於《史記・殷本紀》之「河亶甲居相」，過去有兩種說法，一是河南內黃說（在湯陰東，位於河南東北），〔註154〕另一說認爲在今安徽宿州市北，〔註155〕今由〈靜方鼎〉中的「相」在南國，可知觥銘中的「相」當以後說爲是。連帶地，由鼎銘所記省巡南國相之時亦曾「埶（設）应」，說明此時昭王應該是曾到南國「相」的。那麼昭王至南國的次數，實不應限于文獻所記載的兩次。確定這一點，對上舉銘文排序的理解是有其積極性的作用。

　　按照一般的說法，上述銅器是由昭王十六年開始排起。並把上舉 1～8 都視爲十六年南征之事，23～25 是所謂昭王時「王在序組」銅器，時間是昭王十八年至十九年，較有問題的是〈中方鼎〉、〈中甗〉和「伐反虎方」的關係。上舉李文是以「伐虎方」在前，而後「省南國」。黃氏之說，由其文意看，似乎〈中方鼎〉、〈中甗〉之「省南國貫行」正是爲「伐虎方」之役開闢道路。二者所言之順序是相反的。

　　按，「伐反虎方之年」是大事記年的形式，這種記年方式與該銘文中所記之事，視爲有時間上的前後關係，應該是較爲合適的。如東周齊國銅器銘文之「某立（莅）事歲」，其銘文所記之事應在某「立（莅）事」之後。西周時，如：

27.〈旅鼎〉：唯公大俘（保）來伐反夷年，在十又一月庚申，公在盩𠂤，公易（錫）旅貝十朋。（《集成》2728，圖二、7）

其所記之事自當在「來伐反夷」（自伐反夷歸來）之後，其他如：

28.〈厚趠方鼎〉：唯王來格于成周年，厚趠有償于𤔲（祭？）公……（《集成》2730，圖二、60）

〔註153〕黃錫全：〈啓卣啓尊銘文考釋〉，《古文字研究》第 9 輯，中華書局 1984 年，復收於《古文字論叢》。

〔註154〕參黃盛璋：〈西周微家族窖藏銅器群初步研究〉，《社會科學戰線》1978 年 3 期，復收於《歷史地理與考古論叢》，齊魯書社 1982 年，及《微氏家族》。鄭杰祥：〈殷墟卜辭所記商代都邑的探討〉，《甲骨文發現一百周年學術研討會論文集》，1998 年，中研院、師大合辦。

〔註155〕丁山：《商周史料考證》p30 中華書局 1988 年。陳夢家：《殷虛卜辭綜述》p251，中華書局 1992 年 1 版 2 刷。

　29.〈𣄰卣〉：惟明傈（保）殷成周年，公易（錫）作冊𣄰𣪘、貝……（《集
　　　成》5400，圖二、92）

也都應該這樣來理解。所以〈中方鼎〉所記之事當從李說，視爲「伐反虎方」
之後。但，雖然「伐反虎方」與〈中方鼎〉所記爲同年之事，然而在〈中方
鼎〉之「𤰇（？）障眞（？）山」未能確釋，以及〈中甗〉後半銘文殘缺不
易理解，且昭王親巡南土的次數不限于兩次的情況下，〈中方鼎〉與〈中甗〉
所記是否爲同一次的巡省，甚至是否爲同年之事，則仍有待考慮。由甗銘之
意可知，中受命「使小大邦」之時，王尙未到「𤰇」，「𤰇」地尙在河南境內，
前面已經說過，中「使小大邦」之路線是由「方」經「鄧」，是由河南南行進
入湖北，且甗銘中又有「漢中州」之語，故將甗銘所記之事視爲與〈中方鼎〉
同一次的巡省，依目前所見材料並無積極的證據可證實這一點。所以〈中甗〉
或許應視爲「伐反虎方」之後，有別於〈中方鼎〉的另一次巡省。

　　關於〈中觶〉和〈靜方鼎〉時間順序的排定。〈中觶〉銘文之「王大省公
族于庚（唐），振旅」，學者或讀爲「王大省公族，于庚振旅」，認爲是「在庚
日振旅」之意，〔註156〕這點差異並不影響時序的排定。各家把〈中觶〉排在
〈中方鼎〉之後的原因，是把「振旅」視爲「班師振旅」的緣故，但「振旅」
亦可以是出兵之前所舉行的「軍禮」，如：

　　　《國語‧晉語》：「宋人弑昭公，趙宣子請師于靈公以伐宋……乃使
　　　旁告于諸侯，治兵振旅，鳴鐘鼓，以至于宋。」

　　　《詩經‧小雅‧采芑》：「方叔莅止，其車三千，師干之試。方叔率
　　　止，鉦人伐鼓，陳師鞠旅。顯允方叔，伐鼓淵淵，振旅闐闐。」

祝中熹、高智群皆已據此指出，出兵時亦可有「振旅」，這是十分正確的。〔註
157〕觶銘中之「南宮」亦見於〈中方鼎〉：「王令南宮伐反虎方之年」，那麼〈中
觶〉所記之事，完全有可能是在伐虎方之前，不必然是在伐虎方之後。〈靜方鼎〉，
上舉李文在〈訂補〉中雖已意識到中、靜省南國相與中省南國不是同一回事，
但仍然認爲二者是在同一年，並將省南國相之事排在昭王十七年。令人不解的
是，若按照李氏之說，既然王令中省南國貫行是在十六年，中、靜省南國相又

─────────────

〔註156〕唐蘭於〈論周昭王時代的青銅器銘刻〉和《西周青銅器銘文分代史徵》中皆
　　　如此斷讀。

〔註157〕祝中熹：〈振旅新解〉，《人文雜志》1992 年 5 期。高智群：〈獻俘禮研究〉（上），
　　　《文史》35 輯 1992 年。

與之同年，爲何省南國相會是在昭王十七年呢？張懋鎔雖然認爲〈靜方鼎〉是昭王十六年南征所作，[註158] 但前面已經說過，中、靜省南國相與中省南國不是同一回事，所以十六年的說法也沒有太多的根據。以目前的材料來看，〈靜方鼎〉歸屬於昭王時器是可以肯定的，但其具體年數，除了可確定與〈不拍方鼎〉不同年之外，仍有待更多相關銘文的聯繫。

經由上述對相關銘文排序的討論可知，昭王時曾多次地派遣貴族前往南國巡省，並設立臨時性的居所，這應該就是〈史牆盤〉中所說的「隹寏南行」。然昭王此舉的目的爲何？過去多將昭王南征視爲向南掠奪銅礦資源，現經前文的討論之後，此一理解顯然未可深信。因爲長江南岸湖北之大冶、陽新，江西之瑞昌等古銅礦的開發，雖可早至於商代中期，但直至西周中期之前，此一區域的開採技術和設備並不能進行大規模的開採、生產（參第一節），而古揚州（安徽、江蘇）一帶的銅礦在西周昭王之前是否已經有「南金北運」的「金道錫行」，誠屬尚有待考證的問題，[註159] 即使西周昭王時已有「金道錫行」，由昭王之前南土諸侯的分布來看，以繁陽爲集散中心的「金道錫行」，亦在周人的掌握之中（參本章第二節），所以，「南進掠銅」的說法，雖然普遍爲學界所接受，但事實上並沒有足夠的證據可支持這種說法。對於昭王南征與數度南巡的目的，實應當另尋更爲合理的解釋。

頗疑昭王南征、南巡是帶有領土擴張的意義。周人的南土概念乃承襲商人而來，且已知商人的南土範圍可至湖北長江中游，雖然昭王之前的成、康，在湖北一帶也封建了諸侯，但勢力較強的仍然是土著居民－楚荊，昭王的南征楚荊，可能就是把此地由概念中的南土，經由行動，包括軍事的、政治的，進一步使之成爲實際的南土，這與周人的東土本有「大東小東」，經由東征之後，山東成爲周人實際東土的情形有些相似。而昭王的數度南巡，其作用也可能與秦始皇統一六國後，治馳道、巡行天下的性質有些類似。秦始皇巡行喜立碑刻石，宣揚巡行的意義。《史記·秦皇始本紀》盡錄其文，獨遺嶧山刻石，《史記會注考證》補上這段缺文，其中，〈嶧山刻石〉有「既獻泰成，乃

〔註158〕張懋鎔：〈靜方鼎小考〉，《文物》1998 年 5 期。

〔註159〕石璋如和天野元之助先後指出，殷商時河南一帶已有豐富的銅錫蘊藏和開採。天野元之助並配合甲骨文中的田獵地名繪有以安陽爲中心方圓三百公里殷商時銅錫礦分布圖，故商時是否已有「南金北運」的情形，是有待進一步考察的。石文見：〈殷代的鑄銅工藝〉，《史語所集刊》26 本，1955 年。天野氏說見：《中國社會經濟史》（殷、周之部）p88～90，開明書院 1979 年。

降專（溥）惠，親（親）輇（巡）遠方，登于繹山。」〔註160〕（圖三、11）
〈泰山刻石〉有「初并天下，罔不賓服，親巡遠黎（？）。」〔註161〕古時於征
伐之後有「撫民」之舉習見，如武王之克殷有「命南宮括散鹿臺之財，發鉅
橋之粟，以振貧弱萌隸。」（《史記‧周本紀》）秦始皇刻石雖不免有誇大、美
化之嫌，然征服遠方諸侯方國之後，王親自巡省該地，除了「撫民」以收人
心之外，大概也有宣誓此地從此歸「我」有的意味。在本章第一節中已經說
過，古時王的「巡狩」與「勤疆土」是有關聯的，這點也正可作為昭王多次
南巡目的的一個註腳。那麼再回過頭來考慮「隹奐（貫）南行」和「貫行」
的具體所指，其所說的「行」很可能就不單是指一般的道路，而是君王南巡
狩時所行的道路了。這樣看來，〈史牆盤〉所稱頌昭王的功績「廣敝（答）楚
荊（荊），隹奐（貫）南行」，應是指昭王廣泛的攻擊湖北一帶的土著居民－
楚荊，貫通了南巡狩的道路，使此地成為周人實際的南土。

　　最後對昭王卒於漢水略作說明。上舉之 15～20，或云「梁敗」、或云「船
解」，崔述云：

　　　余按昭王不復之故，經傳文缺，不可詳考。若果別無他故，但見惡
　　　於船人，何至遽行弒逆。船人自以私怨弒王，其國之君何以不討，
　　　嗣王何以亦不問乎？船人或楚人，然是時楚境尚未至於漢地，恐皆
　　　後人之所附會。〔註162〕

唐蘭則由穆王未興師南征楚荊，認為昭王卒於漢水乃是由於天災，並非為楚

〔註160〕陳直云：「嶧山重刻，共有七本，以鄭文寶所摹西安府學本為第一。」《金石
　　　　萃編》所錄即鄭文寶摹本，據此，《史記會注考證》所云「乃降專惠」之「專」
　　　　字作「𥳑」，實為「專」之誤釋，「專」在此當讀為「溥」，「溥」可訓為「廣」，
　　　　《詩經‧大雅‧公劉》：「逝彼百泉，瞻彼溥原」鄭箋：「溥，廣也。」又張衡
　　　　〈西京賦〉云「皇恩溥，洪德施」，正與石刻銘之「乃降溥惠」之意相若。陳
　　　　直說見：《史記新證》p22，天津人民出版社 1979 年。刻銘摹本見《金石萃編‧
　　　　卷四》葉 1，此據陝西人民美術出版社 1990 年影印 1921 年掃葉山房本。
〔註161〕「親巡遠黎」一句，《史記‧秦始皇本紀》作「親巡遠方黎民」《考證》引中
　　　　井積德云：「黎民二字疑衍」，又引梁玉繩云：「始皇更名民曰黔首，故諸銘中
　　　　皆稱黔首，不應泰山刻石忽言黎民。且銘皆四言，亦不應此獨六字為句，疑
　　　　有誤。《金石錄》謂劉跂至泰山見其碑摸之，乃作『親輇遠黎』，未知信否。」
　　　　按，〈泰山刻石〉，《擴古錄‧卷四》云：「全文久佚，世所傳者僅二十九字（按，
　　　　據《金石萃編》，有「大夫」合文一，當共三十字），乾隆三年毀於火，嘉慶
　　　　十七年於玉女池中得殘石二方，只存九字。」故此句已無由驗證。
〔註162〕《考信錄‧豐鎬考信錄》卷六。

荊所敗，並以《詩經‧大雅‧大明》之「造舟爲梁」來解釋「梁敗」與「船解」。〔註163〕按，古人以舟爲梁之事，尚見於《左傳‧昭公元年》：「造舟于河」、《國語‧周語》：「川無舟梁。」顧頡剛曾有〈造舟爲梁〉一文論之甚詳，其文指出「造舟爲梁者，非聯結多舟而泛乎中流，乃以舟代橋，人步行其上以渡水也。」〔註164〕若以此來看待文獻對昭王卒於漢水有「梁敗」、「船解」之不同，實則「梁敗」與「船解」，所言蓋同一事矣。至於十九年南征的勝敗如何，則未可盡知。

　　綜上所述，雖然文獻中所載昭王南征共有十六年與十九年兩次，但經由青銅器銘文的排比分析可以發現，其實昭王對南土的經營，很可能並不只限於這短短的三、四年之間，且昭王至南土的次數也應該不會僅限於這兩次。十六年與十九年的兩次南征，其對象不是後來的楚；其目的，由銅礦的開採技術和產量來看，即使如學界所普遍接受的「南進掠銅」說，也只能是南征的附屬目的，而不能視爲主要的目的，同時，「南進掠銅」的說法也不能合理地解釋〈史牆盤〉銘文中的「佳奂（貫）南行」。本文試由歷史形勢的發展加以探討，認爲被視爲昭王主要功績之一的「佳奂（貫）南行」，指的並不是貫通一般的道路，或者是「銅路」，而是巡狩時王所行的道路，這句頌辭隱含的意義，應該就是指湖北一帶成爲周人實際的南土，而這一點應該就是昭王南征的主要目的。

附　記

　　本節中所討論在漢水流域一帶的虎方，與第三章第四節所討論的〈史密簋〉中的南夷虎，應該不是同一個方國，試說明如下。《左傳》中有「夷虎」，

　　　《左傳‧哀公四年》：「夏、楚人既克夷虎，乃謀北方。」

　　　杜注：「夷虎，蠻夷叛楚者。」

文獻實未詳其地。李學勤、王輝認爲《中國歷史地圖集》標「夷虎」於安徽長豐是可信的，〔註165〕丁山則定夷虎於安徽壽縣，其文云：

〔註163〕唐蘭：〈論周昭王時代的青銅器銘刻〉，《古文字研究》第 2 輯 p114，中華書局 1981 年。

〔註164〕顧頡剛：《史林雜識》初編 p125～130，中華書局 1977 年 1 版 2 刷。

〔註165〕李學勤：〈史密簋銘所記西周重要史實考〉，《中國社會科學院研究生院報》1991 年 2 期，復收於《走出疑古時代》，遼寧大學出版社 1994 年。王輝：〈史密簋釋文考地〉，《人文雜志》1991 年 4 期。標「夷虎」於長豐，見於譚其驤主編

夷尸兩字古文通用。如《周官‧凌人》:「共夷槃冰。」注云:「夷之言尸也。寒尸之槃曰夷槃,床曰夷床……」《周官‧大司樂》云:「屍出入則令奏肆夏。」則假屍字爲之;《漢書‧陳湯傳》云:「求谷吉等死。」則又假死字爲之。……《左傳》所謂夷虎,應即死虎,《水經肥水注》:「肥水北逕芍陂東。又北,逕死虎塘東。又北,右合閻澗水。水積爲陽湖,陽湖水自塘西北逕死虎亭南,夾橫塘西注。宋泰始初,豫州司馬劉順帥眾八千據其城地以拒劉勔。趙叔寶以精兵五千送糧死虎,劉勔破之此塘。」死虎,當今安徽壽縣東南四十餘里。〔註166〕

按,長豐、壽縣兩地距離甚近,皆在安徽境內的淮水南岸,由〈史密簋〉中所云南夷與山東的方國共謀作亂,若要說遠在漢水的虎方與山東的方國共謀,這種可能性似乎不大,把夷虎定在安徽壽縣一帶的說法,當可信從。值得注意的是,其地約當淮水一帶,而〈師寰簋〉正是將作亂者稱爲淮夷。另外,淮夷本在周人之南(實爲東南),將之稱爲「南夷」,猶如同樣位於周人之南(東南)的南淮夷亦可稱之爲「南夷」。南夷一詞,西周中期已出現,如〈競卣〉(《集成》5425),晚期〈㝬鐘〉亦曾出現,中晚期銅器銘文始見南淮夷,而南淮夷亦可統稱南夷(參第四章第四節),所以,南夷的概念應該是比較廣泛的,可以是對周人南方夷狄的泛稱,至於淮夷、南淮夷的區分,則可能是地域不同的關係。這點亦可作爲把〈師寰簋〉和〈史密簋〉視爲同一次戰役的補充說明。

第四節 昭王以後對南土的經營──以淮夷、南淮夷爲主的討論

西周昭王以後對南土的經營,在銅器銘文和文獻中都有相關的記載,但由於可資參照比對的文獻極爲缺乏,連帶地對銅器銘文中地名的落實也帶來不確定的因素。以下試先對與南土經營有關的銅器銘文略作疏解,並討論與之相關的問題,然後初步勾勒出昭王以後南土的大致情況。至於南土諸侯對周王朝的貢納,將在後面的章節中進一步討論。

《中國歷史地圖集》第一冊〈春秋‧楚吳越〉p29~30,④──9,地圖出版社 1985 年 1 版 2 刷。

〔註166〕丁山:《甲骨文所見氏族及其制度》p150,中華書局 1988 年。

先將相關的銘文列舉如下：

1. 〈彔卣〉：王令祕曰：戲，淮夷敢伐內國，女（汝）其以成周師氏戍于
𦎫𠂤，白（伯）雍父蔑彔曆，易（錫）貝十朋，彔拜頴首對揚白（伯）
休，用乍文考乙公寶障彝。〔註167〕（《集成》5419，圖二、93）

2. 〈祕簋〉：隹六月初吉乙酉，在𡧈𠂤，戎伐馭，祕率有嗣、師氏奔追，
卿（襲）戎于臧（棫）林，博（搏）戎戲。朕文母競敏□行，休宕
厈（厥）心，永𦎫（襲）厈（厥）身，卑（俾）克厈（厥）啻（敵），
隻（獲）馘百，執噤（訊）二夫，孚（俘）戎兵：䚄（盾）、矛、戈、
弓、備（箙）、矢、䫙、胄，凡百又卅又五叔，守（捋）戎孚（俘）
人百又十又四人，卒博（搏），無眈于祕身。祕拜頴首對揚文母福烈，
用乍文母日庚寶障簋，卑（俾）乃子祕萬年用夙夜障言孝于厈（厥）
文母，其子＝孫＝永寶。（《集成》4322，圖二、94）

3. 〈祕方鼎〉：祕曰：烏虖（乎），王唯念祕辟烈考甲公，王用肇使乃子
祕率虎臣御（禦）淮戎。祕曰：烏虖（乎），朕文考甲公文母日庚，
式休則尙（常？），〔註168〕安永宕乃子祕心，安永𦎫（襲）祕身，
厈（厥）復言于天子。唯厈（厥）使乃子祕萬年辟事天子，母（毋）
又（有）眈于厈（厥）身。祕拜頴首對揚王令，用乍文母日庚寶障
𣫭彝，用穆夙夜障言孝妥（綏）福，其子＝孫＝永寶茲烈。（《集成》
2824，圖二、95）

4. 〈競卣〉：隹白（伯）屖（夷）父以成𠂤即東，命戍南夷。正月既生霸
辛丑，在𦎫。白（伯）屖（夷）父皇競各（格）于官，競蔑曆，賞
競章（璋），對揚白（伯）休，用乍父乙寶障彝，子孫永寶。（《集成》
5425，圖二、96）

5. 〈仲偁父鼎〉：隹王五月初吉丁亥，𢲸白（伯）緩及中（仲）偁父伐南

〔註167〕《三代》11.36著錄有同銘之〈彔尊〉，容庚云：「此有銘之殘銅一片，原乃卣
底。北平估人取以鑲入無字尊內，致泐下角敢彝兩字。」見《商周彝器通考》
p223，文史哲出版社1985年。又，游國慶見告，此器今藏台北故宮博物院，
經X光透視，並無鑲補的痕跡。

〔註168〕「式」字在此當爲虛詞性的用法，參裘錫圭：〈卜辭「異」字和詩書裏的「式」
字〉，《中國語言學報》第1期1983年。復收於《古文字論集》，北京中華書
局1992年。

淮夷，孚（俘）金，用乍寶鼎，其萬年子＝孫＝永寶用。（《集成》2734，圖二、97）

6. 〈無㠱簋〉：隹十又三年正月初吉壬寅，王征南夷，王易（錫）無㠱馬四匹，無㠱拜手䭫首曰：「敢對揚天子魯休命。」無㠱用乍朕皇且（祖）釐季障簋，無㠱其萬年子孫永寶用。（《集成》4225～4228，圖二、98）

7. 〈敔簋〉：隹王十月，王才（在）成周，南淮夷遱殳內伐溟昴參泉裕敏陰陽洛，王令敔追，䢵（襲）于上洛炂（？）谷，至于伊，班，長榗（榜？）[illegible]（載？）首百，執噝（訊）卌，奪孚（俘）人四百，廩于榮白（伯）之所于炂（？），衣（卒？），隸（肄）復付氒（厥）君。隹王十又一月，王各（格）于成周大廟，武公入右敔，告禽（擒）：馘百、噝（訊）卌，王蔑敔曆，使尹氏受（授）贅（釐）敔圭瓚，□貝五十朋，易（錫）田于敆五十田，于早五十田，敔敢揚天子休，用乍障簋，敔其萬年子＝孫＝永寶用。（《集成》4323，圖二、99）

8. 〈鄂侯馭方鼎〉：王南征，伐角、鄱，唯還自征，在[illegible]，鄂侯馺（馭）方內（納）壺于王……（《集成》2810，圖二、100）

9. 〈翏生盨〉：王征南淮夷，伐角，𣲗（津），伐桐、遹（遹）。翏生從。執訊、孚（俘）戎器、孚（俘）金，用乍旅盨，用對烈。翏生眔大娟其百男百女千孫，其邁年眉壽永寶用。（《集成》4459～4461，圖二、101）

10. 〈禹鼎〉：禹曰：「丕顯趄＝皇且（祖）穆（？）公，克夾召先王奠（定）四方，緯（肆）武公亦弗叚望臏（朕）聖且（祖）考幽大叔、懿叔，命禹[illegible]（纂）〔註169〕臏（朕）且（祖）考，政于井邦。緯（肆）禹亦弗敢惷，惕共（恭）朕辟之命。」烏虖（乎）哀哉，用天降大喪于下（？）或（國），亦唯鄂侯馺（馭）方率南淮夷、東夷，廣伐南或（國）、東或（國），至于歷內。王迺命西六師、殷八師曰：「戮伐鄂侯馺（馭）方，勿遺壽幼。」緯（肆）自（師）彌（靡）罙（深）

〔註169〕「[illegible]」字稍殘，魏慈德見告，此字與〈豆閉簋〉「用[illegible]乃祖考事」、〈陳侯因資敦〉「[illegible]嗣桓文」之[illegible]、[illegible]爲同一字，可分析爲从尸从𡍮省聲，爲纘或纂的假借，今從之。又，《左傳．襄公十四年》：「纂乃祖考，無忝乃舊。」

匋（會）匼（往），弗克伐鄂。緯（肆）武公迺遣禹率公戎車百乘、
斯（廝）駁（馭）二百、徒千，曰：「于匡朕肅慕，車（惠）西六自
（師）、殷八自（師），伐鄂侯駁（馭）方，勿遺壽幼。」雩禹以武
公徒駁（馭）至于鄂，臺（敦）伐鄂，休，隻（獲）乓（厥）君駁
（馭）方。緯（肆）禹又（有）成（？），敢對揚武公丕顯耿光。用
乍大寶鼎，禹其萬年子＝孫＝寶用。（《集成》2833，圖二、65）

11. 〈虢仲盨〉：虢中（仲）以王南征，伐南淮夷，在成周，乍旅盨，茲盨
　　友（有）十又二。（《集成》4435，圖二、102）

12. 〈爯伯簋〉：隹王九年九月甲寅，王命益公征眉敖，〔註170〕益公至，
　　告。二月，眉敖至……（《集成》4331，圖二、103）（〈訣鐘〉之討
　　論詳見第一節，本節中從略）

上舉銘文中有幾處需先略加說明：

A：關於「伐內國」與「內伐」。1 銘云「淮夷敢伐內國」，7 銘云「南淮
夷遷殳內伐……」，「伐內國」與「內伐」皆言外敵對周人的侵擾，二者的意
思應該是相近的。《逸周書‧酆謀》：「邊不侵內。」楊樹達據此指出，內、內
國為「內地」之意，〔註171〕這是可信的。不過當時邦國林立，「內地」顯然不
能用秦統一之後以華夏為內，蠻夷為外的概念來理解。此處的「內地」應是
指親附於周的方國（周人屬地）或較深入周人屬地的意思。

B：關於軍是銘文中的「追」與「勠」。2 銘云「致率有嗣、師氏奔追，勠
戎于棫林」，其中的「勠」過去釋御，不確。馬承源據〈晉侯鮇盨〉之「原勠」
指出，「勠」即「隰」字，裘錫圭進一步將用於軍事行動中的「勠」讀為「襲」，
這都是正確的。〔註172〕此字的釋出，對當時作戰情形的了解具有積極的意義。
夏含夷據上舉 1 銘與 2 銘對照，指出淮夷先行入侵，周人此次作戰是「抵禦

〔註170〕眉敖之「眉」，王國維在〈散氏盤跋〉中即指出「眉」可通「微」，簋銘之「眉」
　　　　即牧誓八國中的「微」，這都是正確的，但其所說盤銘中的「眉」字，經裘錫
　　　　圭考證，實為「履」字，裘說殆已為定論。王說見：《觀堂集林》p886～888，
　　　　中華書局 1994 年 1 版 6 刷。裘說見：〈西周銅器銘文中的「履」〉，《甲骨文與
　　　　殷商史》第 3 輯。復收於《古文字論集》。微之所在，由其稱「敖」來看，可
　　　　能與楚荊一帶有關聯，暫附於此。簋銘後半與進獻之事有關，將在後面的章
　　　　節中討論。

〔註171〕楊樹達：《積微居金文說‧泉伯戫簋三跋》p274，大通書局 1974 年再版。

〔註172〕馬承源：〈晉侯鮇盨〉，《第二屆國際中國古文字學研討會論文集》，1993 年。
　　　　裘錫圭：〈關于晉侯銅器銘文的幾個問題〉，《傳統文化與現代化》1994 年 2 期。

性」的勝利，﹝註173﹞無疑是正確的。金國泰分析「追」字在軍事銘文中的用法時，據《左傳·襄公十年》：

> 鄭皇耳率師侵衛，楚令也。孫文子卜追之。獻兆於定姜，姜氏問繇，曰：「兆如山陵，有夫出征，而喪其雄。」姜氏曰：「征者喪雄，禦寇之利也，大夫圖之。」衛人追之，孫蒯獲鄭皇耳于犬丘。

指出「追」與「禦寇」同義，「追」有抵禦一類的意義。﹝註174﹞由金文中的「追」字用例，如 7 銘也是南淮夷入侵在先，王命敄「追」在後，與文獻的用法相同，金氏之說可從。﹝註175﹞所以，過去把「追剄」連讀，現在看起來並不正確。「剄」（襲）是進攻性質，有「掩其不備」之意，如《左傳·隱公元年》：「太叔完聚，繕甲兵，具卒乘，將襲鄭。」而 2、7 兩銘中的「追」則是抵禦性質，追、襲兩者性質不同，連讀顯然是不恰當的，上舉銘文即是根據這樣的理解來斷句的。2 銘中「奔追」的「奔」有「急馳」的意思，「戎伐䣛，敄率有嗣、師氏奔追，剄（襲）戎于斌（棫）林，博（搏）戎斌」，銘文所述應是淮戎伐䣛之時，敄率領有嗣、師氏等快速地前往抵禦，然後在棫林對淮夷進行突襲性的攻擊，淮夷向東退卻，周人復與之在斌搏戰。（棫林在斌之西，參下文）

　　C：關於 7 銘之「稟于榮伯之所于炋（？）衣（卒？），隸……」。唐蘭首先指出〈敄簋〉中的「衣」當讀為「卒」，其後李學勤對甲骨文和〈多友鼎〉等銅器銘文中的「衣」應讀為「卒」，也作了補充說明，裘錫圭更進一步在字形上指出「卒」可能是「衣」字的異體，且卜辭中大多數寫作「衣」的字，也都應該讀作「卒」，其說甚是。至於〈敄簋〉中的「衣」字，李氏無說，裘氏則認為「衣」也有表「卒」的可能。﹝註176﹞如果以「衣」為「卒」，此句銘文可讀為「稟于榮伯之所于炋（？），卒，隸……」。此句銘文中的「衣」（卒？）、「隸」二字所記錄之意義，有必要再略作說明。

﹝註173﹞夏含夷：〈西周之衰微〉，《盡心集》，中國社會科學出版社 1996 年，復收於《溫故知新錄》，稻禾出版社 1997 年。

﹝註174﹞金國泰：〈西周軍事銘文中的「追」字〉，《于省吾教授百年誕辰紀念文集》，吉林大學出版社 1996 年。

﹝註175﹞並不是所有用於軍事行動的「追」都可如此理解，參第五章第一節。

﹝註176﹞參唐蘭：〈用青銅器銘文來研究西周史·附錄：伯戥三器的譯文和考釋〉，《文物》1976 年 6 期，復收於《唐蘭先生金文論集》。李學勤：〈多友鼎的「卒」字及其他〉，《新出青銅器研究》。裘錫圭：〈釋殷墟卜辭中的「卒」和「律」〉，《中原文物》1990 年 3 期。

　　先說「隸」字。「隸」字作譈，一般隸定作肄。但此字右半所从者爲柰，與甲骨、金文中所見作柰的「聿」字形不同，而與秦簡中「隸」字所从的「柰」相同，故此字隸定作「肄」，並不正確。陳連慶雖亦隸定作「肄」，但他認爲：

> 肄當讀爲肆，〈毛公鼎〉「肆皇天無斁。」劉心源以爲「肆即肆，實肄字」。林義光以爲肄與肆同字，古亦以肆、肄通用。其說均是。肄當訓爲遂，《尚書·堯典》「肆覲後覲」。《史記·五帝本紀》肆作遂。
> 〔註177〕

按，肄、肆並非同一字，朱駿聲《說文通訓定聲·履部》已指出肆、肄是可互相假借的兩個字。但陳氏讀「肄」爲「肆」，訓爲「遂」的意見則是值得考慮的。「隸」字的右旁，即「隸」字所从的「隶」，此字在〈邵鸞鐘〉(《集成》225～237) 曾單獨使用，銘文作「大鐘八隶」，又（齊）〈洹子孟姜壺〉銘文有「鼓鐘一鍊」(《集成》9730)，「鍊」字从金柰聲，讀爲「肆」。《金文編》云：「（隶）孳乳爲肆，經典作肆。」肆字見於《集韻·至韻》「《說文》：『極陳也』，一曰遂也，故也。又姓，或作肆、肄。」據此，7 銘中之「隸」可讀爲「肆」。其意義由前後文來看，應是表示承接上文的連詞。

　　「衣」在此固然有可能讀爲「卒」，表示「廩于榮白（伯）之所于煋（？）」這件事已終了，然「衣」據字形讀爲「衣」的可能性仍不能完全排除。但爲什麼要給予奪回的俘人「衣」呢？《逸周書·世俘》中的一段記載可提供一些線索，〈世俘〉云：

> 武王乃夾于南門用俘，皆施佩衣，衣（卒），先馘入。

南門即王宮的皋門。〔註178〕李學勤指出，這裏的「用俘」，不是殺死，「如果作爲人牲殺掉，不應在廟外宮門進行，死後也很難『先馘入』」，〔註179〕這是十分正確的。「施」，顧頡剛據沈延國之說云：

> 《周禮注》「施」皆讀爲「弛」。施衣者，弛俘之衣也。……又「施」
> 可假「褫」，《易·訟》上九：「或錫之鞶帶，終朝三褫之。」〔註180〕

此說可從。《說文·八上衣部》：

〔註177〕陳連慶：〈敔簋銘文淺釋〉，《古文字研究》第 9 輯，中華書局 1984 年。
〔註178〕李學勤：〈小盂鼎與西周制度〉，《歷史研究》1987 年 5 期。
〔註179〕李學勤：〈世俘篇研究〉，《史學月刊》1988 年 2 期，復收於《李學勤集》、《古文獻叢論》。
〔註180〕顧頡剛：〈《逸周書·世俘篇》校注、寫定與評論〉，《文史》第 2 輯 1963 年。據《逸周書彙校集注》云，沈延國之說見於《逸周書集釋》，此書未刊。

褫，奪衣也；从衣虒聲，讀若池。

施、弛、池皆从「也」聲，得相通假。〈世俘〉中在庚戌日（47）遭「褫衣」的俘，其中應包括了在癸丑日（50）祭祀時所「發」、「伐」的「王士百人」（也可能包括四方征戰時所俘之人）。根據〈世俘〉所云，這些將被用爲人牲的「俘」，會被「褫衣」，也就是被脫除衣服，或許這與後來「肉袒牽羊」之事有些關聯。

> 《左傳·宣公十二年》：「鄭伯肉袒牽羊以逆。」
>
> 杜預注：「肉袒牽羊，示服爲臣僕。」
>
> 《史記·宋微子世家》：「周武王伐紂克殷，微子乃持其祭器造於軍門，肉袒面縛，左牽羊，右把茅，膝行而前以告。」

屈萬里指出：

> 蓋牽羊者，意謂以羊代己爲牲，冀戰勝者宥其死耳。茅乃祭祀時用以薦牲者，故既牽羊，復把茅，其事固甚明也。《楚辭·招魂》：「雕題黑齒，得人肉之祀，以其骨爲醢。」以此邊荒之俗，驚駭幽魂。
>
> 是故當戰國中年，中原已不復有以人爲牲之俗矣。〔註181〕

蔡哲茂除了肯定並補證屈氏的說法之外，復指出「後來可能由於人道思想的發展，以俘虜爲牲而置祭祖先之殘酷行爲，則不復出現於周人之祭祀系統。」〔註182〕葉國良則由禮俗的觀點整理《左傳》、《史記》中「肉袒」之事，如廉頗「肉袒負荊」（《史記·廉頗藺相如列傳》）、石慶「肉袒請罪」（《史記·萬石張叔列傳》），認爲「（肉袒）乃是表示自己有罪該打的意思。」〔註183〕由時代的先後和發生的區域來看，「褫」俘人之衣以爲祭祀之用應是較原始的意義，後來以羊代人爲牲，但人仍需自行「肉袒」，「肉袒」的原因，可能來自於將要被用爲人牲者會被「褫衣」的緣故，故自行「肉袒」以表示自己爲「人牲」，後來在中原不復見以人爲牲的情形，但「肉袒」的行爲模式被保留下來，其意義乃強調「帶罪者」的一面（戰俘或降服者與戰勝者本爲敵對關係，故亦有「帶罪者」之意）。再回頭來看〈敔簋〉銘文，如果把「衣」讀爲「衣」，是給予衣物之意，可能是由於這些成爲南淮夷俘虜的人，是被「褫衣」準備

〔註181〕屈萬里：〈周易卦爻辭成於周武王時考〉，《國立台灣大學文史哲學報》第 1 期 1950 年，復收於《書傭論學集》。

〔註182〕蔡哲茂：〈逆羌考〉，《大陸雜誌》52 卷 6 期。

〔註183〕葉國良：〈「肉袒牽羊」的意義〉，《古代禮制與風俗》臺灣書店 1997 年。

用爲祭祀的人牲。

D：關於「緯（肆）自（師）彌⿴囪匯」。10銘中的「緯（肆）自（師）彌⿴囪匯，弗克伐鄂」，前一句中的⿴囪字，過去多釋爲「宪」或「守」，將此句認爲是周的軍隊畏懼、害怕，或是鄂的軍隊長久守在匡（匯）地之意，恐不確。鼎銘中的這個字作⿴囪，上面的一個小點與橫筆似連非連，此字釋「守」，顯然不可信。甲骨文中有⿴囪字，其形或作⿴、⿴，蔡哲茂釋此爲「深」字的初文，〔註184〕其說甚是。又，戰國中山國銅器銘文中的「深」字作⿴，將商代甲骨、西周金文、戰國文字三者字形互相比較，鼎銘中的⿴囪字，應該就是由甲骨至戰國文字的「罙」字中，代表水點形的筆畫逐漸下移的過渡字形（⿴→⿴→⿴）。故此字可隸定作「罙」。「⿴」（罙）字的意義，蔡哲茂在上舉文中云：

> 所謂「奮伐荊楚，罙入其阻」即卜辭「罙伐」之意。古書中以「深」爲「深入」之意，尚見《國語・晉語》：「六年，秦歲定，帥師侵晉，至於韓，公謂慶鄭曰：『秦寇深矣，奈何？』」韋昭注：「深，入境深也。一曰深猶重也。」《左傳・僖公十五年》記此事云：「三敗及韓，晉侯謂慶鄭曰：『寇深矣，若之何？』」秦兵至韓原即深入晉境，故當以「入境深也」釋「深」爲是……卜辭稱「深伐獲」即深入獲境之意。

鼎銘之「罙（深）……伐鄂」正與甲骨之「深伐」相類。「彌」在此可讀爲「靡」，「彌」古音爲明母脂部字，「靡」爲明母歌部字，二者聲母相同，韻部旁轉，脂、歌二部旁轉之例，如

《睡虎地秦簡・倉律》：「入禾倉，萬石一積而比黎之爲戶。」

整理小組云「比黎，或作㲈莉、㲈籬、藜㲈。」〔註185〕

其中「黎」爲來母脂部字，「籬」爲來母歌部字，又如「迷惑」可作「麋惑」，〔註186〕麋爲明母歌部字，迷爲明母脂部字。「靡」有否定的意思，如《詩經・小雅・節南山》：「不弔昊天，亂靡有定。」「靡」字否定的意思，正與銘文下文的「弗」相對，構成「負負得正」的文意。囪可通迨（會），〈㝬鐘〉「囪受萬邦」，〈史牆盤〉作「迨受萬邦。」匯字從坒，《說文・六下之部》：「坒，艸

〔註184〕蔡哲茂：〈釋「⿴」、「⿴」〉，《故宮學術季刊》5卷3期，1988年。

〔註185〕《睡虎地秦墓竹簡》釋文注釋部分p26，文物出版社1990年。

〔註186〕《馬王堆漢墓帛書・老子乙本卷前古佚書・道原》釋文p87，圖版172下，文物出版社1975年。

木妥生也，从之在土上，讀若皇。」中山國〈䚸蚉壺〉「德行盛匩」，學者皆讀「匩」為「旺」（即《説文》之「睦」）。鼎銘之「匩」或可讀爲「往」。綜合起來看，「綷（肆）自（師）彌罙匄匩」猶「綷（肆）自（師）匄（會）匩（往）彌（糜）罙（深）」，也就是軍隊會集往伐不夠深入，未達到周王對伐鄂之師「勿遺壽幼」的要求，反過來說，如果軍隊夠深入的話，就能達到伐鄂時「勿遺壽幼」的要求，而「勿遺壽幼」的作戰目標的達成，深入敵境，顯然是必要的。

　　E：關於彔、彔伯𣪘、𣪘三者之關係。上舉 1～3 器的時代，學者皆認爲屬穆王時器，銘文中彔、彔伯𣪘、𣪘的關係，學界看法不一，先將與之相關的銘文一併抄錄於下，再進行討論。

　　13.〈彔伯𣪘𣪘〉：隹王正月，辰在庚寅，王若曰：「彔白（伯）𣪘，繇（猶），自乑（厥）且（祖）考又（有）𢼸（愻）〔註187〕于周邦，右（佑）闢四方，重（惠）䵼（長）大令，女（汝）肇不墜，余易（錫）女（汝）𩁸𤔲卣、金車、㭅（漆）〔註188〕壽（幬）較、㭅（漆）䵼、朱虢（鞹）、靳虎冟〔註189〕、窔裏、金甬、畫聞（輯）、金厄（軛）、畫轉、馬四匹、鋚勒。」彔白（伯）𣪘敢拜手頴首，對揚天子丕顯休，用乍朕皇考釐王寶隥𣪘，余其邁（萬）年寶用，子＝孫＝其帥

〔註187〕「又（有）𢼸于周邦」（以下用○代替𢼸字），類似的文句尚見於〈柯尊〉「有○于天」、〈師克盨〉「有○于周邦」、〈毛公鼎〉「○勤大命」。〈柯尊〉、〈師克盨〉中的○字形从「ㅂ」「ㅂ」，李學勤認爲此即从「宀」聲之字，可讀爲「愻」，〈毛公鼎〉之「○勤大命」猶《尚書・大誥》之「天亦惟用勤愻我民。」又，屈萬里《尚書集釋》云：「愻，莽語作勞。」玆從李説。李説見：〈何尊新釋〉，《中原文物》1981 年 1 期，復收於《新出青銅器研究》。屈説見：《尚書集釋》p140，聯經出版社 1986 年 2 刷。

〔註188〕「㭅」字用於車馬飾或以爲可讀做「雕」，參冀小軍：〈説甲骨金文中表祈求義的㭅字——兼談㭅字在金文車飾名稱中的用法〉，《湖北大學學報》1991 年 1 期。此字於車馬器中的用法，或應讀爲「漆」，參何樹環：〈㭅字再探——兼釋徖〉，《中山人文學術論叢》第六輯，頁 329～356，澳門出版社 2005.08。

〔註189〕「虎冟」的前一字，《金文編》收於附錄 373 號，據《金文詁林》所收，有「報」、「旂」、「靳」等説法，近年趙平安有「靳晃衣」三字合文，及王立新、白於藍「軧」字二説。按，三字合文的説法由〈靳尊〉（《集成》5988）的「靳」來看，恐不確（甲骨文之「叔」亦可作「㩁」）。將此字分析爲以「𠬛」爲主要聲符・「斤」爲疊加聲符，由「靳」來看，亦非的論，此字仍宜存以待考。趙説見：〈西周金文中的𣪘𣪘新解〉，王、白説見：〈釋軧〉，二文皆收於《于省吾教授百年誕辰紀念文集》，吉林大學出版社 1996 年。

井（型），受茲休。（《集成》4302，圖二、104）

14.〈𢼄方鼎〉（一）：隹九月既望乙丑，才（在）㽙𠂤。王姐姜使內史員易（錫）𢼄玄衣朱襮（襮）裣。〔註190〕𢼄拜頜首，對揚王姐姜休。用作寶𪭭障鼎，其用夙夜亯孝于㡛（厥）祖乙公，于文姄日戊，其子＝孫＝永寶。（《集成》2789，圖二、105）

15.〈彔簋〉：白（伯）雍父來自𢦏，蔑彔曆，易（錫）赤金，對揚白（伯）休，用乍文且（祖）辛公寶𪭭簋，其子＝孫＝永寶。（《集成》4212，圖二、106）

16.〈彔簋〉：彔作㡛（厥）文考乙公寶障簋。（《集成》3863，圖二、107）

17.〈𢼄且庚簋〉：𢼄乍且（祖）庚障簋，子＝孫＝其萬年永寶用。（《集成》3865，圖二、108）

18.〈𢼄作旅簋〉：𢼄乍旅簋。（《集成》3378，圖二、109）

19.〈伯𢼄簋〉：白（伯）𢼄肇其乍西宮寶，隹用妥（綏）褱（懷），唬（效）前文人秉德共（恭）屯（純），隹匃萬年，子＝孫＝永寶。（《集成》4115，圖二、110）

20.〈伯𢼄簋〉：白（伯）𢼄乍旅簋。（《集成》3489，圖二、111）

21.〈伯雍父盤〉：白（伯）雍父自乍用器。（《集成》10074，圖二、112）

上述諸器中，2、3、14、20、21 為 1975 年陝西扶風白家村同墓出土的青銅器，〔註191〕18 出土於陝西扶風黃堆村 16 號墓，與 17 為《集成》首次著錄。

就彔、彔伯𢼄、𢼄三者的父祖親族稱謂進行整理，可助於釐清彼此的關係，並可做為評斷學界異說時之根據。以上諸器所見𢼄器的父祖稱謂有：

a 文母日庚（2、3）

b 烈考甲公（3）　文考甲公（3）

c 文祖乙公（14）

〔註190〕朱的下一字从衣从戲，戲，裘錫圭指出即是見於〈𣪻盨〉和〈詛楚文〉中「虣（暴）虐」的「暴」字，「朱襮裣」，應該是指以黼紋裝飾的有丹朱純緣的下連于衿的斜領，「玄衣朱襮裣」就是有這種斜領的玄色上衣。說見：〈說「玄衣朱襮裣」——兼釋甲骨文「虣」字〉，《文物》1976 年 12 期，復收於《古文字論集》、《裘錫圭自選集》，河南教育出版社 1994 年。

〔註191〕羅西章、吳鎮烽、雒忠如：〈陝西扶風出土西周伯𢼄諸器〉，《文物》1976 年 6 期。

d 文妣日戊（14）

e 祖庚（17）

彔的父祖稱謂有：

f 文祖辛公（15）

g 文考乙公（1、16）

彔伯𢦏的父祖稱謂有：

h 皇考釐王（13）

以下即根據父祖稱謂、同墓關係、及銘文的內容三方面，對各家所提出𢦏、伯𢦏、伯雍父、彔、彔伯𢦏之關係進行檢討。汪中文曾整理各家說法，分爲三種，此可做爲討論的起點。汪氏區分眾說爲：（一）彔伯𢦏、彔、伯𢦏、𢦏爲同一人；（二）彔即彔伯𢦏，彔伯𢦏與伯𢦏可能是父子關係；（三）伯𢦏即𢦏，即師雍父（伯雍父），彔是𢦏的下屬，彔伯𢦏屬另一組。汪中文雖然也主張應分爲三組，但對𢦏即師雍父的說法則持保留的態度〔註 192〕（以下簡稱汪文）。

就（一）說而言，由上文所見親族關係，並不可信，而反對之言亦有可修正者。（一）說以四者爲同一人。學者多已據彔、𢦏的祖考稱謂指出此說並不可信，這是正確的，但盛冬鈴云：「綜觀西周銘文，未見有爲諸父作祭器之例。」〔註 193〕杜正勝云：「諸父之說在西周恐怕不存在了，否則銘文不可能經常出現伯仲叔季的排行。」〔註 194〕二者皆不確，西周晚期〈伯公父簠〉即有「用召諸考諸兄」之語（《集成》4628）。儘管如此，若是用諸父的觀念來解釋𢦏與彔父祖稱謂的不同，而將之視爲同一人，仍然是不恰當的。因爲如果當時的貴族有個別爲諸父作器，且都稱之爲「文考」的話，那麼，爲學界所認同的職官世襲制度，乃至於相關世系的推排，都將因此而動搖。

（二）說主要是以𢦏之「文祖乙公」和彔之「文考乙公」爲根據，杜正勝並據此上溯至周初的彔子耶，認爲彔伯𢦏是殷人之後，以此來解釋彔伯𢦏簋中「皇考釐王」稱王的原因。〔註 195〕對此，汪文提出質疑

〔註 192〕汪中文：〈「伯𢦏」與「彔」、「彔伯𢦏」諸器間系聯問題之檢討〉，《大陸雜誌》79 卷 3 期，1989 年，（一）（二）（三）說的出處皆已見於該文，不具列。

〔註 193〕盛冬鈴：〈西周銅器銘文中的人名及其斷代的意義〉，《文史》17 輯，1983 年。

〔註 194〕杜正勝：〈略論殷遺民的遭遇與地位〉，《史語所集刊》53 本 4 分 p678，1982 年，復收於《古代社會與國家》，允晨文化 1992 年。

〔註 195〕杜正勝：〈略論殷遺民的遭遇與地位〉，《史語所集刊》53 本 4 分 p678，1982

此說成立與否，其前題仍在於彔伯威簋之「彔伯威」，是否即是彔卣、彔簋之「彔」？盛冬鈴說：「如果認為『彔』是『彔伯威』之省，『彔伯威』之『彔』是國名，單以國名稱人也不合理。」按，自稱以氏，金文未見其例，從名號上言，金文、左傳只有以氏稱人之例……由此故知春秋時人於言及他人時，固有單稱他人之氏者，不過此均用稱他人，尚無用以自稱者。彔伯威簋之「彔伯威」，彔，其氏；伯，明其為諸侯；威，其名字。因此，「彔伯威」似無自稱為「彔」之理……其次，金文中有氏、名；名、字前後分舉之例……彔卣銘前舉之「威」，自為其氏或字之稱，而後言之「彔」，固其字或名也。故「彔」至多解為器主之字或名，而不能釋之為器主氏稱，「彔」非氏稱，自也不能與「彔伯威」系聯……其三：彔伯威簋記「彔伯威」追稱其父為「皇考釐王」，既已稱王，何以它器前後兩代只稱「乙公」，於理似難解釋。

按，汪文所舉的第一、第三點是可信的，把威和彔聯系起來，確實存在許多不合理的因素。第三點尚可略作補充。彔伯威稱其父為「皇考釐王」，依杜說，是因為其為殷人之後的緣故，這種說法並不可信。由周初對待殷遺的措施來看，不論是遷頑民於成周，或是將之分封給魯殷民六族、衛殷民七族，抑或是在燕國銅器銘文中所看到的殷人充任職官，都是把這些世家大族納入周人諸侯國的管理之下，且經過成王初年武庚的動亂之後，若要說仍然存在殷人的諸侯國，恐怕是不太合理的（宋除外）。至於汪文所說的第二點，把「彔」和「威」視為一人，則與其後文贊同威與伯雍父為一人的說法相衝突。其文云：「王命威率虎臣以禦淮戎，疑威之官銜可能是『師』，『威』與『伯雍』兩者官銜若同，益以彼此之行次稱謂均是『伯』。因此，李說（引按，即第三種說法）似較前二說為佳。」

李學勤由同墓所出之 21 稱「伯雍父」，並與 1 銘對照，將伯雍父與威視為一人的說法是可信的。〔註196〕事實上，汪文對此也已補充了兩點說明，剩下較有疑慮的是：（一）杜正勝云：「李氏另一理由是威讀終，義為盡、止，

年，〈周代封建制度的社會結構〉，《史語所集刊》50 本 3 分，1979 年，二文皆收於《古代社會與國家》，允晨文化 1992 年。

〔註196〕 參李學勤：〈西周中期青銅器的重要標尺〉，《中國歷史博物館館刊》1979 年 1 期，〈從新出青銅器看長江下游文化的發展〉，《文物》1980 年 8 期，皆收於《新出青銅器研究》。

雍意爲閉、塞，一名一字。李氏引申之義不足取，盂鼎『敬雝德經』辛鼎『厥家雝德』毛公鼎『汝毋敢妄寧，虔夕夙惠我一人，雝我邦小大猷。』，『雝』皆不宜作閉塞解。而且古人命名，或以德，或以類，不以隱疾，不以畜牲（《左傳‧桓六》），取義正祥和泰，豈有以終盡爲名而以閉塞爲字者乎？」（二）致墓中只出一件署名伯雍父之盤，此盤也可能是彔致得自於師雍父而傳與其子致的。〔註197〕汪文也持同樣的觀點，所以他說「在杜氏疑點未能排除時，李說不妨存參。」

　　按，杜氏所提出的想法恐未足深信。關於第一點，先秦時命名的原則，《左傳‧桓公六年》：「名有五：有信、有義、有象、有假、有類。……不以國、不以官、不以山川、不以隱疾、不以畜牲、不以器幣。」李學勤即指出，這段話是切中時弊議論，而不是當時普遍遵循原則，所說命名應當避免的種種，反而是周代不斷存在的事實，並舉「以國」的情形具體分析。〔註198〕另外，「不以畜牲」的原則，在古代也未確實遵行。以畜牲名命，在金文中亦見其例，如：豚（〈豚卣〉《集成》5365）、馬（〈十七年春平侯矛〉《集成》11558）。另外，孔子弟子有宓不齊，字子賤（見於《論語‧公冶長》）、齊大夫夷仲年之子爲公孫無知，無知是其名（見《左傳》莊八、九，昭十一），所以，以命名原則來質疑伯雍父與致不得爲一人，證據過於薄弱。至於致墓只出一件署名伯雍父的器物，其原因雖然還不是很清楚，但是即使除去同墓所出因素，以 1 銘銘文爲主要證據，配合行輩、職官和名、字意義相關作爲旁證，伯雍父即伯致（或）的說法仍然應是可信的。最後，對以 1 銘爲主要證據略作說明，若單由 1 銘銘文來看，致除了可能是伯雍父之外，似乎也可能是彔，但據上文所述的祖考稱謂，致爲「文考甲公」，彔爲「文考乙公」，知致與彔絕非一人，所以 1 銘中的致只能是伯雍父。

　　綜上所述，伯致、彔、彔伯致、伯雍父的關係，當以第三說爲是。

　　附帶對 13〈彔伯致簋〉銘中的「重黹大令」略作說明。銘文中的「重黹大令」，黹字作 ⚆，此字舊多釋爲宏（𢎥），楊樹達首先讀此字爲《詩經‧秦風‧小戎》「虎韔鏤膺，交韔二弓」之「韔」，〔註199〕裘錫圭、李家浩據曾侯

〔註197〕杜正勝：〈略論殷遺民的遭遇與地位〉，《史語所集刊》53 本 4 分 P677〜679，1982 年，復收於《古代社會與國家》，允晨文化 1992 年。

〔註198〕李學勤：《失落的文明‧先秦人名的命名原則》p138〜139，上海文藝出版社 1997 年。

〔註199〕楊樹達：《積微居金文說‧彔白致簋三跋》p274，大通書局 1974 年再版。

乙墓竹簡，在字形上提出了更完備的說明：

> 韔字原文作「䪮」，此字亦見于望山二號墓竹簡，从「舍」从「長」。
> 「舍」象囊一類東西之形，「長」是聲符，故釋爲訓作弓囊之「韔」。
> 毛公鼎、番生簋、牧簋等銘文所記車馬器中有䪮，象弓藏韔中，當
> 是「韔」字的初文，舊釋爲「靫」，非是。簡文「舍」旁即由金文「𢎛」
> 旁演變而成，又省「弓」而加注聲符「長」，變會意字爲形聲字。〔註
> 200〕

此字釋「韔」，極是。但楊氏認爲簋銘中的「韔」假借爲「當」，認爲「惠當
大命（或天命）」即「合於天命」之意，由簋銘中彔伯致爲「外國」君長的身
分來考量，此說仍有可商。此處的「韔」或可讀爲「長」，「長」有「尊敬」、
「尊重」之意。如

> 《尚書‧牧誓》：「乃惟四方之多罪逋逃，是崇是長，是信是使。」

> 《孟子‧告子上》：「彼長而我長之。」

> 《禮記‧大學》：「上老老而民興孝，上長長而民興弟。」

「惠韔（長）大命」即「能尊重周王之命」的意思，應是「聽命（或臣服）
於周」的「外交辭令」一類的表達方式。

以下由銘文中的作戰地點，並結合銅器銘文和文獻記載，對昭王以後周
人經營南土的情況作初步的勾勒。上舉銘文中所述的相關地名有㦱自、㝎自、
𢕌、瞨（械）林、𪊨、𨎭、𠦪、角、灊（津）〔註 201〕、桐、鄩（遹）、湏昴
參泉裕敏、陰陽洛、上洛、怣（？）谷等。

㦱自，「戍于㦱自」之事尙見於〈馭尊〉（《集成》6008），〈遇甗〉（《集成》
948），「㦱」字或作「屮」，〈稱卣〉（《集成》5411）作「古」，當是「屮」之
誤摹，〔註 202〕此字所从之「屮」，林澐認爲當釋爲「由」，董蓮池並同此說。
〔註 203〕陳夢家曾界定此地在成周以南，淮河以北的區域，〔註 204〕具體位置待
考。不過由相關銘文推測，此地爲穆王時戍守淮夷（南淮夷）入侵的重要據

〔註 200〕〈曾侯乙墓竹簡釋文與考釋〉注 14，收於《曾侯乙墓》，文物出版社 1989 年。
〔註 201〕津也可能不是地名，如董楚平即認爲津在此爲動詞，即「渡河」，所以其下再
　　　　用「伐」，說見：《吳越徐舒金文集釋》p308，浙江古籍出版社 1992 年。
〔註 202〕〈稱卣〉僅存摹本，其中師雝父之「雝」作「淮」，亦當是誤摹。
〔註 203〕林澐：〈新版《金文編》正文部分釋字商榷〉，中國古文字學第八屆年會論文，
　　　　1990 年，董蓮池：《金文編校補》p60～62，東北師範大學出版社 1995 年。
〔註 204〕陳夢家：〈西周銅器斷代〉五，《考古學學報》1956 年 3 期。

點，當時與之作戰的具體地點有棫林、獻，**隼**大概在此二地附近。茊自、敓亦當如是。

　　瞰（棫）林、獻，裘錫圭討論了各家的說法後，認為獻（胡）應在郾城（河南中部），棫林則在其稍西之處，〔註205〕此說可信。**蜼**、**不**二字皆从不，學者認為當指同一地，吳其昌、王國維、郭沫若認為在河南大伾山，〔註206〕即今河南汜水縣境（鄭州、洛陽間，近鄭州之處），由相關銘文來看，此說可信。上舉4銘云「以成自即東，命戍南夷……在**蜼**」，8銘云「王南征……唯還自征，在**不**」，大伾山正在成周之東。值得注意的是，此地在汜水附近，沿汜水而下可達安徽的宿州，宿州即昭王時中、靜所「省」之「相」的所在（詳本章第三節），這樣看來，這條路線可能是當時由河南進入安徽的交通線之一。而4銘中「即東」所成者為「南夷」，8銘云「南征」，自還時亦在**不**，那麼與11銘之「以王南征，伐南淮夷」相對照，把「南夷」視為「南淮夷」之省稱，應是可信的〔註207〕（詳下文）。8、9兩銘中都有角、鄅（適），應是一時之事，馬承源認為此二地在淮夷之東，〔註208〕然先秦文獻未見，未知確否。9銘中的「桐」，「桐」見於文獻有

　　　　《左傳・定公二年》「桐叛楚。吳子使舒鳩氏誘楚人，曰：『以師臨
　　　　我，我伐桐。』」

　　　　杜預注：「桐小國，廬江舒縣西南有桐鄉。」

　　　　《孟子，萬章》：「大甲顛覆湯之典刑，伊尹放之于桐。」（類似的記
　　　　載尚見於《孟子・盡心》、《古本竹書紀年》，而《史記・殷本紀》作
　　　　「桐宮」）〔註209〕

〔註205〕 裘錫圭：〈說瑴簋的兩個地名——棫林和胡〉，陝西省考古研究所主辦《考古
　　　　與文物》叢刊第2號《古文字論集》（一），1983年，復收於《古文字論集》，
　　　　中華書局1992年。

〔註206〕 吳其昌：《金文厤朔疏證》卷五頁二至三，商務印書館1936年。王國維：〈鄂
　　　　侯馭方鼎跋〉，《觀堂集林》（附別集）p1194～1195，中華書局1994年1版6
　　　　刷。郭沫若：《兩周金文辭大系考釋》p401（《周代金文圖錄及釋文》，大通書
　　　　局1971年）。

〔註207〕 徐中舒：〈禹鼎的年代及其相關問題〉，《考古學報》1959年3期。馬承源：〈關
　　　　于翏生盨和者減鐘的幾點意見〉，《考古》1979年1期。

〔註208〕 馬承源：《商周青銅器銘文選》Ⅲp290及註207所舉馬文。

〔註209〕 《水經注・涑水》引古本《竹書紀年》有「翼侯伐曲沃大捷，武公請成于翼，
　　　　至桐庭（衍字）乃返。」此處的桐應在山西曲沃與翼城之間，與本文中所討
　　　　論南淮夷之桐無涉。

太甲被放的桐是否即在南淮夷之桐，尚待討論，〔註210〕而林澐、馬承源認爲周
王所伐的桐即《左傳》中的「桐」，應是可信的。〔註211〕桐在今安徽廬江與桐
城之間。〈敔簋〉中所記的地名，除了上洛較明確外，其餘地名的斷讀仍有不同
的意見，在此就不多作討論。〔註212〕上洛，各家皆云即《漢書·地理志》弘農
郡之上雒，上雒復見於《水經注·丹水》引古本《竹書紀年》：「晉烈公三年，
楚人伐我南鄙至於上雒。」和《左傳·哀公四年》：「蠻子赤奔晉陰地。司馬起
豐、析與狄戎，以臨上雒。」上雒在今陝西商州。鄂，在河南南陽一帶。

　　透過對地理位置的了解，有幾點是值得注意的，第一、1銘所云的「淮夷
敢伐內國」，由2銘知此次戰役進行戰鬥的具體地點在河南中部的偃城一帶，
此地的東南尙有蔡、蔣等姬姓國（參本章第二節），而〈敔簋〉中，南淮夷的
軍隊竟已至陝西商州（距宗周約僅250公里），〔註213〕兩次戰役所記的地理位
置，與上文中所說「內國」的含義是一致的。第二、關於南夷與南淮夷的關
係，過去部分學者根據〈鄂侯馭方鼎〉，認爲銘文中的**ㄓ**亦應在鄂（南陽）的
附近，復據〈競卣〉中所戍者爲南夷，所以，鄂屬南夷，而〈禹鼎〉又有「鄂
侯馭方率南淮夷、東夷廣伐南國、東國」，所以南夷與南淮夷是二種內涵不同
的稱呼。〔註214〕由上述的地名來看，此說仍有待商榷。鄂所在之南陽在成周
之正南，而〈競卣〉所述之「**ㄓ**」明確在成周之東，且將8、9兩銘文配合起
來看，**ㄓ**（**ㄓ**）地應是在征伐（安徽）南淮夷的路線上，所以，以**ㄓ**地近鄂，
推衍出南夷與南淮夷是不同內涵的稱呼的說法，並沒有太多的根據。而經由
對**ㄓ**地地望的確定，再來看與征伐南淮夷相關的銘文，如8銘云「南征」，但
由9銘可知，其所征者實屬南淮夷，11銘稱「南征」，所伐者亦是南淮夷，南
淮夷地處周之東南而可用「南征」來指稱，那麼把地處東南的南淮夷統稱爲

〔註210〕關於放太甲於桐的所在，參鄒衡：〈西亳與桐宮考辨〉，《紀念北京大學考古專
　　　　業三十周年論文集》，文物出版社1990年，〈桐宮再考辨〉，《考古與文物》1998
　　　　年2期，復收於《夏商周考古學論文集》（續集），科學出版社1998年。王立
　　　　新、林澐：〈「桐宮」再考〉，《考古》1995年12期。
〔註211〕王立新、林澐：〈「桐宮」再考〉，《考古》1995年12期。馬承源說見註207、
　　　　208所舉。
〔註212〕〈敔簋〉地名各家讀法頗有不同，可參陳美蘭：《西周金文地名研究》p130
　　　　～131師大國文所碩士論文，1998年。
〔註213〕據陳連慶：〈敔簋銘文淺釋〉，《古文字研究》第9輯p311，中華書局1984年。
〔註214〕如劉翔：〈周夷王經營南淮夷及其與鄂之關係〉，《江漢考古》1983年3期。
　　　　張懋鎔：〈西周南淮夷稱名與軍事考〉，《人文雜志》1990年4期。

「南夷」，也應該是很合理的。（南夷的概念很可能也包括淮夷，參本章第三節附記）

　　文獻中記周王經營南土之事，尚見於；

　　22.《詩經・小雅・黍苗》：「肅肅謝功，召伯營之，烈烈征師，召伯成之。」

　　23.《詩經・大雅・崧高》：「亹亹申伯，王纘之事，于邑于謝，南國是式。王命召伯，定申伯之宅，登是南邦，世執其功。王命申伯，式是南邦，因是謝人，以作爾庸。王命召伯，徹申伯土田。王命傅御，遷其私人……王遣申伯，路車乘馬，我圖爾居，莫如南土。錫爾介圭，以作爾寶。往近王舅，南土是保。」

　　24.《詩經・大雅・江漢》：「江漢浮浮，武夫滔滔，匪安匪遊，淮夷來求。既出我車，既設我旟，匪安匪舒，淮夷來鋪。」

　　25.《詩經・大雅・常武》：「整我六師，以脩我戎，既敬既戒，惠此南國，……率彼淮浦，省此徐土，不留不處，三事就緒……徐方繹騷，震驚徐方，如雷如霆，徐方震驚……」

22、23 為宣王徙封申伯于謝之事，申之所在，歷來有二說，《史記・楚世家》《正義》引《括地志》：「故申城在鄧州，南陽縣北三十里。《晉太康地志》云周宣王舅所封。」認為申在河南南陽一帶，而《通典》以為在信陽的說法，為朱熹《詩集傳》所採信，對此陳槃曾有辨析，認為應以南陽為是。〔註215〕1975 南陽西郊出土了春秋時的〈申公彭宇簋〉（《集成》4610～4611），1981年南陽北郊又出土一批西周晚期或春秋早期的申國銅器，〔註216〕申在南陽當可定讞。

　　24、25 為宣王時與淮夷、徐方的戰爭，24 中的江漢，孔穎達《正義》云：

淮在江北，相去絕遠，夷在淮上，兵當適淮，而云順流下者，命將

〔註215〕參陳槃：《春秋大事表列國爵姓及存滅表譔異》（三訂本）頁 151～155，史語所 1997 年影印 4 版。

〔註216〕參〈南陽市西關出土一批春秋青銅器〉，《中原文物》1982 年 1 期，〈南陽市北郊出土一批申國青銅器〉，《中原文物》1984 年 4 期。北郊所出的〈仲再父簋〉（《集成》4188～4189），李學勤定為宣王器，劉雨認為是幽王或春秋早期器。李說見：〈論仲再父簋與申國〉，《中原文物》1984 年 4 期。劉說見：〈南陽仲再父簋不是宣王標準器〉，《古文字研究》18 輯，中華書局 1992 年。又，據《左傳》，申為楚所滅在莊公元年（詳楊伯峻《注》隱公元年），〈申公彭宇簋〉之申公，當即楚滅申之後，以申之君為縣公，故稱申公。

在江漢之上，蓋今廬江右右，江自廬江亦東北流，故順之而行，將

至淮夷，乃北行嚮之也。如此，則召公伐淮夷，當在淮水之南。

「江漢」在廬江左右的說法，李學勤據漢水入長江的位置自古以來未曾改變，認爲《正義》所云是把《尚書・禹貢》中漢水「至于大別，南入于江」的「大別山」誤爲河南、湖北安徽之交的大別山，所以他認爲《詩經》所云爲淮夷入侵至湖北江漢之事。〔註217〕

按，李氏以長江漢水之匯流處糾正《正義》的「廬江左右」之說是可信的，但把此處的「江漢」視爲湖北東南部的長江、漢水一帶則仍有可商。李氏所說的區域，在西周晚期，正是新興茁壯的楚所擴展的區域（參本章第一節），此時的淮夷是否會入侵至此頗令人懷疑，若果入侵至此，楚人是否會坐視而待周王之助，亦啓人疑竇，故詩中所說江漢的「江」，應不是「長江」，而是指「淮河」，「江漢」猶如《管子・封禪》「（齊桓公）南伐至召陵，登熊耳山，以望江漢」之「江漢」，指的是河南南部、湖北北部一帶的區域（參本章第一節）。

25 中的徐，是在淮河中下游洪澤湖一帶的方國，與「舒」非同一方國。〔註218〕穆王時有與徐夷的戰爭，《後漢書，東夷傳》：

後徐夷僭號，乃率九夷以伐宗周，西至河上，穆王畏其方熾，乃命東方諸侯，命徐偃王主之……穆王後得驥騄之乘，乃使造父御，以告楚，令伐徐，一日而至，於是楚文王大舉兵而滅之。

類似的記載尚見於《史記・秦本紀》：

（穆王）西巡狩，樂而忘歸，徐偃王作亂，造父爲繆王御，長驅歸周，一日千里以救亂。

《史記・趙世家》：

繆王使造父御，西巡狩，見西王母，樂之忘歸。而徐偃王反，繆王日馳千里馬，攻徐偃王，大破之。

《韓非子・五蠹》：

徐偃王行仁義，荊文王恐其害己也，伐徐滅之。

〔註217〕李學勤：〈兮甲盤與駒父盨——論西周末年周朝與淮夷的關係〉，《人文雜志叢刊》第 2 輯《西周史研究》，1984 年，復收於《新出青銅器研究》。

〔註218〕徐、舒二字可相通假，故過去有徐、舒（群舒）爲同一方國的說法，此說不確，參董楚平：《吳越徐舒金文集釋》p248～249，浙江古籍出版社 1992 年。

穆王與楚文王相去三百多年，穆王縱然有日行千里救亂之事，亦不當與楚文王有關，故舊即有穆王伐徐亦不可信的說法。〔註219〕不過，《禮記・檀弓下》有：

> 邾婁考公之喪，徐君使容居來弔含，……容居對曰：「容居聞之，事君不敢忘其君，亦不敢遺其祖。昔我先君駒王西討，濟於河，無所不用斯言也。」

唐蘭、李學勤認爲徐之先君「西討濟於河」當即〈東夷傳〉之「西至河上」，應是可信的。至於此事的詳細情形，則已不可盡知了。〔註220〕

綜上所述，昭王以後的南土情勢可大致勾勒出如下的面貌：1～3 銘是穆王時器，配合相關的「戍于𠂤自」的銅器銘文看，當時大概曾與淮夷有過一段時間的對峙，其所進行的戰鬥，可能也不只是發生在棫林和馘的一次而已。而此次的戰鬥，經由對「追」、「𢏳（襲）」二字意義的討論，和棫林與馘（胡）地望的掌握，可知周人的軍隊是先在棫林進行突襲，淮夷向東退卻，周人進一步在馘（胡）與之搏戰，獲得勝利。而穆王時，位於江蘇洪澤湖一帶的徐夷亦曾入侵中原，配合在本章第二節中所討論的〈宜侯矢簋〉一起來看，可能當時把宜侯遷於江蘇，即有使之對徐起牽制作用的目的。5 爲中期器，〔註221〕銘文已出現南淮夷，正可與 4 器所述的「南征」相參照，並配合 8、9 兩器所伐之桐在安徽境內淮河以南的桐城一帶，可能當時沿氾水而行，是由河南淮入安徽，經營南淮夷的一條重要交通線。6 器的時代，說法比較混亂。〔註222〕7～11 爲西周

〔註219〕《史記・秦本紀》正義：「（譙周）《古史考》云：『徐偃王與楚文王同時，去周穆王遠矣，且王者行有周衛，豈得救亂而獨長驅日行千里乎？』並言此事非實。按，年表穆王元年去楚文王元年三百一十八年矣。」

〔註220〕唐蘭：〈西周銅器斷代中的「康宮」問題〉，《考古學報》1962 年 1 期，復收於《唐蘭先生金文論集》。李學勤：〈從新出青銅器看長江下游文化的發展〉，《文物》1980 年 8 期，復收於《新出青銅器研究》。至於唐蘭在上舉文中認爲〈班簋〉之「瘠戎」即徐偃王，則不可信，詳第三章第四節。

〔註221〕此器僅存摹本，《集成》之說明定爲中期器。其與 1967 年陝西永壽縣出土之仲柟父諸器未詳是否即同一人。仲柟父所作之簋、盉、七，分見於《集成》4144～4145、746～752、979，報導認爲仲柟父諸器爲恭王時器，參〈陝西省永壽、藍田出土西周青銅器〉，《考古》1979 年 2 期。

〔註222〕馬承源定 6 爲孝王時器，劉啓益則定爲懿王時器，一般則多視爲屬王時器。馬說見：《商周青銅器銘文選》Ⅲ p212，文物出版社 1988 年，劉說見：〈西周紀年銅器與武王至屬王的在位年數〉，《文史》13 輯。最近張長壽等人依器形定爲懿王前後，李學勤則排在恭王。參張長壽等：《西周青銅器分期斷代研究》p69，文物出版社 1999 年。李學勤：〈西周青銅器研究的堅實基礎——讀《西

晚期器，具體王世大概在厲王前後，這段時間周王朝與淮夷、南淮夷的接觸較
為頻繁，值得注意的是，這段時間淮夷、南淮夷入侵的情形遠較之前來得深入、
嚴重，如〈敔簋〉中的上洛，已是周人的心腹之地，〈禹鼎〉中則是鄂侯聯同南
淮夷、東夷一同作亂。且厲王時伐淮夷還有失敗的記載，如《後漢書・東夷傳》
引古本《竹書紀年》「淮夷入寇，王命虢仲征之，不克。」有學者認為 11 器記
征伐而不記俘獲，可能正是此事的反映。另外，鄂侯是南土的重要諸侯國，其
與南淮夷、東夷共同作亂，學者多認為此舉已嚴重威脅到周人南土的安危，所
以有罕見的「勿遺壽幼」的作戰要求。而宣王時封申侯至此，一再強調「式是
南邦」、「南土是保」，即是有以申侯取代鄂侯在南土的地位的用意，這都是可信
的。復由鄂侯所處的地理位置來看，此地正在河南東南部的淮夷和湖北的荊楚
中間，東南可控淮夷，西南可扼荊楚，其南正是本文所說的「江漢」地區，其
東北為方城、平頂山，平頂山附近有應、許等國，平頂山的東側不遠處，正是
棫林、戲（胡），如果將這些地方連接起來，或許就是周人有意在河南中南部建
立起來的一道防禦淮夷、南淮夷的防線，鄂侯所在的南陽，正是這道防線的南
端支點。無怪乎鄂侯的叛亂會引起周王的緊張，封申侯至此要一再強調其地位
責任之重大，而宣王時，召穆公平定入侵至此的淮夷後，詩人會稱頌「王心載
寧」了（〈江漢〉）。據此推想，〈敔簋〉中南淮夷的軍隊可直逼宗周，可能是〈禹
鼎〉中滅鄂侯之後不久，宣王封申於此之前的事。

　　最後，必需說明的是，周人的軍隊雖然可遠至安徽的淮河以南（如上舉
之 9 銘）、江蘇（伐徐）一帶，但這些區域是否屬於周人的南土，則尚有待進
一步考察。關於江蘇的情形，在本章第二節中已有所說明，至於安徽境內所
出土的有銘商周青銅器，據《安徽出土金文訂補》所收錄者，出土地有壽縣、
穎上、嘉山、肥西、屯溪等地，〔註 223〕其地域前三者在淮河兩岸，肥西在安
徽中部，屯溪則在皖南，其中只有屯溪為墓葬出土，但此區域之墓葬形制與
中原不同，僅有墳堆而無墓穴，近於江蘇、浙江一帶的「土墩墓」，墓葬所出
中原形制的青銅器僅有少數一兩件，同墓所出的其他禮器則多有地方特色，
且隨葬器物的組合也不同於中原。〔註 224〕所以西周時的軍事力量雖可達於此

周青銅器分期斷代研究》〉，《文物》2000 年 5 期。

〔註 223〕崔恒昇：《安徽出土金文訂補》，黃山書社 1998 年。

〔註 224〕參宋永祥：〈試析皖南周代青銅器的幾個地方特徵〉，《東南文化》1988 年 5
　　　　期，劉興：〈江蘇丹徒安徽屯溪兩地西周墓試析〉，《江漢考古》1987 年 2 期，
　　　　〈安徽屯溪西周墓葬發掘報告〉，《考古學報》1959 年 4 期，〈安徽屯溪奕棋

區域（皖南、江蘇），但此區域所見周文化的因素並不顯著，似乎最多僅能以觀念中的南土來看待，仍不宜逕視之為西周實際政治範圍的南土。

本章結語

　　周人的「南土」觀念是承襲商人而來，但事實上，周人政治力量所能掌握，或相對而言周人勢力（或服屬於周的勢力）佔優勢的區域，是隨著周王朝國勢的盛衰而起變化，連帶地，周人的南土也就呈現「疆界」不固定的情形。但另一方面，又存在了相對而言較為穩定的南土範圍。也就是說，存在著「觀念」的南土和「實際」的南土，這種情形與周初「大東小東」的想法有點類似，對一個新王朝所新開發（或接收）的區域來說，這種情形的存在，應該是很合理的。就觀念中的南土範圍來說，周人應該是承襲了商人的南土，至少可達於湖北的長江中游一帶，但長江中游一帶並不是周人所能始終實際掌握的南土。西周中期以後，楚國逐漸由河南西南部擴展至漢水、長江流域，這時候楚與周的叛、服關係就連帶影響了周人實際南土的範圍。雖然周人在南土區域，特別是湖北，也如同東土、北土的情形，分封了一些諸侯，但似乎這些諸侯並沒有發揮出如齊、魯、燕在東土、北土的統治作用，這可能也是南土「疆界」會有不固定的情形的原因之一（特別是湖北）。至於相對而言較為穩定的南土範圍，大致如徐少華所述，是以湖北、河南、安徽交界一帶的桐柏山、大別山為南界，東可至安徽北部的淮河流域一帶。

　　周人在湖北境內勢力最為鼎盛的時期，大概就是昭王之時。昭王時經營南土的相關銅器銘文，除了征伐的相關記載之外，尚有關於「貫行」者，〈史牆盤〉銘文的「廣敵（答）楚荊，隹奠（貫）南行」，應該是分別與征伐、「貫行」相對應的。關於「廣敵（答）楚荊」的「楚荊」，由楚國疆域的發展來看，並不是後來的楚。若將楚國疆域與長江一帶古銅礦的分佈、開採情況配合起來看，此處的銅礦開發，在西周中期之前尚處於較落後的情況，這就使過去普遍為學界所接受的「南進掠銅」說失去了依據。如果昭王當時所貫通的道路是指後來所說的「金道錫行」，從〈中方鼎〉、〈中甗〉所載的地名在河南進入湖北的交通線上，以及昭王南征之前，在繁陽附近已封建有蔡、蔣等諸侯國來看，這種說法也是不可信的。至於近幾年所公佈的〈靜方鼎〉，其銘文中

又出土大批西周珍貴文物〉，《文物》1965 年 6 期。

所記的「相」，雖然是在皖北，但仍然不足以作為昭王的「貫行」與「金道錫行」有關的證據。而〈靜方鼎〉銘文的公布，正可以糾正過去將昭王南征或南巡狩限定在兩次的觀念，這點的確立，連帶地對這段時期相關銘文的排序有更多的思考空間，同時，這對於「貫行」的意義也帶來新的思考方向。在這些「貫行」的記載裏，都有提到「埶（設）应」，顯然周王是有到（或準備到）「貫行」時所設的臨時性居所的，而古代帝王會到新收入版圖的地區巡狩，正可與秦始皇修馳道巡行天下的情形相比較，頗懷疑昭王所貫通的道路，指的正是君王南巡狩的道路，也就是說，「廣敝（答）楚荊，佳奐（貫）南行」的目的和意義，是有領土擴張的意味。就總體的歷史情勢來說，這很可能是在成王、康王完成「接收」、安定商人的東土區域之後，為完成天下四土的王朝大業，繼而以王朝的力量積極對南土（特別是湖北一帶）的經營。

　　至於昭王之後的情形，受到材料的限制，本文中主要是對青銅器銘文及其相關的問題進行討論，初步勾勒南土的大致情形。文中除了對銘文文句的釋讀和意義提出一些想法之外，在與之相關的歷史問題方面，位居河南南陽的鄂、申向來被認為是周人經營南土時的重要諸侯，但其何以重要，則尚未見學界對此有所論述。本文試從其地理位置加以考量，並結合相關的文獻與銘文內容所呈顯出的歷史、地理資訊，提出一種可能的解釋。

　　昭王之後經營南土的材料多半是零星、片段的，要更具體詳細地建構出這段歷史的樣貌，仍有待更多新的資料、提供更多的訊息。